講談社選書メチエ

815

黒人理性批判

アシル・ムベンベ
宇野邦一［訳］

MÉTIER

……これらの人間の首、集めた耳、焼かれた家、これらの野蛮な侵略、この煙る血しぶき、剣の刃に露と消えたこれらの町々、これを簡単に忘れてしまうことなどありえない。

（エメ・セゼール『植民地主義論』）

目次

凡例

・本書は、Achille Mbembe, *Critique de la raison nègre*, La Découverte, Paris, 2013 の全訳である。

・訳文中で用いた記号類については、以下のとおりである。

『 』　原文におけるイタリックの書名

「 」　原文における « »

（ ）　原文における ( )

［ ］　原文における補足や注記

〔 〕　訳者による補足や注記

〈 〉　冒頭が大文字で表記されて強調されている語句

傍点　原文におけるイタリック体

・著者による引用文は、特に注記しないかぎり、原書から訳者が訳出した。読者の便宜のため、原注で参照される文献のうち、邦訳のあるものについては可能なかぎり併記し、該当する頁数を示した。

序　世界が黒人になること

歴史と事象がまさに私たちのほうに向かってくるとき、そしてヨーロッパがもはや世界の重心を構成してはいない今このとき、できることなら私たちはこの本を数々の支流をもつ大河のように書きたかった。今まさに起こりつつあるのは、あるいはとにかく私たちの時代の根本的経験とは、そのようなことである。それに付随するあらゆることを推しはかり、そこからあらゆる結果を引き出すことについて、私たちはただそのとば口にいるにすぎない。[1] 他のことに関しては、この啓示が喜びのうちに与えられるにしても、驚きをもたらし、または私たちをむしろ倦怠に陥らせるにしても、一つのことは確かである。このような序列の変動は危険をはらんでもいるが、批判的な思考にとって新たな可能性を開くものであるということ、そしてこれこそこのエッセイが検討しようとすることの一部でもある。

これら諸々の危険と可能性の確かな影響範囲を把握するために、わざわざ次のことを思い起こす必要はない。その歴史の至る所でヨーロッパの思考は自己同一性を把握する傾向があったが、それは決して同一世界への相互的帰属（共通の帰属）という形ではなく、むしろ同じものの同じものとの関係という形、まず存在の出現という形、その存在における、あるいはまたそれ自身の鏡におけるその現れという形で、自己同一性を把握しようとしたのである。[2] 反対に、重要なのは次のような事態を理解することなのだ。この自己虚構、自己観照の論理、さらには閉鎖の論理の直接的結果として、ヨーロッパ社会の想像力において〈黒人〉と〈人種〉は常に一体であったということである。[3] 原始的で重たく嵩張る狂った命名、むき出しの強度と嫌悪の象徴として「人間」に関する知識と近代的言説の中にそれらが登場したことは（結果としてそれは「人文主義」、そして「人間性」に関することでもあったが）、同時ではなくても、少なくとも並行していた。そして、一八世紀のはじめ以来、これらは一緒になって（秘められたもの、そしてしばしば否認されたものという）地下の部分を、さらには核心的なコンプレックスを構成したのであり、認識の近代的プロジェクト——また統治のプロジェクト——はそこから展開されたのである。[4] どちらも近代が生み出すことになる錯乱の双子のような二つの形態を代表している（第1章および第2章）。

それなら、この錯乱はどこから来るものか、そしてその基本的な現れはどのようなものか。まず黒人とは、人が何も見ないとき、何も理解しないとき、そしてとりわけ何も理解しようとしないときに見ることになる、このもの（あるいは、あのもの）である、という事実からそれは来るのだ。黒人は、彼が現れる至る所で情念的力学を解き放ち、非合理的過剰をかき立てるが、それはいつも理性のシステムそのものを試練にかけるのである。この錯乱はまた、それを考案した者も、その名をつけられる者も、誰一人として〈黒人〉であることを望まず、あるいは実際に黒人として扱われることを望まない、という事実による。その上、ジル・ドゥルーズがはっきり述べたように、「錯乱のうちには、いつも一人の黒人、一人のユダヤ人、一人の中国人、一人の大モンゴル人、一人のアーリア人がいる」[5]。というのも、錯乱がかき混ぜるもの、それはとりわけさまざまな人種であるからだ。身体と生きた存在を皮膚と色という外観的事実に還元しながら、皮膚と色に生物学的根拠という虚構の規定を与えることによって、とりわけ欧米世界は〈黒人〉と〈人種〉を唯一の同じ形態、コード化された狂気の形態の二つの側面とみなすことになる[6]。人種は、同時に起源的、物質的、そして幻想的カテゴリーとして作動し、これまでの数世紀のあいだ、数々の災厄の起源にあって、前代未聞の心理的荒廃の、そして数えきれない犯罪と虐殺の原因となった[7]。

眩暈するような組み立て

この眩暈するような組み立ての歴史は、三つの時期によって画されるであろう。第一は、大西洋における交易（一五～一九世紀）によってアフリカ出身の男たち女たちが人間－対象、人間－商品、そして人間－貨幣に変形されたときの組織的剝奪の時期である[8]。外見の牢獄の中に閉じ込められ、彼らはそのときから彼らに対して敵対的に構える他者たちに所属することになり、その結果、彼らはもはや自分自身の名前も言語ももたない者となる。たとえ彼らの生活と彼らの労働が、これ以来彼らがともに生きることを余儀なくされた他者たちのものになり、この他者たちと共通の人間的関係を保持することが禁じられても、それでもなお彼らは能動的主体であり続けるのだ[9]。第二の時期は、文書における出現に対応して一八世紀末頃に始まる。この頃、彼ら自身の記録によって黒人たち、すなわち他者に拘束されたこれらの存在は、それ以来、彼らのものである言語を使用できるようになり、生きた世界で対等な権利をもつ主体の資格を要求するようになる。[10] 奴隷たちの無数の叛乱、一八〇四年のハイチにおける独立、奴隷貿易廃絶のための闘争、アフリカの脱植民地化、そしてアメリカ合衆国における市民権運動によって画されるこの時期は、二〇世紀最後の年々におけるアパルトヘイトの解体に到達点を見出す。第三（二一世紀のはじめ）は、地球規模の市場の拡大、新自由主義に庇護される世界の私企業化、金融経済の増大する紛糾、帝国主義後の軍事共同体、そして電子デジタル技術などの時期である。

新自由主義という言葉は、シリコン産業とコンピューター技術によって支配される人類史の一段階を意味する。新自由主義とは、短い時間が貨幣形態の増殖力に変換されると見込まれる時代のことである。資本はその最大の消失点に達し、拡張の動きがそれと連動する。資本は「生の世界のあらゆる出来事、あらゆる状況に市場価値が付与され［う］る」[11]という展望に基づいている。この動きはまた、無差別の生産、社会生活を規格やカテゴリーや数字に徹底的にコード化すること、また企業の論理に基づいて世界を合理化しようとするさまざまな抽象的操作といった特徴をもつのだ。[12] ある不吉な分身に取り憑かれ、これ以降、特に金融資本は、その目的から見ても、手段から見ても、無限のものとして定義される。[13] 資本は、もはや単にみずからの時間の体制を指揮するのではない。「あらゆる系列関係の創出」を引き受けることによって、資本は構造的に解消不可能な負債の無限系列の中にあり、「それ自体で」増殖しようとするのである。[14]

もはや、いわゆる労働者は存在しない。労働の放浪民しかいないのだ。もし過去の主体の悲惨とは資本に搾取されることであったとすれば、今日では多数にとっての悲劇とは、もはやまったく搾取されえないということ、「余分な人間」として放置され、追放の対象になることである。そして、資本は機能するために、ほとんど彼らを必要としないのだ。人工的デジタル的記憶に支えられ、また神経科学と神経経済に属する認知モデルに支えられた心的生活の前代未聞の形態が登場している。心的自動性と技術的自動性は完全に一体となり、新しい人間主体、すなわち時代が提供する人工物と相関的に作動して、絶えず再構成を促される可塑的な「自分自身の管理者」という虚構が確立される。[15]

この新しい人間、市場と負債の主体は、自然的偶然の純粋な産物とみなされる。ヘーゲルの言うようなこの種の「完備された抽象的形態」は、あらゆる内容を受け入れることができ、イメージの文明の典型になり、それが事実と虚構のあいだに確立する新たな関係の典型になっている。[16] あらゆる動物の中の動物として、この人間は防御すべき、または保持すべきいかなる固有の本質ももたない。彼自身の生物学的・遺伝学的構造の変容には、アプリオリにいかなる限界もない。[17] 多くの側面において、彼は初期の産業化の疎外された悲劇的主体とは区別される。まず彼はみずからの欲望の中に閉じ込められた個人なのだ。自己の享楽のため、彼は公的に自分の私生活を再構築する能力、そしてそれを交換可能な商品として市場に提供するみずからの能力に、ほとんど全面的に依存している。みずからの動物性（自分の生命の生物学的再生産）、そしてみずからのモノ性（この世界の財の享楽）という二重の排他的関心によって吸引される神経経済的な主体、この人間‐モノ、人間‐機械、人間‐コード、そして人間‐流れは、何よりもまず市場の規格との関連で自分の行動を制御しようとし、みずからの享楽の分け前を最適化するために自己を道具化すること、そして他者を道具化することをほとんどためらいもしないのだ。生涯学習、柔軟性、短期的体制に拘束され、彼は絶えず自分に下される命令に応答するために、溶解可能な、また代替可能な主体の条件に合致しなければならない、つまり他者にならなければならない。

その上また、新自由主義は、資本主義と精霊信仰《アニミズム》がついに一体になる傾向をもつようになる時代を代表している。この二つをずっと離れ離れにしておくことは難しかったのだ。資本の循環はこれ以降イメージからイメージへと移るようになり、イメージは欲動的エネルギーの加速的要素となった。資本主義と精霊信仰の潜在的融合から、人種と人種差別に対する未来の理解にとっていくつかの決定的な結果が生じている。まず資本主義の初期に黒人奴隷だけがさらされていたシステム的な危機は、それ以来、従属的地位にあるすべての人々にとって、規範でなければ、少なくとも宿命となっている。次いで、このような黒人の状況の傾向的普遍化は、かつてない帝国的実践の出現と組み合わさって進行する。このような実践は、捕獲や強奪の奴隷制的論理のみならず、占領と収奪の植民地的論理に、その上、前の時代の内戦や略奪の論理にも多くを負っている。[18] 侵略戦争と対叛乱戦争は、単に敵を駆り出し、消滅させることを目指すだけでなく、時間の配分と空間の細分化を実現することを目指すのだ。それ以来、現実を虚構に、虚構を現実に変形しようとする作業の一部、空中における軍事的結集、下部構造の破壊、攻撃と傷害は、イメージによる全面的結集をともなっている。[19] これらは、それ以降、完璧であろうとするある暴力装置の部分になっているのである。

これに加えて、非対称的な捕獲、強奪、収奪、そして戦争は、世界の新たなバルカン半島化、そしてゾーニングの実践を強化しながら進行している——このことは経済的なものと生物学的なもののかってない共犯関係を意味する。具体的な水準では、この共犯性は諸々の境界の軍事化、諸領土の断片化、それらの配分と創出として表現されるもので、既存の諸国家や多少とも独立した空間の内部にあって、これらはときにあらゆる国家主権の形態から天引きされるが、多数の断片化された政権の、そして私兵的権力のあやふやな法の下で、あるいは人道的口実や理由による国際的な組織の庇護の下で、あるいは単に外人部隊の形態で機能する。[20] このようなゾーニングの実践は、一般に超国家的な抑圧の網の目、人口のイデオロギー的な分割、局地的ゲリラに対する戦闘に配備された外人傭兵の組織、「特別攻撃隊」の形成、集団的投獄、拷問、そして超法規的処刑などの徹底した遂行と一体である。[21] ゾーニングの実践のおかげで、「非組織化された帝国主義」は数々の災厄を生み出し、ほとんど至る所に例外状態を増殖させ、無政府状態でみずからを養うのである。

外国企業、列強、そして現地の支配階級は、再構築の名において契約を突きつけ、非安全や無秩序と闘うという口実で、このように支配下に置かれた国々の富や資源を収奪する。私的利益に向けて転換される巨大な富、過去の闘争が資本からもぎ取ってきた諸々の富のますます増大する喪失分、積もった負債の際限のない支払いなど、資本の暴力はそれ以来ヨーロッパ自身も巻き添えにして襲いかかってくる。そのヨーロッパでは、構造的に負債を負う新しい男女の階級が出現している。[22]

資本主義と精霊信仰の潜在的融合として、さらに特徴的なのは、人間存在の生けるモノへの変換、デジタルデータとコードへの変換という実に顕著な可能性である。人類史において、初めて〈黒人〉という名称は、単に初期の資本主義時代においてアフリカ出身の人々に強いられた条件に関わるものではもはやなくなっている（さまざまな秩序の毀損、自己決定のあらゆる能力の剝奪、そしてとりわけ可能性の二つの母体である未来と時間の剝奪)。この新しい代替可能性、この溶解可能性、新しい存在の規範としてのその制度化、そして惑星全体に及ぶその普遍化、これらのことを私たちは世界が黒人になることと呼ぶのである。

未来の人種

黒人と人種は「人間」についての欧米の言説にとって(否定されてきたとはいえ)二つの中心的形象であったが、ヨーロッパの地位が低下し、世界の単なる一地方という地位に後退することは人種差別の消滅を意味すると私たちは考えるべきなのか。あるいはむしろ、人類が代替可能な存在になるにつれて、人種差別は砂に埋もれ、粉々になり、断片となり、「種」についてのある新しい言語の間隙そのものにおいて再構成されると理解すべきだろうか。私たちは、このような語彙で問いを立てながら、黒人も人種も決して凍結されたわけではないということを忘れはしない(第1章)。反対に、それらは常に、それ自体決して終わることのない事象の連鎖の一部分だったのだ。そもそも、それらの根本的意味は常に実存的なものであった。とりわけ黒人という名は、長いあいだ法外なエネルギーを流出させ、劣った本能と混沌とした精力に満ち、そして御変容の日には世界と生命をあがなう可能性の輝かしい記号だったのだ(第2章および第5章)。雑多で多様な、また断片化された一つの現実——いつも新しい断片の断片——を意味するばかりか、この名は一連の破局的な歴史的経験を、また虚《うつ》ろな生の現実を意味していた。人種支配の罠にはめられた何百万の人々にとって、それは彼らの身体と思考が作動するのを外側から見るという、そしてまた彼ら自身の実存であり実存ではなかった何かの観客に変身させられたという強迫観念である[23]（第3章および第4章）。

これがすべてではない。それは資本主義、その登場、そしてその全世界化と切り離せない社会的技術的機械の産物でもあって、この名は排除、愚鈍、堕落を、さらには絶えず遠ざけられ、怖れられる限界を意味するために考案された。排除され、そして深刻に名誉を汚されてきた黒人とは、近代の秩序において、あらゆる人類のうち、肉体がモノとなり精神が商品となった唯一の存在である、つまり資本の生ける納骨堂なのだ。しかしながら――そしてここに明白な二重性があるのだが――、すさまじい逆転とともに、黒人は生命の意識的欲望の、横溢し、漂流する可塑的な力の象徴となった。それは十全に創造行為に参与し、いくつかの時代といくつかの歴史において生き延びることができるものとなった。彼らの魔法、加えて幻想の能力は、ひたすら倍増されていった。黒人の中に、ためらいなく大地と生命の源を見出した人々がいた。これを通じて自然と和解し、また存在するものの全体と和解する人類という夢は、新たな表情、声、そして運動を見出すだろう。[24]

欧米世界が相変わらず黒人について何を知りたいのか（あるいはどうしたいのか）さえわからないいまでいる、まさにそのとき、ヨーロッパの黄昏が宣言されるのである。多くの国々で、それ以来「人種なき人種差別」が席捲する。[25] 概念的にはもはや差別を想定不可能なものにしながらも、より巧妙に差別を実践するため、「生物学」の代わりに「文化」、「宗教」が動員される。共和主義的普遍主義は人種について無自覚であると主張しながら、人々は非白人を仮構された出自の中に閉じ込め、実際にはより根深いものになったカテゴリーを絶えず増加させていく。そのほとんどが日常的にイスラム嫌悪を養ってもいる。結局、〈自分自身から始める〉という時期が来たことを、私たちのうち誰が疑うことができようか。そして、そのあいだにもヨーロッパは、世界において世界とともにどうあろうとしているのかわからないという不安に襲われて道に迷っているが、基盤を固め、まったく新しい何かを創設する時期が来たのだ。それなら、これを実現するには、黒人を忘れなければならないのか、それとも反対に、彼らの虚構の力、煌《きら》めくような、しなやかな、そして澄みきった特性を認めるべきなのか。この流動的連続的で可塑的な、常に仮面をかぶり、自分が絶えずたどり続ける境界線に沿って鏡の両側に頑《かたく》なに陣取っている奇妙な主体を前にして。もしもその上、この苦悩のまっただなかで黒人がそれを考案した者たちより実は長く生き延びるはずだとすれば、そしてもしも歴史がその秘密を握っているこれらの逆転の一つによって従属的位置にある全人類がまさに黒人になるはずだとすれば、このように世界が黒人になることは、普遍的な自由と平等の約束から見て、どんな危険をはらんでいるのか。黒人という名は、近代のあいだ中、その約束の明白な記号であり続けてきたのだ（第6章）。

他方では、分割し、分類し、序列化し、差異化しようとする植民者的妄執から、何かが、深い傷が、損傷が残った。もっと悪いことには、ある断層が仕立てられ、居座っている。主人と使用人を結びつけているのとは別の関係を今日われわれが黒人と結ぶことができるか、それは確かなのだろうか。黒人自身のほうが、相変わらず差異によって差異の中に自分を見ることに執着しているのではないか。自分自身の知を獲得することを妨げているある分身、ある疎遠な実体につきまとわれている、と彼は思い込んでいるのではないか。彼は自分の世界を喪失と分裂の世界として生きているのではないか、そして彼は自分自身との同一性に回帰するという夢を捨てずにいるのではないか。この同一性は、純粋な本質性という形で、それゆえしばしば不等なものという形で表明されているのではないか。いったいいつから、根本的な叛乱と差異の名における自立の目論見は、単なる擬態的な反転と化すようになるのか。われわれはこの反転を呪いの言葉で覆い隠すことに時間を費やしてきた、というわけなのだ。

この本の提起する問題のいくつかはこのようなものであり、それは一つの思想史でも歴史社会学的実践でもないが、にもかかわらず、われわれの時代の世界についての批判的省察のある様式を提案するために歴史を役立てようとする。半ば太陽的、半ば月光的、半ば白日のもの、半ば真夜中のものである想起の、ある方法を特権化しながら私たちが思い浮かべていたのは、ただ一つの問いである――差異と生、似たものと似ていないもの、過剰なものと共同のものをいかに思考するか。この問いかけを、黒人の経験はまさに要約している。現代の意識において捉えどころのない限界的立場、一種の変動する鏡の立場を、その経験は実によく保持しえているのだ。その上、この変動する鏡がそれ自体、旋回し続けるのはなぜなのか、自問しなければならないだろう。それを終わらせるのを妨げるものは何か。絶えずますます不毛になる互いの分裂の果てしない繰り返しを、どのように解明するのか。

ヨハネスブルグ　二〇一三年八月二日

このエッセイは、ウィットウォーターズランド大学（南アフリカ、ヨハネスブルグ）のウィットウォーターズランド社会経済研究所（ＷＩＳＥＲ）における私の長期滞在のあいだに書かれたものである。これは『ポストコロニーについて〔*De la postcolonie*〕』（二〇〇〇年）によって始まり、『大いなる夜からの脱出〔*Sortir de la grande nuit*〕』（二〇一〇年）によって続けられた一連の思索の一部である。そして、アフリカ政治をめぐって進行中の仕事は、その結論となるであろう。

この一連の研究のあいだ、私たちは同時にいくつかの世界に住もうとした。空しい分裂的ふるまいとしてではなく、アフリカ発のある循環と横断の思考の実践を可能にしうる往復のふるまいとしてである。この進路において思想のヨーロッパ的伝統を「局地化」しようとすることは、さして有効ではなかった。つまるところ、その伝統は私たちにとって決して遠いものではない。万人の言語において世界を語ろうとするときには、反対にこれらの伝統のまっただなかに力関係が存在する。そして、私たちの作業の一部は、これらの内的葛藤に働きかけ、脱中心化を呼びかけようとした。アフリカと世界のあいだの溝を深めるためではなく、相対的明晰性において、ある可能な普遍性への新たな要求が出現することを促すためである。

ＷＩＳＥＲにおける長期滞在のあいだ、私は同僚のデボラ・ポゼル〔Deborah Posel〕、サラ・ナトール〔Sarah Nuttall〕、ジョン・ヒスロップ〔John Hyslop〕、アシュリー・ニーザー〔Ashlee Neeser〕、パミラ・グプタ〔Pamila Gupta〕、そして最近はキャシー・バーンズ〔Cathy Burns〕とキース・ブレッケンリッジ〔Keith Breckenridge〕の助力を得た。このあとの本文は、次の人たちの友情に負うところが大きい。デイヴィッド・テオ・ゴールドバーグ〔David Theo Goldberg〕、アルジュン・アパデュライ〔Arjun Appadurai〕、アクバー・アッバス〔Ackbar Abbas〕、フランソワーズ・ヴェルジェス〔Françoise Vergès〕、パスカル・ブランシャール〔Pascal Blanchard〕、ローラン・デュボワ〔Laurent Dubois〕、エリック・ファッサン〔Éric Fassin〕、イアン・ボーカム〔Ian Baucom〕、スリニヴァス・アラヴァムダン〔Srinivas Aravamudan〕、チャーリー・ピオット〔Charlie Piot〕、ジャン＝ピエール・クレティアン〔Jean-Pierre Chrétien〕、ポール・ギルロイ〔Paul Gilroy〕、ジーン・コマロフ〔Jean Comaroff〕、ジョン・コマロフ〔John Comaroff〕、そして故キャロル・ブレッケンリッジ〔Carol Breckenridge〕。彼らは大いなる発想源になってくれた。また、ウィットウォーターズランド大学の理論批評研究におけるヨハネスブルグ・ワークショップ（JWTC）の同僚、ケリー・ギレスピー〔Kelly Gillespie〕、ジュリア・ホンバーガー〔Julia Hornberger〕、レイ＝アン・ナイドゥー〔Leigh-Ann Naidoo〕、ツェン・マリー〔Zen Marie〕にも感謝する。

私の出版者フランソワ・ジェーズ〔François Gèze〕と彼のスタッフ（特にパスカル・イルティス〔Pascale Iltis〕とトマ・デルトンブ〔Thomas Deltombe〕）からは、いつものように全面的な援助を受けた。

このエッセイの土台となった探求的文章を発表してくれた雑誌『ル・デバ〔*Le Débat*〕』、『アフリカ政治研究〔*Politique africaine*〕』、『アフリカ研究誌〔*Cahiers d'études africaines*〕』、『アフリカ文学研究〔*Research in African Literatures*〕』、『アフリカルチャー〔*Africulture*〕』、『ル・モンド・ディプロマティーク〔*Le Monde diplomatique*〕』に感謝する。ここに説明するまでもない理由で、本書はサラ〔Sarah〕、レア〔Léa〕、アニエル〔Aniel〕、ジョリオン〔Jolyon〕、ジャン〔Jean〕に捧げられる。

1 人種主体

Le sujet de race

したがって、以下の頁では〈黒人理性〉が問題となるだろう。この曖昧な論争的用語によって、私たちは同時にいくつかのことを意味しようとしている。すなわち、知の諸々の形態、収奪と横領のモデル、服従のパラダイム、それを克服する方式、そしてつまるところ心理的夢幻的な複合体といったことである。この一種の巨大な牢獄は、実は二重化や、不確実性、多義性の複合的な組織網であり、人種がその骨組みになっているのだ。

人種（または人種差別）については、どうしても不完全な、灰色の、不十分な言葉で語ることしかできない。さしあたって、それは原始的な表象形態である、と言っておけば十分としよう。内部と外部、外観と内容のあいだを区別することが十分できないまま、それは何よりもまず表面的幻影にすがるのである。もっと深層に関わる面では、人種はさらに倒錯的なコンプレックスとなり、恐怖や苦悩、思考の障害、そして恐慌状態、とりわけ際限のない苦痛、そして場合によっては破局をもたらすものとなる。その夢幻的な次元において、それは恐怖症的強迫神経症の形象となり、ときにはヒステリー的になる。他の面では、嫌悪しながら、恐怖心を操作しながら、他者を抹殺しながら、自己を安定させるものなのだ。他者の抹殺とは〈他者〉を自分自身に似たものではなく、まさしく脅威的な対象とみなすことであり、それから身を守り、それと関係を断たねばならないだろう。あるいは、それに対する全面的な支配が保証されないなら、単にそれを破壊しなければならないだろう。[1] それにしても、フランツ・ファノンがつまびらかにしていたように、人種とはまた、苦々しい恨みや、抑えがたい復讐の欲望に与えるべき名前であり、しかもそれは屈従を強いられ、あまりにも頻繁に数々の中傷や、あらゆる種類の冒瀆や侮辱、無数の傷を受けざるをえなかった者たちの怒りに与えるべき名でもある。[2] したがって、この本で私たちは、人種を構成し、その現実的かつ仮構的な深層や、それが表出する場における諸関係を構成するものは何かを解明しながら、この恨みの性格について問うだろう。また、アフリカ出身の人々がその歴史的例になったように、人格をモノに、対象に、商品に解消可能なものとするふるまいにおいて、人種はどんな役割を果たしたのかも問うだろう。[3]

仮構作用と精神の閉域

人種の概念に訴えることとは、少なくとも今素描したところでは人を驚かせるかもしれない。とどのつまり、人種とは自然的肉体的、人類学的または遺伝学的事実としては実在しないものなのだ。[4] しかし、それは単に有用な仮構、幻想的な構築またはイデオロギー的投影であるだけではない。その機能は、それがなければもっと深刻なものとみなされるはずの紛争から——例えば階級闘争や両性の闘争のような紛争から注意をそらすことなのである。多くの場合、人種とは現実の自律的形象であって、その力と密度はきわめて可動的、不安定、そして気まぐれな性格によって説明されるものだ。しかも、それほど遠くない過去に、世界秩序は初発的二元性の上に創出されたのであり、これ自体が人種的優越性という古い神話の中に少なからず正当化を見出していたのである。[5] みずからの勢力を確立するための神話を是が非でも必要として、西半球はみずからを地球の中心とみなし、理性、普遍的生、そして人類の真実にとっての祖国とみなしてきた。世界の最も「文明化された」地域として西洋だけが「人間の権利」を発明したわけだった。ここだけが権利の相互性の公共空間とみなされる市民社会を、それぞれの国に構成するに至った。ここだけが市民的かつ政治的権利を所有する人間存在の観念の起源に属し、これらの権利は、人格として、人類に属する市民として、私的公的権力を発達させることを可能にしたのであり、こうして彼らはあらゆる人間的なものに関わる、というわけだ。西洋だけが、異なる人々によって受け入れられる慣習の範囲を体系化し、それは外交儀礼、戦争法、征服権、公共道徳、そして正しい作法、商取引や宗教や統治の諸技術などを含んできたのである。

　他のところでは、いまだかつてない不等性や差異の形象、そして否定性の純粋な権力の形象が、とりわけ物体的存在の現れを構成していた。一般的にアフリカは、また特殊的には黒人は、この植物的で偏狭な生命の完璧な象徴として提示されたのである。あらゆる形象のうちでも過剰な形象、そしてそれゆえ根本的に想像不可能な形象として、黒人とは特にこの他者存在の完璧な実例であり、それは虚無によって強力に加工されている。そして、その否定性は実存のあらゆる契機に浸透することになったのだ――白日の死、破壊と危険、世界の名づけがたい闇。[6] このような形象についてヘーゲルは語っていた。それらは言葉も自意識もない影像である、それは自分が溶け込んでいる動物的形象から完全に身を解き放つことができない人間的実体である、などと。結局、すでに死せるものを養い続けているということが彼らの本性なのだ。

　このような形象は「自分たちの憎しみによって死ぬまで闘い合う、孤立した、社交性のない部族」のしるしであり、彼らは動物のように貪《むさぼ》り合い、破壊し合うのである。揺れ動く毎日を過ごし、人間になることと動物になることを混同し、自分自身について結局は「普遍性を欠いた」[7] 意識しかもたない、ある種の人類ということだ。もっと慈悲深い他の人類は、このような人々もまったく人間性を欠いているわけではないと認めていた。休眠状態にあるこの人類は、ポール・ヴァレリーが「戻れない飛躍」と呼んでいた冒険に、まだ参加していなかったのだ。しかしながら、彼らをわれわれの域にまで上昇させることは可能だった。このような重荷であるとはいえ、われわれに彼らの劣等性を悪用する権利があったわけではまったくない。反対に彼らを援助し、保護する義務が降りかかっていた[8]。こうして植民の企ては根本的に「文明開化的」、そして「人道的」な事業となったのであり、それにつきものの暴力はあくまで道徳的なものでしかなかった[9]。

　要するに、遠くの世界を思考し、分類し、想像する仕方において、知的でもあれば民衆的でもあるヨーロッパの言説は、しばしば仮構作用という手法に訴えてきたのだ。しばしば捏造された事実を現実的、確実、真正なこととして提示しながら、この言説はみずからが把握しようとするものを巧妙に遠ざけてきた。また、それに対して根本的に想像的な関係を保ってきたのだ。それに関して客観的に説明するべき認識を展開しようという、まさにそのときに。この想像的関係の第一の特質は、全面的に明らかにされるにはまだ程遠い。しかし、仮構作用の作業がその暴力的効果とともに具体化される手法は、今では十分認識されている。そして、これ以降、これに付け加えるべきことはわずかしかない。それでも、この想像的関係とその背後にある仮構の仕組みがまったく粗暴な、まったく判明な、そしてまったく明白な仕方で見えてくるようにした一つの対象、そして場所があるとすれば、それはまさに黒人と名づけられる記号であり、その反映としてアフリカと名づけられるこの見かけ上の例外的場所であって、その特徴とは普通名詞ではないこと、固有名詞でさえないこと、ある活動の不在の指標でしかないことなのだ。

確かに、あらゆる黒人がアフリカ人ではなく、そしてあらゆるアフリカ人が黒人なのではない。しかしながら、彼らがどこにいるかは問題ではない。言説の対象および認識対象としてアフリカと黒人は、すでに近代のはじめから名前の理論、そしてまた記号や表象の規定と機能を深刻な危機に陥れてきた。存在と外観、真実と虚偽、理性と非理性、その上、言語と生の関係についても同じことが起きたのだ。まさに黒人とアフリカが問題になるたびに、破滅し、空無になった理性は、絶えず自分のまわりを堂々巡りし、実にしばしば、接近不可能と見える空間の中に沈没することになった。そこでは粉砕された言語、言葉そのものが記憶を失ってしまった。言語の通常の機能は消滅し、それは途方もない機械に変身するのだが、その力はその通俗性から、一つの壮絶な侵犯の能力から、そして無限の増殖から同時に来るものなのだ。今日でも、まだ黒人とアフリカというこの二つの表徴に関するかぎり、言葉はまだ事物を表象していない。真実と虚偽が区別不可能になり、記号の意味は意味された事物にまだ合致していない。記号は単に事物に置換されたのではない。言葉あるいはイメージは、しばしば客観的世界に関してわずかなことしか言っていない。言葉と記号の世界は自律化してしまい、その世界は主体、生、その生産の諸条件を把握する上で遮蔽物になっただけでなく、固有の力となり、現実に根づくことからまったく解放されてしまうのである。このような状態が大部分において人種という原理に帰することになるのだ。

黒人の売買、さらにはプランテーション、あるいは単なる収奪の植民地をその起源的場面としてきたこの体制から、われわれが決定的に脱出したと思うのは誤りであろう。われわれの近代のこれらの洗礼盤において、人類史において初めて人種の原理、そして人種主体が資本の記号のもとで作動し始める。そして、これこそが黒人の売買を隷属の土着的形態の諸制度から区別するものなのだ[10]。まさに一四世紀から一九世紀にかけて、ヨーロッパの空間的地平は大いに拡張される。大西洋は徐々に諸世界の新たな結合の中心となり、新しい惑星的意識が登場する場となる。この出来事は、以前にもカナリア諸島、マデイラ、アゾレス、そしてカーボヴェルデ諸島に進出してきたヨーロッパ人の試みから続いてきたことなのだ。これらの地域は、アフリカの奴隷を使うプランテーション経済の先駆けとなった[11]。

アラブ世界の周辺植民地としてのスペインとポルトガルが大西洋の向こうへのヨーロッパの拡張にとって原動力となることは、アフリカ人のイベリア半島自体への流出と一致している。これらはペストの大流行（ブラック・デス）、そして一四世紀の大飢饉のあとに、イベリア公国の復興をもたらす。その流出の大部分が奴隷であるが、すべてがそうだったわけではない。そこにはまた自由人もいる。半島への奴隷の供給は、それまでモール人に采配されるサハラ縦断ルートを通じて行われていたが、一四四〇年頃イベリア人が大西洋を通る中西部アフリカとの直接的交渉の海路を開くとき、新たな局面に入る。最初に拉致の犠牲となり、公の購買の対象となった黒人たちは、一四四四年にポルトガルに到着する。「拉致」の数は、一四五〇年から一五〇〇年にかけて著しく増大するのだ。結果としてアフリカ人の出現は増加し、毎年何千もの奴隷がポルトガルに上陸し、彼らの流入はイベリア半島の一部の都市の人口的均衡を混乱させる[12]。リスボン、セヴィリア、カディスがその例で、一六世紀はじめには人口の一〇パーセント近くがアフリカ人だった。そのほとんどは農業や使用人の仕事に携わっている。[13] いずれにしても、アメリカ大陸の征服が始まるとき、アフリカ=イベリアの人々とアフリカ人奴隷は船員、商取引担当となり、プランテーション、そして帝国の中心をなした都会の構成員となっている。[14] 彼らはさまざまな軍事行動に参加し（プエルトリコ、キューバ、フロリダ）、一五一九年にはメキシコを襲撃するエルナン・コルテスの軍隊に加わる。[15]

一四九二年以降、三角貿易を通じて大西洋は、錯綜する経済をめぐってアフリカ、アメリカ、カリブ、ヨーロッパを結集する、まさに大集合の場となる。かつては相対的に独立していた地帯の入れ子状態、そしてまた大洋と大陸の巨大な編成体、半球におけるこの多様な集合は、世界史における比類ない変化の原動力となる。アフリカ出身の人々はこれらの新しい力学のまっただなかにあり、それは同じ大海の両岸で、中西部アフリカからアメリカへとヨーロッパへと、黒人奴隷売買の港から港に向かう絶え間ない往来とともにある。この交通網は、それ自体、巨大な資本を必要とする経済に支えられている。それはまた、金属や他の農産物や手工業製品の輸出入、保険や会計部門や金融業、そして以前には知られていなかったノウハウや文化的実践の普及なども含んでいる。前代未聞のクレオール化の過程が始動し、宗教、言語、技術、文化にわたる強力な取引をもたらす。資本主義初期の黒人の意識は、少なからずこの運動と循環の力学から生じる。この観点から見れば、それは旅や移動の伝統の産物であり、想像力の脱国家の論理に支えられている。想像力の脱国家という過程は二〇世紀中葉まで続き、黒人の大規模な解放の動きのほとんどがそこに含まれている。[16]

一六三〇年から一七八〇年のあいだに多くのアフリカ人が大西洋のイギリス植民地に上陸したが、それはヨーロッパ人の数をはるかにしのいでいる。[17] 一八世紀末は、この観点から見ると、大英帝国の黒人にとって決定的な時期なのだ。それは単に西アフリカとビアフラ湾の奴隷たちの収容所と港から出て、ジャマイカや合衆国に人々を移送する、人間を乗せた貨物船のことではない。利益を得ることが目的の奴隷たちのおぞましい取引の傍らに、自由なアフリカ人や新たな植民者の動きもまた存在し、かつて彼らはイギリスの「黒人貧民」あるいは合衆国の独立戦争からの難民であり、ノヴァスコシア、ヴァージニアあるいはカロライナから脱出し、アフリカそのものに、例えばシエラレオネのような新しい植民地を創立することになる。[18]

黒人の状況が超国家的になったことは、それゆえ近代を構成する契機となり、大西洋はその生成の場所となる。この状況は、それ自体、まったく対照的な状況の範囲を広げることになるのだ。それは購買の対象となった交易用の奴隷から、重労働の奴隷、家事のための奴隷（生涯の使用人）、小屋に閉じ込められ、家を与えられ、やがて解放される黒人、あるいはさらに解放奴隷または生まれながらの奴隷などにわたる。一七七六年から一八二五年のあいだに、ヨーロッパは一連の革命、独立運動、そして叛乱のせいでアメリカにおける植民地の大部分を失う。アフリカ出身の南アメリカの人々は、イベリア－スペイン帝国の成立において重要な役割を果たしてきた。彼らは奴隷的労働力として奉仕したのみならず、乗組員、探検家、将校、植民者、土地所有者となり、場合によっては自由人であり、奴隷の所有者でもあった。[19] 一九世紀における帝国の解体と反植民地の蜂起の時期に、これらの人々はさまざまな役割を果たすだろう。例えば、兵士として、また政治運動のリーダーとして。大西洋世界の帝国的構造は崩壊し、数々の国民国家に場所を譲り、植民地と本国の関係は変化する。白人クレオールの階級が影響を持ち始め、それを確固たるものにする。[20] 異質性、差異、自由という昔からの問題が再び浮上し、一方、新たなエリートたちは人種の問題を否定し解消するために混血（*mestizaje*）のイデオロギーを利用するようになる。南アメリカの歴史的発展に対するアフリカ出身の人々、そして黒人奴隷の貢献は、忘れ去られたのでなければ、少なくとも徹底的に隠蔽されたのだ。[21]

この点において、ハイチの事例は決定的である。その独立宣言は、一八〇四年に、つまり合衆国の宣言のたった約二〇年後に行われる。それは人類の解放の近代史においてターニングポイントとなる。一八世紀、まさに啓蒙の世紀において、サント・ドミンゴの植民地は植民地支配の古典的例であり、社会的、政治的、経済的な階層秩序であって、その頂点には比較的少数の競合し合う白人集団があり、中間には有色、そして混血の自由人の集団があり、そして下位にはその大半がアフリカ生まれの多数の奴隷たちの集団があった。[22] 他の独立運動とは違って、ハイチの革命は奴隷の叛乱の結果である。これが一八〇五年に新世界における最も急進的な憲法の一つを獲得するのだ。この憲法は、貴族制を禁じ、信教の自由を確立し、所有と奴隷制という二つの概念を攻撃する――これはアメリカ革命があえて手をつけなかったことである。ハイチの新しい憲法は、ただ奴隷制を廃止するのではない。それはまたフランスの植民者に属する土地を収用することを可能にし、それとともに支配階級の本体を壊滅させる。それは合法、非合法という誕生の区別を廃止し、人種の平等性と普遍的自由という、そのときは革命的だった観念を最終的成果にまで到達させる。[23]

合衆国において最初の黒人奴隷は、一六一九年に上陸していた。イギリスに抵抗する革命の直前には、反抗的な植民地に五〇万人以上の黒人がいた。一七七六年には、およそ五〇〇〇人が、そのときほとんどは市民の地位を与えられていなかったにもかかわらず、兵士として愛国者の列に加わった。

彼らの大半にとって、イギリスの支配に対する闘争は奴隷制に対する闘争は一体であった。ジョージアとサウスカロライナのプランテーションから逃亡した一万人近い人々は、イギリス軍に合流した。他の人々は沼地や森に隠れ、自分たちの解放のために戦おうとした。戦争中に約一万四〇〇〇の黒人たちが、その一部はそれ以来自由になるのだが、サヴァンナ、チャールストン、ニューヨークから移され、フロリダ、ノヴァスコシア、ジャマイカ、そしてのちにはアフリカに連れていかれる。[24]イギリスに対する反植民地革命は、一つのパラドックスに、つまり一方では白人たちの自由な空間の拡張、しかし他方では奴隷制の前例のない強化に行き着いた。大規模なスケールで、南部の植民者は奴隷労働のおかげで自分たちの自由を買い取っていた。この隷属的労働力のおかげで、合衆国は白人の人口のまっただなかに階級分裂による経済を作り上げた――この分裂は計り知れない結果をともなう権力闘争に行き着くことになる。[25]

ここまで簡潔に描写してきた大西洋時代のあいだに、ヨーロッパという地球上のこの小さな地方は次第に他の世界に対する指導的地位を確立する。これと並行して、とりわけ一八世紀のあいだに、自然に関する真理のいくつかの言説、生物の特性と形態、人間存在の、さらにはそれぞれの人間集団全体の特質、特徴、そして性格が決定される。そのような集団は、種、類、あるいは人種という用語で特定され、垂直線に沿って分類されるようになる。[26]

逆説的にも、これはまた人が民衆と文化をそれ自体に閉じられた個性として考え始める時代でもある。それぞれの共同体、さらにそれぞれの民衆は、唯一の集合体とみなされるようになる。この共同体は、単に自分自身の能力をそなえているだけではない。それはまた諸々の力によって動かされる

（とみなされる）一つの歴史の基礎的単位となるが、そのような力は死にもの狂いの闘争において、他の諸力を抹消するためにだけ浮上するのであり、その結果は、まさに自由か、あるいは隷属でしかありえない。[27]ヨーロッパの空間的地平の増大は、したがってそれの文化的歴史的想像力の網の目や制限と一体になって進むのだ。しかも、場合によって、それは精神の相対的閉鎖とも一体になっている。実際、ひとたび類、種、そして人種が同定され、分類されると、あとはもうどんな差異によってそれらが区別されるかを指示するだけでいいのだ。精神のこの相対的閉鎖は、だからといって好奇心をなくしてしまうことを意味するわけではない。しかし、中世初期から啓蒙時代に至るまで、精神的能力と文化的感受性としての好奇心は仮構作用の途方もない働きと切り離せず、それはとりわけ異世界に関わるとき、信じられることと信じられないこと、幻想的と事実的の境界をどこまでも曖昧にしている。[28]

　ビュフォンが試みた人種に関する最初の大分類は、ある傾向とともに成立している。つまり、異世界についての言語が、まったく稚拙で、まったく感覚的な偏見に基づいて形成されている一方で、きわめて複雑な生命の諸形態がまったく単純な呼称に還元されているのだ。[29]西洋的思考の群生的時期とこれを呼ぶことにしよう。この時期に黒人は人間以前の原形として表象されており、それは動物性から自分を解放することができず、自分自身を創出し、自分の神の地位まで上昇することができない、というわけなのだ。自分の感情の中に閉じ込められ、彼は生物的必要の鉄鎖を砕こうとしてもがく。それが理由で、彼は真に人間的な形相を獲得し、みずからの世界を形成するところまで、なかなかたどりつけない。この点で、彼は種の常態から隔てられている。西洋的思考の群生的時期は、帝国主義的欲動に駆り立てられ、そもそも把握し、理解する行為が自分の語っていることを根本的に知るという努力から徐々に遠ざかってしまう時期なのである。ヘーゲルの『歴史における理性』は、この群生的時期の頂点を代表している。幾世紀かのあいだ、人種の概念は――私たちはそれが最初に動物的次元に属していることを知っている――まずヨーロッパ外の人類を名づけるために使われるだろう。そのとき「人種状態」と人が呼ぶものは、彼の考えでは、ある堕落の状態、そして存在に関わる本性の欠陥に対応している[30]。人種の概念は、ヨーロッパ外の人類を、ある劣った存在になったものとして表象することを可能にするのである。これらの人類は理想的人間の貧しい反映であり、彼らはその理想的人間から、克服しがたい時間差によって、ほとんど越えがたい差異によって分離されているだろう。彼らについて語ることは、何よりもまず、ある不在に着目すること――同等なものの不在――、あるいはむしろ、第二の現前、すなわち怪物と化石の現前に着目することであろう。フーコーが書いているように、化石とは「自然がたどってきたあらゆる曲折を通じて相似を存続させるもの」であり、それがまず「同一性の遠くに浮かぶ近似的な一形態」として機能するとすれば、怪物とは反対に何よりもまず「差異の発生をカリカチュアとして[31]」語るものなのである。種、類、人種、階級の巨大な分類表の上で、黒人は壮麗な闇の中にあり、これら二つの形態の総合を代表している。しかしながら、黒人はそれ自体として存在するわけではない。黒人は絶え間なく作り出されるのだ。黒人を作り出すこと、それは服従の社会的絆と収奪される身体を作り出すこと、つまり全面的に主人の意志にさらされ、そこから人が最大の収益を得ようとする身体を作り出すことである。賦役を課される対象として、黒人はまた、ある侮辱の名であり、社会的人種的に分断された諸集団や分派を対立させる戦場にあって、鞭や苦痛と闘う人間の象徴なのである。カリブ諸島におけるほとんどの植民者権力の大半は、このようなものである。この植民者権力は断片化された宇宙であり、その中で人種の法則は、白人植民者と黒人奴隷のあいだの抗争にも、黒人と「有色自由人」（その大半は解放された混血人）の対立にも関わっている。この自由人たちのある者は、やはり奴隷を所有しているのだ。

プランテーションの黒人は、そもそも多様な形態をもっている。彼は脱走者や行方不明者を捜索し、処刑人やその助手となり、有能な奴隷、密告者、使用人、料理長、解放されても隷従する者、内縁の妻、サトウキビの収穫に携わる農場労働者、工場労働者、運転手、主人の従者、臨時の兵士などである。これらの役割は、安定には程遠い。状況によって、ある地位は他の地位に「ひっくり返される」。今日の犠牲者は、明日には主人に仕える処刑人に変身しうる。昨日解放された者が、今日は自分自身奴隷の所有者となり、その狩人になることだって稀ではない。

その上、プランテーションの黒人は、他者への憎悪を、とりわけ他の黒人への憎悪を共有するものでもある。しかし、プランテーションの特徴とは、単に隷属の断片的形態、不信、計略、対抗心と嫉妬、忠誠心の不安定な動き、共犯性、あらゆる種類の駆け引き、地位の可逆性を前提とする差別的ふるまいなどから成る両義的な戦術だけではない。それはまた、搾取の社会的関係は一気に表面化するわけではない、という事実そのものでもある。その事実は絶えず蒸し返され、分子的なタイプの暴力を通じて絶えず生産され、再生産されなければならず、このような暴力は隷属関係を修復しては飽和させるのだ。

ときどき、それは蜂起や叛乱や、隷属の裏の陰謀などの形をとって爆発する。パラノイア的制度としてのプランテーションは、常に恐怖の体制の下で営まれる。いくつかの点で、それは野営地、公園、そして軍隊式結社のような外観をまとう。奴隷性を擁護する主人は強制を連鎖させ、彼と奴隷たちのあいだの依存関係の鎖を作り出し、恐怖と寛容を交互に用いるが、彼の存在は絶えず絶滅の亡霊に取り憑かれている。反対に、黒人奴隷は常に叛乱のとば口にいる存在で、自由と復讐の疼《うず》くような呼び声に応えるべく誘われている。あるいは、主体の甚だしい卑下や根本的放棄のふるまいにおいて、自己と他の奴隷たちの隷従の見通しの中で利用されるままでありながら、自分の生を守ろうとする存在でもある。

その上、一六二〇年から一六四〇年にかけて、特に合衆国では隷属の形態は比較的曖昧な状態にある。自由労働が契約労働（これは決定的なものではなく、期間が限定された隷従の形態である）と、また奴隷状態（生来のものであれ、そうではないものであれ）と共存している。植民地支配のまっただなかに、根深い階級分裂がある。それはまた、植民地の支配者を服従者の人衆と対立させる。後者は、しかも多様な人種から成る階級を形成する。一六三〇年から一六八〇年にかけては、この分裂が進行し、まさにこの時期にプランテーション社会が誕生するのである。皮膚の色という事実によって烙印を捺され、アフリカ出身の人々の一生続く隷従の原理は徐々に掟となるのだ。アフリカ人と彼らの子孫は、生涯の奴隷となる。白人の使用人たちと黒人の奴隷の区別は明白なものになる。プランテーションは、徐々に経済的、規律的、そして刑罰的制度に変わっていく。黒人と彼らの子孫は、これ以来、いつまでも売買されうるようになる。

一七世紀のあいだ中、膨大な法的措置が彼らの運命を固定することになる。アメリカ大陸における人種的主体の製造は、彼らの市民権の剝奪から始まり、それゆえ植民地の他の住民には保障されている特権や権利の排除から始まるのだ。このときから、彼らはもはや他のみんなと同じではない。このことは、生涯にわたる隷属が彼らの子供たちや子孫にも拡張されることによって継続される。この第一段階が、法的無能力の構築という長いプロセスによって補完される。法廷に訴える権利の喪失によって、法的権利から見て黒人は〈誰でもない者〉となる。この法的装置に奴隷制の一連のコードが加わるのだが、それら自体がときには奴隷の蜂起の成果なのである。このようなコード化が完成され、一七二〇年頃すでに西インド諸島に存在していた世界の黒人的構造は合衆国に公然と現れるようになり、プランテーションはそれを補強するものとなる。もはや、それ以来、少なくとも厳密な法的観点から見て、黒人とは一つの動産でしかない。一六七〇年以来、長距離を移動して商品化される生産を見込んで、いかに大量の労働力を稼働させるか、ということが問題になっていた。〈黒人〉の発明は、この問題に対する答えとなる。〈黒人〉とは、まさにプランテーションを通じて、その時代の富の蓄積のために最も効果的な形態の一つを創出することを可能にしながら、商業資本主義、機械化、そして服従労働の管理の統合を加速する歯車なのだ。プランテーションはこの時代における大々的な革新を代表するものだが、それは単に自由の剝奪、労働力の移動の管理、そして暴力の無制限の適用という観点からのことではない。〈黒人〉の発明はまた、交通、生産、商業化、保険の領域における決定的革新に道を開くのである。

　つまり、カリブ諸島でも、合衆国でも、あらゆる黒人が奴隷だったわけではない。とりわけ合衆国における隷従の人種化によって、白人たち、そしてとりわけあらゆる種類の労働に従事する「下級白人たち」は、奴隷の身分に落とされたアフリカ人と自分たちをできるだけ区別するようになっていた。自由人たちは恐怖を感じていたのだ――彼らと奴隷を区別する壁が十分強固ではないことに。さまざまな時期に半球全体に有色の自由人が存在したのであって、そのある者は土地と奴隷の所有者であり、その上、白人の志願兵さえ雇っていたのである。解放が可能だったところでは、その趨勢の結果として、また黒人奴隷と自由白人のあいだの、あるいは自由な白人女性と黒人のあいだの結婚の結果として、有色自由人の人口は徐々に増大していた。とりわけカリブ諸島において、白人が黒人の愛人をもつという現象は、おおむね習慣化していた。人種隔離は公式には厳格だったが、人種間の性愛や、自由であれ奴隷であれ有色の女性たちとの同棲は、白人エリートのあいだで頻繁に行われていた。[32]

新たな等級化

確かに二〇世紀に起こったことは一九世紀と同じではない。二〇世紀のあいだにアフリカにおける植民地の増大と関わって、西洋における人種の決定的な生物学化が行われる。それはまた、ダーウィン主義、そしてポスト・ダーウィン主義的思考が手伝って、優生学的戦略が多くの国々に広がり、荒廃や自殺の強迫観念が普及する時代でもある。[33]世界化のプロセスと、それが至る所に引き起こす矛盾する諸効果のおかげで、人種の論理はそれでも同時代の意識に再び侵入するのである。[34]ほとんど至る所で、人種という主体の製造が再開される。[35] 奴隷貿易から受け継がれ、隔離制度となって現れた有色人への偏見に（合衆国における「ジム・クロー法」や南アフリカにおけるアパルトヘイト体制の例）、またユダヤ人差別の人種主義、そして劣等とみなされる集団の動物化という植民地的モデルに、人種主義の新たな不変項が加わったのだが、その根底には憎悪の構造的変化と、慣れ親しんだ敵の形態の再編成があったのだ。[36] 短い幕間のあとで、二〇世紀末、そして新たな世紀への転換期は、人間集団の区別が生物学的解釈に回帰することと一致している。[37] 人種主義を終わりにするどころか、新たな人種の展開がゲノム的思考において行われるようになった。[38] 一定の集団における疾病のゲノム的根拠の研究であれ、個人の出自や地理的起源の調査であれ、遺伝学を根拠にすることは一九世紀の人種的類型学を確かめる傾向につながる（コーカサス白人、アフリカ黒人、アジア黄色人）。[39] 卵子と精子の操作をともなう生殖技術についての言説において、あるいはまた胎児の選好という形で生殖的選択を処理する技術の言説、さらには生命一般の計画化に関わるさまざまな語彙において、同じ人種的シンタックスが再現されている。[40]

生物の操作や、有機的、動物的、人工的諸要素の交雑のさまざまな形態においても、同じことが起きている。実際、遅かれ早かれ、将来、遺伝子技術が人口の質を管理するために使用され、三染色体をもつ胚の選別を通じて、または異型性の選別（動物的要素との交雑）、または「サイボーグ化」（人工的要素との交雑）によって、「望ましくない」とみなされた人種を排除するために使用されることを何も妨げることができないのだ。医学の根本的な役割がもはや単に病気によって損なわれた有機体を正常状態に戻すことではなく、今や医学的行為が分子工学的プロセスに従って、人種的決定主義にふさわしく生命そのものを作り直すところまで行くこともありうるのだ。人種と人種主義は、それゆえ過去のことではない。それは未来にもありうることで、生物を変形し、変異種を創造する可能性がもはや単なるフィクションではないという文脈において、なおさらありうるのだ。

二〇世紀後半における資本主義的生産の変化だけが、〈動物〉の新たな出現や、さまざまな変容の理由ではない。しかし、それはテクノロジーや生物学、そして遺伝学の領域で起きた甚大な進歩と同じく、これらの出現や変容の否定しがたい背景なのだ[41]。知識の国際的流動によって贖われ、細胞、繊維、器官、病理学、精神医療のみならず、諸々の知的財産を特権的要素とする新たな生物的政治経済が作動し始める[42]。人種の論理の再起動はまた、安全保障のイデオロギーの強化や、リスクを計算し、最小化し、防衛を市民権の通貨とすることを目論む機構の配置と一体になる。

流動と機動性の管理に関する実例はとりわけこのようなもので、私たちの考えでは、テロの脅威とはますます全地表に張り巡らされた細胞と組織網において再編成された諸個人の現実である、という文脈の中にそれらの実例はあるのだ。このような状況で領土を聖域化することは、人口の安全にとって構造的条件になっている。この聖域化が実効的であるためには、各人は自分の住処にとどまり、与えられた国土で生活して、移動する者は全員いつでも自分の身分を証明できなければならない。また各個人について可能なかぎり網羅的な知識が蓄積されねばならない。外国人の移動の管理は、国境だけではなく遠隔地でも行われ、できるなら出身国で行われねばならない[43]。世界のほとんどどこでも進行している大々的なデータ化の動きは、部分的にこの論理に従っている。最良の安全性は必然的に個人の管理のためのグローバルな装置の配備を要求し、また多様性であるだけではなく移動性でもある生物学的身体に対する権力の獲得を要求するということが、その主旨なのだ。

防御そのものが、もはや単に法的秩序に属していない。それは生政治的問題となった。新たな安全措置は、以前の体制の構成要素（諸々の規律的体制、そして奴隷制下の刑罰体制、征服と占領の植民地戦争の諸要素、例外に関する司法的法定的措置）を引き継ぐだけではない。これらはゲノム時代に固有の戦術や「対テロ戦争」の内部で、ナノ細胞レベルで作動するものだ。この諸装置はまた、脱植民地時代の蜂起に対する戦争、東西（アルジェリア、ヴェトナム、アフリカ南部、ビルマ〔ミャンマー〕、ニカラグア）の紛争における「汚い戦争」、世界中に広がった西洋の勢力の情報機関の影響や、それとの共謀による収奪的専制の制度化の経験などを通じて洗練されてきた技術も等しく使用してきたのだ。

その上、現在の状況における治安偏重国家は、テクノロジーによる世界の新たなモデル化、そして人種別の居住指定の厳格化をもたらしている。[44] 世界中の暴力の構造的変容に直面して、自由民主主義的体制は、そのため自分が新たな、捉えがたい、流動的な、網状に広がる敵に対して、ほとんど恒常的な戦争状態にあるとみなしている。この新たな戦争形態の劇場（それは防衛の「全体的」発想、例外や違反に対する寛容の限界を見直すことを要求する）は、外部にも内部にも等しく存在するのだ。その実践は緊密な一望監視装置の配備や、人々の管理の強化を要求するのであり、できれば遠隔的で、彼らが残す痕跡を通じて行われるのが望ましい。[45] 戦闘の古典的なパラダイムは、はっきり限定された戦場において二つの側を対立させるもので、死の危険は双方にあるが、ある垂直的な論理がこれに代わる。それは二人の主役を闘わせるが、一方は餌食、もう一方は捕食者なのだ。[46] 捕食者は空域のほとんどを排他的に支配する者たちで、それを利用して思いのままに標的の選択、場所、時間、攻撃の性格を決定する。[47] 戦争のますます垂直的な性格と無人装置の増大する使用に助けられて、敵の殺戮はますますリモコンゲームに——サディズム、スペクタクル、娯楽に似たものになる。[48] その上、この遠隔操作による戦争の新たな形態を実行するためには、市民、警察、軍隊の空間と情報空間のあいだに前例のない相似性が要求されるようになるのだ。

情報空間のほうでも再編成が行われる。情報の構造は、もはや単に国家装置の一部ではない。これから問題になるのは、形式的なもの以外には外部性をもたない連鎖であり、それが十全に機能するためには、私的な権能の全体を徴用し、場合によって、それは大衆の監視のために必要なデータ収集を引き受ける巨大な商業的組織にまで拡張されなければならない。したがって、その対象は、日常世界、生活世界、諸関係と（特に電子技術による）通信の世界、取引の世界そのものとなる。市場と国家の諸装置の連結は、確かに全面的になっているわけではない。しかし、現代の状況で、それはリベラルな国家を容易に戦争勢力に変えるという効果をもちうる。それは資本が本源的蓄積段階を決して脱けきれず、それを実現するために人種という補助手段に頼ってきたことに私たちが気づくときでもある。

この文脈において、監視の主体と受益者として市民は再定義される。監視は、生物学的、遺伝的、行動的な特徴の電子データによる痕跡を通じて、最適の方法で実行される。国家暴力の管理における最小化、非物質化、流動性という特性をもつ新たな電子技術的体制において、諸々の痕跡（指紋、虹彩、網膜、声、そして顔の形態）は、個人の唯一性を計測し、アーカイブ化することを可能にする。人間の身体の交換不可能な部分は、かつてない識別、監視、抑圧のシステムにとって要になっている。[49]

ところが、もし治安偏重国家が諸個人（そこには市民も含まれる）の身分と移動を危険とリスクの原因とみなすなら、身分証明の手段としての生体認証データの使用や自動化された顔認証の普及は、さらにますます隔離や監禁を想定された新たな種類の人口の形成に狙いを定めるのである。[50] こうして、ヨーロッパにおける反移民的傾向の高まりという文脈において、人口のカテゴリー全体に指標がつけられ、それが人種指定のさまざまな形態に従うことになる。（合法非合法の）移民は、これによって差異の本質的カテゴリーの形態そのものとなる。[51] この差異は、文化的、宗教的、さらには言語的なものとして認知されるようになる。それは移民する主体の身体そのものに登録された差異とみなされ、それによって肉体的、容貌的、さらに遺伝的平面において可視的になるのだ。[52]

他の点でも、戦争と人種は国際秩序の中心的問題として再び浮上してくる。拷問や多数の監禁という現象についても同じことが言える。戦争と平和のあいだの差異は、ただ曖昧になるわけではない。戦争は「巨大な労働の過程」となり、軍事的秩序はモデルとして「平和状態の公共的秩序」に押しつけられるのだ。[53] 都市の城塞が崩れたとしても、別の壁が強固に修復される。[54] 昨日と同じように、現代世界は深層において、この文化的、法的、政治的な生の祖型によって形成され、決定されるがままになっている。祖型とは、閉鎖、包囲、壁、収容所、悪循環、そして結局は境界なのだ。[55] 排除、追放、さらには抹殺を目的とする差別、分類、階層化の方式が至る所で継続されている。新しい声が湧き上がって宣言するのは、人間的普遍性は存在しないか、あるいは共通の何かに限定されるということ、それも万人にとってではなく特定の人間に共通であるにすぎないということである。他の声は、自分自身の法と居場所または住所を聖域化する必要を各人に尊重させようとして、さまざまな仕方で自分自身の出自と記憶を神々しいものにし、こうして歴史的性格をもつあらゆる問いかけからそれらを遠ざけ、すみずみまで神学的な次元にしっかりつなぎとめておくのだ。この観点から見ると、一九世紀初頭とまったく同じように、二一世紀初頭は分断、普遍的差異化、そして純粋な自己同一性の追求のさかんな時代である。

「黒人」という実詞

このような状況では、「黒人〔nègre〕」という実詞は、それがこの本の争点になっているのだが、見かけほど論争的ではない。初期の資本主義という別の時代に属することの語を復活させることによって私たちが問題にしようとしているのは、それが担っている統一性の虚構だけではない。ジェームズ・ボールドウィンは、すでに彼の時代において〈黒人〉は原則として実在するものではないことを示唆していた。先祖からの血縁にもかかわらず、合衆国の黒人とカリブ諸島の黒人、そしてアフリカの黒人のあいだの当然の同一性を証明するものは、ほとんど何もなかった。例えば、合衆国におけるカリブの黒人の出現は早くても一七世紀のことである。この時代にバルバドスから来た奴隷は、ヴァージニアの人口のかなりの部分を占めていた。いくつかの点で、サウスカロライナは一八世紀初頭までバルバドスの副植民地だった。カリブから来た黒人の数は、南北戦争の直後には急激に増えている。一八五〇年から一九〇〇年にかけて、四〇六七人から二万二三六人に達するのだ。新しい移民の大部分は、職人、教員、説教師、それに法曹関係、そして医師である。[56] アフリカ－カリブ人は、黒人の国際性、そして合衆国とアフリカにおける急進主義の台頭に大いに貢献する。その上、このプロセスにともなうさまざまな次元の紛争では、多くの事例においてアメリカ大陸の黒人と海域の黒人を隔てる距離があらわになったのである。[57]

アフリカ、アメリカとカリブの黒人は、この差異に着目することを学ばなければならなかったが、それはまず抗争の形においてであった。[58] この時代の黒人思想家たちのほとんどは、アフリカ性とアメリカ性を等しく主張している。それを継承しようとする者は少数である。[59] 出身国においては好ましくない少数派だったが、合衆国の黒人はアメリカの「われわれ」に属し、根本的にアメリカ的であると同時に大西洋地域の「ルンペン」でもある下層文化に属している。そのため、ラルフ・エリソンのような著者にとっては「二重の意識」というモチーフが生じ、それはアフリカの血統を少しでも認めるのを拒否することにさえなる。[60] 識別しがたくなった現実の干からびた先端——ある切断、諸々の保留、不連続——彼らの中でもアフリカに近づき、あるいはそこに住むことを選んだ人々のあいだには、どうしても違和感を覚え、そこの異邦性によっても、その貪欲な特性によっても苦しまされる人々がいた。[61] 事実、彼らにとってアフリカの黒人に出会うことは、常にまず、ある、別の他者と出会うことであった。[62]

すなわち、共通の自己同一化と相互的配慮の長い伝統は、分散を超えて黒人同士の関係の特性となるだろう。[63]「アメリカの有色自由人のアフリカに対する関係と義務」に関する「手紙」において、アレクサンダー・クラメルは、最初からアフリカと、「遠い国」に暮らすそのすべての「子供たち」や

「子孫たち」とのあいだの親族共同体を原理とみなしている。この親族および血縁の関係によって彼らの相続者としての権利を主張しよう、と彼は呼びかけるのだ。彼らの祖先の発祥地における相続権は、少なくとも彼の観点にとって、彼らの「出生地」である合衆国への正当な権利による所属の願望と、ちっとも相反するものではない。アフリカとの親族関係を主張し、その再生に貢献することは、自愛と自尊の行為である。それは奴隷制という墓の底で黒人が着せられねばならなかった屍衣を捨て去ることでもある、と彼は言う。クラメルにとって、アフリカは二つの面をもつ。一方で、それは人類の切断された手足である。偶像崇拝と暗黒にひれ伏し、〈啓示〉を待望して生きる。他方では、アフリカは計り知れない自然の富にあふれた国である。その鉱物資源は無尽蔵である。その財宝を探す競争が始まりつつあるとき、遠くのその子孫たちはその分け前を獲得して当然である。アフリカは洞窟の外に出て、商業と伝道によって世界の光を浴びるだろう。救いは外部から来るだろう――キリスト教国家への変身を通じて。[64]

このような相互的配慮によれば、合衆国の、カリブの、そしてアフリカの黒人のあいだの出会いは、単なる別の他者との出会いではないだろう。多くの場合、それは同類の他者たちとの出会いであろう――それは去勢された一人類、ぜひとも牢獄から引っ張り出さなければならず、介抱することが必要な生命なのだ。この出会いにおいて、アフリカはある可塑的な、ほとんど詩的神話的な力の役割を果たすだろう。――それは常に、ある「時間以前」（屈従の時間）に帰する力であり、私たちが希望するのは、過去を変形し、消化すること、最も恐るべき傷を治癒し、喪失を修復し、古い出来事とともに新たな歴史を作ることを可能にする力である。それは、別のことを語ったニーチェの言葉では、

「自分自身の蓄えを元に破壊された形態を再構築すること」でもある。[65]
しかし、この連結は常に背後から別の連結に作用され、さまざまな力によって翻弄されるであろう。そのような力は、アメリカにおいて黒人は決して平和も、休息も、自由も手に入れられないだろうと思い込んでいるのだ。そして、彼ら自身の才知が日の目を見るためには他の場所に移動するしかない、というわけである。[66]この連結において、自由と領土の関係は不可分である。厳格になった隔離という脈絡において固有の制度を構築すること、査定に合格すること、尊厳を手に入れることだけでは不十分である。市民権は根本的に守られることがなく、脆弱で、抹消されうるからだ。さらに自分自身の国をもち、防衛すべき自分の国家をもたねばならない。[67]一八七七年から一九〇〇年にかけて、このような大移動の観念は、ますます強固になる。それは三つのはっきり異なる計画として表現される。第一は、植民地化のそれである。この計画は、大部分がアメリカ植民ソサエティによって作られたもので、黒人人口をアフリカに移送することによって合衆国から黒人を一掃することを目指すものであるかぎり、人種差別的性格に染まっている。第二は自由な移民を目指すもので、それはとりわけ南部における暴力や人種差別テロリズムの激化によって現実に加速される。第三は、一八五〇年から一九〇〇年にかけてのアメリカの拡張主義の枠組みの中にある。例えばヘンリー・ブラントン・パークスの見方では、アメリカの黒人とアフリカ人は異なる人種を形成している。アメリカの黒人は文明と長く接触しているから、アフリカの原住民よりも進化している。[68]後者は反対に原始的な力を保持してきたのだ。数世紀にわたって文明に馴致させられてきたアメリカ黒人が獲得してきたものと結びつけば、アフリカの原始的な力は一般に黒人種の男性的活力を蘇生させる性格をもつだろう、というわけである。[69]

したがって、第一に、黒人理性は諸々の声、言表、言説、知、注釈、そして愚かさの集積であり、その対象はモノであり、つまり「アフリカ出身の」人々であり、それが彼らの名前であり、真実（世界の経験的線分としての彼らの属性と彼らの質、彼らの運命とその意味）であると断定される。多くの層から構成されるこの理性は、少なくとも古代に遡る。ギリシア、アラビア、またはエジプト、さらには中国などに遡るその起源は、数々の研究の対象になってきた。[70] 起源からして、この理性は仮構作用の原始的活動から成り立っている。肝要なのは、現実の特徴、あるいは事実とみなされることの特徴を先取りし、物語を編み上げ、イメージを構成することである。しかしながら、近代にとって、そういう形成の決定的機会となるのは、一方では旅行者、探検家、兵士、冒険家、商人、伝道者、そして植民者などの物語であり、他方では「植民地学」なるものの形成であって、「アフリカニズム」はその最後の化身なのだ。学会、万国博覧会、博物館、「原始芸術」の愛好者の募金など、各時代において、この理性の形成に寄与し、それがまた共通感覚またはハビトゥスに変容することに寄与する媒介や制度が広汎に存在している。

この理性は、知的主張を含む語りや言説のシステム以上のものである。それはまた、人種支配の計算がみずからを正当化する手段の貯蔵庫でもある。真理への配慮は、確かにそれと無縁ではない。しかし、その機能とは、まず〈黒人〉と呼ばれる、またはのちには植民地の状況で〈原住民〉と呼ばれる、ある人種主体の出現と表出の諸条件をコード化することなのだ（「彼は誰か」、「彼は何によって識別されるか」、「彼とわれわれを区別するものは何か」、「彼はわれわれの同胞になりうるか」、「彼をどのように、何のために統治するか」)。[71] この文脈において、黒人理性は言説の集合ばかりか実践の集合を示している。――それは様式、文書、儀礼などを発明し、物語り、反復し、変化させることにほかならない毎日の作業であり、その目的は〈黒人〉を人種主体として、野生の外部性として登場させることであった。その外部性とは、その名において道徳的に失格し、実際上は道具とみなされることを意味するのだ。この最初のテクストを、黒人についての西洋的意識と呼ぶことにしよう。「それは誰か」という問いに答えようとしながら、西洋人は自分の外部にある一つの現実を名づけようとする。あらゆる意味作用の中心とみなされた自分との関わりにおいて、この現実を位置づけようとするのだ。この立場からすれば、自己と一致しないすべてのものは異常なのだ。

　この最初のテクスト――実はそれは時間とともに絶えず変容する星座であり、常に多様な、矛盾した、雑多な形態をとるのだが、これに第二のテクストが応答し、それは同時に自己決定のふるまい、自己に対する現前の様式、内的視線、そして批判的ユートピアであろうとする。この第二のテクストは、単数一人称で提起された別の問いのカテゴリーへの応答である。「私は誰か」、「人が言うところの私は本当にそのようなものか」、「私はそれ以外の何者でもないとは、――私の外見、人が私について言うこと、見ること以外のものではないというのは真実なのか」、「私の真の市民的歴史的な状態はどんなものか」[72]。黒人に関する西洋の意識が自己同一性に関わる審判であるとすれば、この第二のテクストは反対に自己同一性の宣言である。このテクストを通じて、〈黒人〉は自身に関して言うのだ。彼は人の意のままになる存在ではない。人が彼のことを語るところに彼はいない。彼を探すところに、なおさら彼はいない。むしろ、彼が思慮されないところに彼はいる。[73]

この第二のエクリチュールには、いくつか明確な特徴があるので、それを手短に指摘しておかねばならない。第一に、それはアーカイブを創設しようとする。黒人の歴史を再構成することが可能になるためには、アーカイブの創設が必要だと誰しもが思うだろう。しかし、それはきわめて困難な課題なのだ。実際、黒人たちが歴史として経験したことのすべては、必ずしも形跡を残していない。形跡が記録されたとしても、それらのすべてが保存されるわけでもない。それなら、形跡が、つまり歴史編纂作業の源泉が不在のところで、どのようにして歴史を書くのか。黒人の歴史を書くためには、早くから断片に頼るしかなかった。断片はそれ自体、断片化された経験を報告するために集められたもので、それも点線で描かれてきた闘う民衆の経験であり、彼らはちぐはぐな混合としてではなく、その血痕が近代の表面全体に見られる、そのような共同体として自分を定義しようと戦ったのである。

　このエクリチュールは、そもそも一つの共同体を登場させようと努めている。この共同体は、世界のすみずみまで散佚した破片によって鋳造されなければならない。西半球におけるその現実とは、一つの国家のまっただなかで、ほとんどの場合、名目上の市民権の灰色のゾーンのあいだで生きる奴隷と有色自由人から成る一集団の現実であり、この国家は自由と民主主義を謳歌しながらも、根本において奴隷制国家であり続けている。この時代のあいだ、歴史の記述は遂行的「performative」な次元をもっている。この遂行の構造は、いくつかの点で神学的秩序に属しているものだ。その目的は、まさに奴隷たちの子孫にとって、再び歴史そのものの能動的主体になる可能性を開くことである。[74]〈解放〉と〈再構築〉の延長において歴史を書くことは、いまだかつてないほどに道徳的想像力の行為として受け取られる。とりわけ歴史的なふるまいは、これからは奴隷の身分から他と同じ市民の身分への移行を実現することである。新しい共同体、つまり自由人のそれは、その成員が同じ信念によって、また労働、尊厳、道徳的敬意、連帯、そして義務などのある種の観念によって結ばれた共同体とみなされる。[75]この道徳的同一性は、しかしながら隔離、極端な暴力、そして根本的な恐怖という条件において形をとるしかないのだ。[76]

　この第二のエクリチュールの特性である自己同一性の宣言は、それでも深刻な曖昧性から生じている。まさに一人称で、自己所有的な様式で表現されながらも、その書き手は、自分自身に疎遠になったという強迫観念に襲われてきた主体であり、しかしそれでも自分自身に固有の基礎を与えることによって、自分の責任において世界を引き受けようとする主体である。[77]この地平は自由の経験的歴史への十全な全体的参加を意味し、それは「世界人類」のただなかにあって分割不可能な自由を意味する。[78]したがって、黒人理性のもう一つの側面はこのようなものであり、——ここでエクリチュールは第一のテクストの悪魔とそれが内包する隷属構造を払い除けようとする。また、この側面において、同じエクリチュールは、根源的経験（伝統）を喚起し、救済し、活性化し、新たに現代化しようとして、もはや自己の外にではなく、自己に固有の地盤から出発しながら自分自身の真実を見出そうとして奮闘するのだ。

　この第二のテクストと、それが拒絶しようとする第一のテクストのあいだには、深い溝があり、また否定しがたい連帯性もある。あらゆる場合において、第二のテクストは至る所に形跡、刻印、絶え間ないざわめき、その上、場合によっては第一のテクストの隠然たる命令、その視野の狭さを抱え、それは決裂の要求が最も明白な場所にも見られる。この第二のテクストを、〈黒人〉の黒人的意識と呼ぼう。この第二のテクストは、それでも固有の特性を示している。文学、伝記、歴史記述、政治としてのこのテクストは、多言語的な国際性の産物である。[79]その誕生の地は、合衆国、そしてカリブ諸島、そしてヨーロッパ、のちにはアフリカの大都市である。この広大な世界的組織網のただなかでこそ、諸々の観念が流通し、近現代の黒人の想像力が形成されている。[80]この想像力の創造者は、しばしば移動する人々である。彼らは絶えず一つの大陸から別の大陸へと移動する。ときにはアメリカやヨーロッパの文化的政治的生活にも関わり、同時代の知における世界化に積極的に関与している。[81]

このテクストはまた、長きにわたる急進主義の歴史の果実でもあり、この急進主義は奴隷解放闘争と資本主義への抵抗によって豊かになってきたものでもある。[82]とりわけ一九世紀のあいだ、この抵抗の大部分は、資本主義、奴隷制、帝国主義に抵抗する原動力となった国際的アナーキズムによって牽引されてきた。しかし、それはまた数々の人道的博愛的運動によって担われてきた抵抗でもあり、ポール・ギルロイが指摘しているように、その闘いは人権に関する代案的〔オルタナティヴ〕な系譜の基礎となったものでもある。この第二のテクストの内容は、とりわけ植民地化と人種隔離に隷属させられた人々の努力の跡を刻印している。彼らは人種的階級制と訣別しようとし、その中の知識人たちは集団意識の形成を発展させているが、それは厳密な意味での階級闘争の認識論を考慮しつつ、人種的主体の捏造から生じる存在論的次元に立ち向かう意識形成なのだ。[83]

黒人理性という発想は、したがって同一の組織網の、同一の星座のさまざまな側面に関わる。それ以上に、この発想は、ある紛争に、ある抗争に関係する。というのも、歴史的に見れば、われわれの近代の出来事と不可分な黒人の抗争がまぎれもなく存在しているからだ。まさにこの名において何かが問題になり、それは何よりもまず動物との関係において「人間」と呼ばれてきた何か、そして本能との関連において「理性」と呼ばれてきた何かに関わるのだ。「黒人理性」という表現は、動物の衝動と人間の道理〔ratio〕のあいだの区別に関わる議論の全体に対して何かを意味している――〈黒人〉とは、このような分割の不可能性そのものを知らせる生きた証人なのだ。というのも、西洋の形而上学のある種の伝統を信用するならば、〈黒人〉とは、われわれにとって実は一個の「人間」ではない、あるいはわれわれのようではない「人間」なのである。もし人間が動物性に対立するものならば、〈黒人〉の場合は人間にあたらない。彼は自分の中に、ある「両義性」において、動物的可能性を保存しているからである。われわれの世界にあって、彼は異質な身体であり、その中、その襞には動物が住んでいる。黒人理性について議論することは、したがって〈黒人〉の定義の慣例に関する論争全体を引き継ぐことになる。何によって彼を識別するのか、何によって彼に取り憑いている動物霊を同定することができるのか、道理が浸透してこの動物性を統治できるようになるための条件は何か。

第二に、この表現は展開される諸々のテクノロジー（法、規則、儀式）に関わり、また動物性を計算に従わせることを目指して配備される諸々の装置に関わっている。この計算は、動物を収奪の圏域に登録することを最終目的とする。ところが、この登録の目論見は、根本において背理的なのだ。一方で、それは単に、存在するものの価格が計測され、計算されることを要求するが（作為性）、それはどんな価値ももたず、ほとんど価格をもたないものである。それは、見たところ本来的価値をもたないもの、あるいはその価値が潜勢的でしかないものなのだ。他方で、このような操作は、計算不可能なものを測定することの困難をあらわにする。この困難は、部分的に、計算されるべきそのものが存在論的なものの一部をなしているという事実から来る。思考それ自体が思考しえないこの存在論的なものを、それでも思考は思考しようとして、空転するかのように奮闘するのである。結局、〈黒人〉というこの用語は、原理的に何の説明も要求しない何かに関わるのだ。説明の範囲外にあり、説明を受け入れないものであり、それはある反エコノミーに属しているからである。それは絶対に何も確立しようとしないので、それを正当化する必要はない。そもそも説明する必要がないのは、厳密に言えば、それは権利として確立されていないからであり、いわゆる計算というものも決してその正しい価格や価値を確実に保証することができないからである。

外観、真実、幻影

要するに、人がそれについて語るとき、この「人種」という語は正確には何を意味しているのか。人種について、それが本質をもたないと言うだけでは不十分である。それは永続する権力過程の効果、輪郭であり、変動する断面以外の何ものでもないが、この過程とは、その内容を変化させ、移動させ、横滑りさせる不断の取引のことでもある。内部をもたないから中身もなく、それをそのようなものとして成立させる実際の行動から成るだけだ、と言っても不十分である。84 同じく、それが微細な決定作用の複合体、他者の視線の内面化された効果、満ち足りることがなく、口に出せないままの信念と欲望の表出であることを確かめても、まだ足りないのだ。[85] 一方で、人種と人種主義は無意識の根本的過程の部分をなしている。この点で、それらは欲求、情動、情念、不安といった人間的欲望の障害と関係している。それらは何よりもまず裏切られた起源的欲望の記憶によって、さらにはまた心理的外傷によって象徴化されるが、そのような外傷の原因は、しばしば人種主義の犠牲となる男や女とは無関係なのだ。他方で、人種は単に視覚的効果から生じるものではない。それは単に感覚の世界に広がるものではなく、権力を措定し、確定する方法でもある。とりわけ、それは鏡像的な現実であり、欲動的な力なのだ。情動、欲動、そして反射鏡として作動するために、人種はイメージ、形態、表層、形象、そしてとりわけ想像的構造を獲得しなければならない。そして、まさに想像的構造として〈人種〉は、具体的なもの、感覚的なもの、その上、有限なものの制約から逸脱してしまい、感覚的なものに参与しつつ、同時にそれにおいてじかに自分を表出するようになる。その力は、絶えず分裂症的な対象を生産し、世界を代替物で満たし、指名しつつ破壊すべき人々で満たしては、また新たに満たす能力から来る。このことは、衰退する〈私〉の構造の絶望的な支援を受けているのだ。

　さらに言えば、人種または人種主義の固有性とは、常にある分身、代替物、等価物、仮面、幻影を喚起したり、作り出したりすることである。ある真正な人間の顔が視覚の前に呼び出される。人種主義の役割は、それを背景に追いやり、あるいはヴェールで覆うことである。この顔の代わりに、想像力の深みから、顔の幽霊、顔の模像、さらにはこうして人間の身体と顔の代わりになるシルエットを浮かび上がらせることである。それ以降、人種主義は、何よりもまず他の何かであるものを、それとは別の現実に取り替えることになってしまう。現実を横領し、情動を固着させる力として、それはまた心的障害の一形態であり、抑圧された素材がこれによって粗暴な形で浮上するのである。人種主義者にとって、〈黒人〉を見ることは、〈黒人〉が現前していないこと、〈黒人〉が存在していないこと、〈黒人〉が関係の不在という病理学的な固着点でしかないこと自体に目を開かないことなのだ。人種とは、それゆえに存在の手前にあるもの、そして同時に存在の彼方にあるものと考えなければならない。これは想像力のなす業であり、影の領域との出会いの場であり、そして無意識の暗黒地帯なのである。

人種とは現実と真実の場であり、それも外見の真実であることを、私たちは強調したところだ。しかし、それはまた分断、熱狂、感激の場でもある。一つの人種のものとされた真実は、どこかよそにあって、しかもそれのものとみなされる外見のうちにある。その真実は、外見の背後に、人が知覚する何かの下に隠れている。しかし、それはまた、このような〈みなし〉の行為そのものによって成立している。――これを手段として〈下部の生〉の一定の諸形態が生み出され、制度化され、無関心と遺棄が正当化され、〈他者〉のうちにある人間性の部分が冒瀆され、覆われ、あるいは隠され、監禁、さらには抹殺の一定の形態が許されるものとなる。とりわけ人種主義と、それが国家と権力の機構に組み込まれてきたことについて研究しながら、ミシェル・フーコーは、この点に関して、国家の近代的機能のほとんどが「ある時点で、ある限界で、ある条件において人種主義とともにある」と言っていたのではなかったか。人種、人種主義とは「規範化社会における死刑執行の許容度の条件である」と彼は明確に述べていた。そして、結論したのだ、「国家の殺人的機能は、国家が生政治の形で機能するようになってからは、人種主義を通じてのみ保障されることが可能になった」と。[98]

人種に分類された人間は、受動的なままではいない。自分の輪郭に閉じ込められ、彼は自分の本質から分離されている。ファノンによれば、彼の生存の不幸の理由の一つは、この分離を自分の真の存在として、そのうちに住まうということ、あるがままの自分を嫌悪すること、そして自分ではない誰かになろうとすることなのだ。人種の批判とは、この観点から見ると、単に分離に向けられる批判以上のものである。人種的場面について言えば、それは徹底的に負の烙印を捺す空間なのだ。人種を持ち出すこと、さらには人種を盾にすること、それはとりわけ被抑圧者の側では、反対に本質的に曖昧で、陰鬱な、そして逆説的な欲望の象徴であり、欲望とは共同体の欲望なのだ[87]。曖昧で、陰鬱で、逆説的な欲望と言うのは、それが憂鬱と悲嘆に、そして決定的に消滅の運命に襲われた古来のエスへのノスタルジアに、二重に取り憑かれているからだ。この欲望は、絶滅の可能性につながり、憂慮でもあれば、不安でもあり、また投企でもある。その上、それは嘆きの言葉であり、自分につけられた名に反逆する言葉である。それは恐るべき記憶をめぐって発語され、折に触れて創造されるもので、その記憶は身体の、声の、顔の、名前の記憶であり、それらは失われたものでなければ、少なくとも蹂躙され、汚されてきたものであるが、ぜひとも救済し、また復権させなければならないものなのだ[88]。

　このように、奴隷制の現実に直面してきた黒人にとって、この喪失はまず系譜的な次元のものである。新世界において、黒人奴隷は法的にあらゆる親族関係を剥奪された。そのせいで彼は「親なし」なのだ。「親なし」(*kinlessness*)という状態は、法によって力ずくで彼に強いられる。法的な親族関係のこのような抹消は、他方では代々引き継がれる状態となる。出生と系譜が、いわゆる社会的所属関係について何の権利ももたらさない[89]。この状況で人種を根拠にすること、または人種的共同体の構築に努めることは、まず一つの絆を生まれさせ、一つの場所を出現させることを目指すのだ。そこで屈従と生政治的な断層の長い歴史に応えて、人は立ち上がることができるようになる。例えばエメ・セゼールやネグリチュードの詩人たちにおいて、〈黒人種〉の賛歌は巨大な叫びであり、その役割は無意味と断罪されてきたものを極度の衰弱から救済することである[90]。この叫び――悪魔祓い、予告、抗議――は、諦めの状態から脱出し、一体になろうとする意志、自由であり主権者である共同体として自己生成し、むしろ自分の労働と自分自身の活動を通じてそれを実現しようとし、さらには自己を、自身の起源、自身の確実性、そして世界における目的地とみなそうとする奴隷と被植民者の意志を表現している[91]。

したがって、人種を引き合いに出すことは、それが喪失の感情から生じたものだと、また共同体が分断の対象になってきたという思いから生じたものだと主張することである。この共同体が絶滅の危機に脅かされてきたこと、時間、空間、解体を超えて、この共同体に、ある連続線を復活させながら、是が非でもこの共同体を再建しなければならないことを主張することである[92]。この観点から見ると、人種を問題にすることは、（人種という枠づけとは違って）犠牲になり、埋められ、血縁と出生地、諸々の慣習、儀式と象徴などから引き離されてきた身体を再生させる方法なのだ。このようなものこそが、まさに生ける身体を作り出してきたのである。特に一九世紀から二〇世紀はじめにかけて、黒人の言説においてあえて人種を主張することは、このような意味をもっていた。ときには、この主張は起源の純粋性の追求や絶対的分離の欲望に等しかった。例えばマーカス・ガーヴェイの場合が、それにあたる。また、ときにその主張は、むしろ犠牲や供儀の原理を遠ざけようとするものだった。別の場合には、消滅の危機に直面した防衛の願望への応答になっている。これは生存、そして保全の本能でもあった。つまり、問題は別の場を想像し、出現させ、そこで守られるように独立しうることだった。守られることは、感覚的なものと情動、知覚と言葉の再配分を必要とする。しかし、どんな場合も、人種的共同体とは喪失の記憶に基づく共同体、すなわち親なしの共同体である。それは「喪失の共同体」なのだ。ジャン゠リュック・ナンシーは、共同体全般を問題にしながら、それについて語っている。まさに死を通じて共同体はあらわになるのだから、それは死と不可分である、と。[93]

結局、人種とは人が差異と余剰を生み出すための原料の一つであり、つまりそれは浪費され、あるいは留保なしに消費されうる一種の生命なのだ。人類の並外れた遺伝的一様性という事実を見るだけでも、人種というようなものはそれ自体実在しないが、それでもかまわないのだ。〈人種〉は分断作用を生み続ける。なぜなら、もともとその名によって、人は社会のまっただなかに切断をもたらし、戦闘的タイプの諸関係を確立し、植民地的関係を調節しているし、これからも相変わらずそれを続けるだろうからだ。人々は再配置され、閉じ込められ、その生活と存在は限界状況の兆候とみなされ、その帰属はないものにされる。彼らは、実効的分類においては、余剰の範囲に属しているからである。道具性としての人種は、それゆえ余剰を名指し、留保なき浪費と消費に余剰を割り振ることを可能にするものである。それは、人が烙印を捺そうとし、道徳的に失格とみなし、場合によっては監禁し、追放しようとする者たちを抽象的カテゴリーにとどめておくことを容認するのである。人種は彼らをモノ化し、このモノ化を土台にして自分を主人とし、こうして彼らの運命を決定するための手段となるのだが、そうなると、もはやそれを釈明することは全然強制されないのだ。したがって、人種の労働は犠牲の盃《さかずき》に比べられる。これは一種の行為には違いないが、それに応答する者はいない。それは宛先のない死文であり、これがまさに近代において人種原理を指揮し、それによって根本的外部性の完璧な形態として標的になるものが作り上げられるのである。

囲い地の論理

歴史的に見れば、人種とはいつも多様性の切断と組織の、多少とも符号化《コード》された一形態であり、階層性によってそれらを固定し、配分する形態であり、多少とも密閉された諸空間にそれらを割り当てること、つまり囲い地の論理である。隔離の体制の下にあった状況とは、そのようなものだった。治安維持の時代においては、それが意図的に「宗教」あるいは「文化」の旗印で行われるかどうかは問題ではない。人種とは、人口を形成する諸集団を同定し、限定することを可能にするものであり、それらの一つ一つが差異を含んで多少とも不確実なリスクをはらんでいるものとみなされるのだ。

この文脈において、人種化のプロセスは、これらの人口内集団を確定し、彼らが移動しうる範囲の境界をできるだけ厳密に固定して、これらの集団が占めうる場所をできるだけ正確に限定することを目指す。要するに、脅威を遠ざけ、全般的治安を保全しうる方向で移動を保障しようとするのだ。問題は、これらの集団を選別すること、同時にこれらを「種」、「集列」、「特例」として、リスク、偶然、確率の全般的計算を通じて確定することであり、こうしてこれらの移動に内在する危険を予測し、可能ならば、しばしば拘束、監禁、または移送によって危険をあらかじめ無力化するようにしなければならないのだ。この観点から見れば、人種は治安維持装置として機能し、種による生物学的定着の原理と呼びうるものを根拠にしている。それは同時に統治のイデオロギーであり、テクノロジーでもある。

アパルトヘイトの時代、そして植民地支配におけるプランテーション体制下の状況は、このようなものだった。三つの場合において、人種は生ける存在に特性を割り振るという役割を担っていたが、それは人類の大規模な分類表の何らかの升目に彼らを配分することを可能にした。しかし、それはまた「生‐経済」（ビオ・エコノミー）に参画することでもあった。人種において、群集、階級、そして人口は融和することになった。つまり、それらは自然史、生物学、そして政治経済学という三つの遺産だったのである。労働と富の生産は、生命と人口という特別な問題と、運動や移動の統制、要するに交通と捕獲のプロセスと不可分だった。そして、交通と捕獲のプロセスは、治安維持のテクノロジーと、差異化された司法的法的体系に人々を登録するメカニズムにとって、中心的次元を構成していたのである。

その上、人種主義と他者恐怖は広く流布した現象なのだ。人種的論理は、極端な下劣さ、愚劣さを前提とする。ジョルジュ・バタイユが指摘していたように、それはまた、ある臆病の形態でもある。この臆病な人間は「何らかの外的表徴に価値を見出すが、その価値とは自分の恐れ、罪悪感、そしてわれわれの状況に内在する恐怖の重圧を憎悪のうちに他者に負わせようとする欲求以外のものを意味しない」[94]。彼はまた、これに付け加えた。人間とは「どうやら彼自身が憎むべきものであるかぎりにおいて、人を憎むのである」。人種的論理は階級的略奪の兆候にすぎないとか、階級闘争こそが「社会問題」の最終回答だと考えるのは間違っている。確かに人種と人種主義は諸社会の経済構造の中にある諸々の対立と関係している。しかし、この構造の変容が必然的に人種主義の解消につながる、というのは真実ではない。近代史の大部分において、人種と階級は同じ成立過程に関わってきた。プランテーションと植民地のシステムは、この点において、とりわけ人種と人種主義の産物だった。特に「下層白人」は、彼らと黒人を分ける諸々の差異を見出し、発達させることによって、自分たちは人間であるという感情をもっていたのである。人種主義的主体は、自分を他者と同じものにする何かにではなく、自分を他者と区別する何かにおいてこそ、自身の中に人間性を見るのだ。近代世界における人種の論理は、社会的経済的構造を貫き、同じタイプの運動によって干渉し、しかも絶えず変容する。

奴隷としての黒人は、私たちの近代にとって気がかりな形態の一つを代表しており、今もやはり、それにとって影の領域、神秘の領域、醜聞の領域をなしている。人間である誰かなのに、その名は排斥され、子孫と世代の権限は見失われ、顔はつぶされ、労働は強奪されて、それは八つ裂きにされ、疎外の鉄鎖による傷を深々と受けた一人類の証なのだ。しかし、その実存が受けた断罪や、それでも彼が保ち続け、服従の装置によっても決して無になることのない急進的な蜂起の可能性によって、彼はまた大地の泥土を代表する者であり、人種と資本の二重の暴力によって生み出された半世界の多様性の合流点に位置するのだ。歴史の堆肥、隷属の果ての主体、奴隷たちが作り手となってきた世界は、結局この暗闇の矛盾を反映している。船底でうごめいていた彼らは、私たちの近代にあって、最初の下積みの人々だった。もし至る所で近代に取り憑いている何かがあるとすれば、それはまさに一つの特異な出来事、「奴隷の叛乱」の可能性であり、それは隷属者たちの解放のみならず、ある根本的な改造に署名するのだ。これは所有と労働の体制の改造でなければ、少なくとも再分配のメカニズムの改造、しかも生それ自体の再生産を支える基礎の改造でなければならない。

2 幻想の井戸

Le puits aux fantasmes

「アフリカ」と「黒人」――この二つの概念は、同じ生成をともにする関係で結ばれている。一方について語ることは、まさに他方を喚起することである。一方は、すでに認知された意義を他方に与えている。あらゆるアフリカ人が黒人であるわけではない、と言われてきた。しかし、アフリカが一つの身体をもつとすれば、アフリカが一つの身体であり、一つのエスであるならば、〈黒人〉はそれに身体を与えている。それが世界のどこにあるかは、ほとんど問題ではない。そして、黒人が一つの綽名であり、「それ」であるならば、これはアフリカのせいなのだ。このエスとこの「それ」は、両方とも、最も純粋で最も根本的な差異に、そして分断の掟に帰するのである。一方は他方と一体であり、一方が他方にべとつく重さでのしかかる。それは同時に影であり、物質なのだ。二つとも人種主体の製造の長きにわたる歴史的過程の結果である。この章では、特にこのことに光をあてようとする。アフリカと〈黒人〉がいかにして消化不可能な他者性の記号となり、意味上の不法侵入となり、快活なヒステリーとなるに至ったかを、ここでは検討してみよう。

猶予中の人類

それにしても、〈黒人〉〔Négre〕をどう理解すべきなのか。一般に了解されているのは、イベリア半島に由来するものとして、この用語がフランス語の文書に登場するのは一六世紀のはじめでしかない、ということである。しかしながら、それが決定的に広く用いられるようになるのは、一八世紀、つまり奴隷貿易の最盛期のことなのだ。[1]現象学的な面において、この用語が指示するのは、意味をもつ現実ではなく、何よりもまず一つの鉱脈であり、それどころか愚昧と幻想から成る不純物であって、西洋（および世界の他の地域）がそれを編み上げ、アフリカ出身の人々にそれを押しつけてきたのである。資本主義初期の罠に彼らが嵌められる一五世紀と一六世紀よりもはるか前にそれは起きたことだった。根強い異形の人間存在、聖なる炎の放射で焼かれ、過剰な血気に恵まれ、陽気な精力で満ち、知性を欠き、〈黒人〉とは何よりもまず、ある巨大な幻想的身体であり、一つの性器、諸々の器官、一つの色、一つの臭い、肉体と肉、諸々の感覚の途方もない集積なのだ。[2]それが運動であるとしても、この運動はその場限りの硬直の動きにすぎず、爬行であり、痙攣にすぎない（ヘーゲル『歴史における理性』）――鳥のはばたき、動物の蹄《ひづめ》の騒音など。そして、彼が力であるとしても、それは身体の野生の力にすぎず、過剰で痙攣的、発作的なものにすぎず、精神に逆行するもの、同時に高揚、憤怒、そして焦燥であり、その特性とは嫌悪、恐怖、戦慄をかき立てることなのだ。

　ファノンによって描写された〈黒人〉と白人の少年の場面は、まさにそのようなものだ。「黒んぼはけだもの、黒んぼは悪人、黒んぼは意地悪、黒んぼは醜い。ほら、黒んぼが一人、外は寒い、黒んぼは震えている、寒くて震えている、少年は震えている、黒んぼが怖いからだ、黒んぼは寒さに震えている、かわいい少年は震えている、黒んぼが怒りに震えていると思っているからだ、少年は母親の腕の中に跳び込む、母ちゃん、黒んぼがぼくを食べちゃうよ」[3]。ある散種の過程、とりわけ孵化の過程を通じて、これは多くの研究の対象になってきたことであるが、この愚昧、嘘、そして幻想の不純物は外皮のようなものになり、その機能はそれ以来、彼らの存在、彼らの生、彼らの労働、彼らの言語を代理するようになってきた。元は外側を覆うものにすぎなかったこの外皮は重層化され、四肢全体となり、時が経つにつれて石灰化した殻となり果て、第二の存在論として、ある害毒となり、生々しい傷となり、それは傷を受けた彼または彼女を蝕《むしば》み、貪《むさぼ》り、破壊するのである。この傷と治癒の条件について、例えばフランツ・ファノンは『黒い皮膚・白い仮面』の中で考察している。ジェームズ・ボールドウィンの場合、彼はこの傷をある毒と比較しているが、その毒を製造し、蒸留する人間において、それを容赦なく投与される人間において、この毒が何を生み出しているかが問われるべきなのだ。

一九世紀以来、この殻とこの害毒は、ほとんど自動的な実在となり、ときには装飾的モチーフのように、ときにはある分身のイメージとして機能してきたが、さらに陰険な仕方で一つの「骨組み」として、つまり寸断され、あるいは憔悴した肉体から残ったもののように機能している。それゆえ、厳密な歴史的観点からは、「黒人」という言葉は第一に幻想的傾向に関わるのだ。この幻想的傾向を研究することの意義は、それを生み出した人々についてのみならず――それは昔からの真実でもあるが――、外見の規定やそれと現実との関わりという問題についてその傾向が語っていることのうちにもある。この現実とは、外見の現実であり、現実の外見でもあり、それは皮膚の色をめぐる象徴体系のことでもある。そして、アフリカ出身の人々が「黒人」に変容し、つまり強奪される身体、そして人種という主体になる過程は、いくつかの点で、骨化、服毒、そして石灰化という三つの論理に従っている。〈黒人〉は単に毒を盛られて炭化した主体の原型ではない。彼の生は、黒焦げになった破片でできているのだ。

「黒人」という実詞は、それ以来、一つの過程から生じた産物につけられる名前となってきた。それによってアフリカ出身の人々は、金属を抽出するための生ける鉱石に変えられたのだ。これこそが、彼の隠喩的かつ経済的でもある分身的次元なのだ。奴隷制下のアフリカがこの鉱石の抽出にとって特権的な場所であるとすれば、新世界におけるプランテーションは反対にそれの鋳造の場所であり、ヨーロッパはそれを信用貨幣に変える場所である[4]。人間‐鉱石から人間‐金属へ、人間‐金属から人間‐貨幣へのこの移行は、初期資本主義の構造的次元をなしている。抽出とは、まず諸々の出生の起源から特異な人間を分離し、分断することである。次いで、それは切除し、あるいは摘出することである。それは圧縮加工が実際に行われるための条件なのだ（それなしに抽出は成功しない）。奴隷を圧延機にかけ、それから最大の利益を抽出することで人間存在が物に変換されるだけではない。単に消しがたい烙印が捺されるだけでもない。まさに〈黒人〉が生産されるのだ。つまり、この本の全体でわれわれの関心となっている実例において、人種という主体、さらにまた自分自身から離れて、ある距離に置かれうるものの形態それ自体が生産されている。「それ」が役に立たなくなれば、たちまち片づけてしまってもかまわない、そういうものとして。

所属決定、内面化、そして反転

とりわけヨーロッパの前衛運動に、次いでアフリカ出身の詩人たちに引き継がれ、二〇世紀初頭に

「黒人」という用語は急進的転換の焦点となる。いくつかの要素が、この転換の理由になっている。世紀のはじめに西洋が陥った意識上の危機は、人類史に対するアフリカの貢献の再評価と対になっている。もし挑戦的な軍隊に刺激された植民者のプロパガンダが、仮構された人肉食の習慣や、祖先から引き継がれて常に先住民同士を対立させてきたかもしれない憎悪にのしかかってくるとすれば、一九二〇年代からは、むしろ美学的言説においてアフリカへの参照が目立つようになる。[5] 差異の大地、神秘の宝庫、とりわけカタルシスと魔術的宗教的なものの王国としてのアフリカである。アフリカの仮面について、例えばピカソは言っていた。「それらは人々が聖なる魔術的意図をもってこしらえたオブジェであり、それは自分自身と、彼らを取り巻く未知の敵対的な力とのあいだの媒介として役立つためであり、彼らはこうして、そのような力に色と形を与え、その恐怖を克服しようとする」と。彼の見方によれば、制作されたオブジェと非物質的形態の宇宙とのあいだの交流にこそ、絵画の意味は見出される。「これは美学的過程ではない。敵対する宇宙とわれわれのあいだに介入する魔術の一形態であり、われわれの恐怖、またわれわれの欲望に一つの形態を強いて力能を捕獲する手段なのだ」と彼は結論していた。[6]

　もっと決定的なのは、二〇世紀前半の潮流においてエキゾティックと言われた文化への関心が増大したことである。その文脈は、政治と科学における唯物論によって、また哲学における実証主義によって確立されたものだった。それはまた、部分的には、数々の戦争によって、またニーチェやサドのような人物がすでに宣言していた神の死の現実性によって喚起された恐怖や不安の時代でもある。アフリカの芸術、そしてある程度までジャズは、この文脈において、起源への回帰可能性に輝かしい道を開くように見える。そのおかげで眠り込んでいた力能が目覚め、神話と儀礼が再発見され、伝統が横領され、侵食され、時間の逆流が起きる。神秘の宝庫としてのアフリカというイメージは、根底では、陽気で野性的な祝祭への欲望をめぐる西洋の言説を代表するものにすぎない。桎梏も罪悪感もなく、悪の意識なしに生命主義を追求するという欲望が、戦後のヨーロッパに食い込んだのである。

未来の人類の展望に対するこのようなアフリカの貢献の再評価は、反植民地主義の美学や政治による批判の革新に基づくものだ。この批判は、特にシュルレアリスムの運動やプリミティヴィスムの支持者によって実践されたのである。一九二〇年代からアンドレ・ブルトンは「有色の民衆」と結束すると、さらには「原始的と呼ばれる思考とシュルレアリスムの思考は親和性をもつ」と宣言する。両方とも意識のヘゲモニーを廃止しようとする、と彼は念を押す。[7] まさに問題なのは、大河の失われた源泉に遡ること、一つの歴史の外に出ることである。この歴史は、デカダンスと外の宣告をしながら、同時に永遠の約束を携えている。この展望において、「黒人モデル」は、ある新しい種類のエクリチュールに道を開く。[8] それはまた、言語の野生の性格を再発見し、言葉を蘇生させることである。言語活動の充実は、土着言語の可塑性によってしか達成されない。[9]

第二次世界大戦後のシュルレアリスト、無政府主義者、トロツキー主義者のあいだの関係は、反植民地主義の活動家たちとの関わりにも発展していく。[10] アナーキズムや前衛主義とも混合したこの批判的美学には曖昧なところがあった。まずそれは当時流行していた「アフリカの魂」や「黒色人」のものとみなされた本質についての関心に大きく依存している。こうした思弁的構築は、西洋の民俗学や一九世紀後半に席捲した歴史哲学の直接的な遺産である。それらは、人類社会には二つのタイプがある、という観念に基づいている。「未開の心性」に支配される原始社会と、理性によって統治され、とりわけ書記言語がもたらす権力をそなえた文明社会である。未開と言われる心性は、理性的立論の過程にとっては不適格であろう。それは論理的ではなく、「論理以前」である。われわれとは反対に、未開人は手作りの世界に生き、経験から学ぶことがなく、われわれの思考形態に到達することは不可能である。[11]白人種のみが歴史的な生を構築する意志と能力をそなえている。特に黒人種は固有の生、意志、活力をもっていない。祖先から引き継いだ古い憎悪と終わりのない肉体的な闘いによって消耗し、彼らは堂々巡りするばかりだ。彼らは不活性な塊以外の何ものでもなく、より優れた人種の手で捏《こ》ね上げられるのを待つだけなのだ。[12]

　現代世界の黒人の政治に関して人種的な無意識が存在するとすれば、それはこの誤った知と、民衆と感情に関して一九世紀から引き継がれたこの原始的な心理学の中に探さなければならない。そこにこそ、世界の幼年期の中で打ちひしがれたままのアフリカが見出される。地球の他の民族はそこから、はるか昔にその状態から脱出したのに、というわけだ。同じくこの点において、「黒人」は、いわば意識の無分別状態に襲われた自然的かつ歴史以前の形態とみなされている。その生は消耗され、名前のないものの深い闇の無差別状態において蕩尽されている。

　他方では、あの植民地体制の美学的批判も「優秀な民族」の存在という神話と訣別したわけではなかった。つまるところ、その神話とは堕落の脅威や強迫または復活の可能性でもあった。「黒い血」は想像力と芸術的天性の覚醒において中心的役割を演じるだろうという観念とも、この批判は十分な距離をとっていなかった。いくつかの点で、諸文明の消耗という主題系、さらにはまた未開人の生命力と、文明人の消尽された生気との対立という主題系が、一八九〇年から一九四五年までの芸術の発想を貫いていたのだ。生来の特性は、それぞれの人種の血に属するものとされる。本能、非合理的欲動、原始的官能性は、黒人種に属するものとなる。想像力の普遍的力能は「有色原理」に結びつけられ、これによって〈黒人〉の血には芸術が湧き出てくる源泉が隠れている、と説明されることになる。[13]ゴビノーは、とりわけ黒い人種には燃えさかる火が内在しているとみなしている。それは「炎、火花、誘惑、無思慮」なのだ。官能性の反映、想像力、そして「物質に向かうあらゆる欲望」によって、「諸芸術が生み出す数々の印象を、他の人間集団にはまったく未知の強度において受容すること」[14]が〈黒人〉の特性だ、ということになる。

美学的、前衛的、無政府主義的な性格をもつ反植民地的批判は、それが転覆しようとするこれらの神話と植民地に関する紋切型の大部分を引き継いでいる。食人種や、根本的に非合理的で野蛮な黒人の世界というものの実在を、その批判は再検討しようとはしない。それは堕落のあらゆる兆候を把握しようとするが、実はこれは残り火のようなもので、ここにこそまさに〈黒人〉の果敢な能力が、形態、リズム、そして色彩への猛烈な愛があるという観念の中に、この批判はあるのだ。[15]「ネグリチュード」の多くの詩人たちにおいても、同じ傾向が見られる。彼らにとって〈黒人〉という名詞は、もはや人が満たすべき空虚の経験に帰するものではない。黒人詩人たちの想像力の創造において、それは「奇跡の武器」となる。詩人たちは、それを能動的な力能に変えようとし、それを通じて黒人たちは自分自身にとって特異性をもつものとして出現し、生命と自由の最深の源泉にまで到達することができるだろう。概念と化した名詞として〈黒人〉は固有の言葉となり、それによってアフリカ出身の人々は彼らの力の源泉から、彼らに固有の才能から出発し、世界に自分の存在を告げ、世界に登場し、世界として自分自身を肯定するのだ。この普遍的生命に対する大いなる出現の瞬間——セゼールは「大いなる正午」と言ったが——、それはただちに宣告、変容、告発という三つの性格を帯びる。「私はもう探さない、私は見出した」と、まさにセゼール自身が宣言するだろう。「私の反抗、私の名」、「私は人間、人間以外の何ものでもない！　私はただ一つの、まぎれもない宝、他者たちと同じ大きさをもつ[16]」。

白人の黒人と黒人の白人

フランツ・ファノンは、しかし正当にも次のことを暗示していた。黒人とは白人によって考案された一つの「形態」あるいは「対象」であり、白人の視線、身ぶり、態度によってそのように「固定され」、そのようなものとして「数々の細部、逸話、物語[17]」によって編み上げられたのである、と。さらに付け加えなければならないのは、白人のほうは、いくつかの点でヨーロッパの想像力のファンタジーであり、西洋はそれを自然化し、普遍化しようとした、ということである。ファノン自身が、そもそも二つの形態について、黒人も白人も実在しない、と言っていた。まさに経験上は、正確に言えば、皮膚の色が厳密な意味で白い人間はいない。少なくとも白紙、白墨、白布、あるいは石灰について言われるような意味で白いわけではない。しかし、この二つのカテゴリーが結局、無に帰するなら、この場合それは白人のファンタジーのことなのだが、いったいこの無はどこから力を引き出すのか。

合衆国のように繁栄した植民地において、「白人」とは法権利と労働力の強奪体制とが逢着するところに時間をかけて構築されたカテゴリーである。例を挙げると、一六〇七年、ヴァージニアの植民地創設のほぼ半世紀後に、同じように容赦のない搾取の状況に置かれたアフリカ人とヨーロッパ人のあいだの区別は、比較的流動的なのだ。本国で「よけいもの」とみなされていたこれらのヨーロッパ人は、植民地において拘束され、その場限りの賦役を課された労働力となり、その身分はアフリカ人と同じで、彼らは飲酒、性、結婚などについて同じ社会的慣行をもっていた。奴隷解放のとき、一部のアフリカ人たちは、それでも猫の額《ひたい》ほどの土地の所有権をもつのだ。そして、これを基盤に彼らは諸々の権利をもつようになるが、そこには奴隷を所有する権利も含まれる。一六六〇年代には、この下層階級の共同体は人種の区別を超えて一連の叛乱を起こす（一六六一年の使用人たちの叛乱、一六七六年のベーコンの叛乱、一六八二年のタバコ製造所の暴動などの例がある）。

人種を超えて結束した下層階級が繰り返した蜂起の脅威に応えて、一六八五年にはロイヤル・アフリカン・カンパニーが再編成される。植民地の労働力の主要部分はアフリカの奴隷の調達によるもので、それ以来、奴隷によって構成されるようになる。一七世紀末には、奴隷の形態はますます根本的なものになる。一七〇九年から労働力の構成が急変する。生涯の奴隷であるアフリカ人の数は、ヨーロッパ出身の賦役を課された人口の数をはるかに上まわるようになっている。この人口は、一時的に強制労働に携わるが、拘束期間が過ぎれば解放されたのである。

この過程は膨大な規制措置をともなっており、その目標はアフリカ人の労働者、そして奴隷と、ヨーロッパ出身の労働者のあいだに明白な区別を設けることである。一六六一年からは刑罰制度があからさまに人種的論理に従うものとなる。ヨーロッパ出身の労働者がアフリカ人と共謀して脱走した場合、服役期間は長くなる。異なる人種間の性的関係は禁止される。奴隷の移動の権利は極端に制限され、「白人使用人」が監視を担当するようになる。片や、ヨーロッパ出身で解放された人々は武装するようになる。

結果として、三つの歴史的決定要素が〈白人〉のファンタジーの力を裏づけることになる。第一に、それを信じ込む人間の多いことである。私たちはそれを説明したところだが、この信念は自発的であるどころか、諸々の装置の総体によって開発され、養われ、再生産され、拡散されてきたものであり、これらは神学的、文化的、政治的、経済的、制度的な装置であって、歴史学と人種の批判理論とは数世紀にわたるその進展と結果を報告してきた。つまるところ、世界のいくつかの地域で、この信念を一つの教条とし、ハビトゥスにするための厖大な作業が行われたのである。その例は、とりわけ合衆国、奴隷制度をもった他の国々、繁栄した植民地の大部分であり、最近では南アフリカがそうであった。南アフリカでは、人種差別の記号化が同時に信仰、教義、法などによって行われ、それらに違反することは死刑を含むさまざまな刑罰の対象になっていた。

第二に、これらの装置の機能は、しばしばこの信念を常識に変えることであり、それ以上にそれを欲望と熱狂に変えることなのだ。というのも、信念が欲望と熱狂に変わり、ある者にとっては恐怖、別の者にとっては利益とならないかぎり、それは自律的な内面化された力として作動しえないからである。この観点から見ると、〈白人〉のファンタジーは欲望の対象の、そして特権の公的表徴の星座のようなものとして機能している。こうした対象と表徴は、身体ばかりか、イメージ、言語、そして富にまで及ぶのだ。そもそもファンタジーとは、周知のように、社会的実効的な真実の様式に基づいて現実の中に居座ろうとするものである。〈白人〉のファンタジーがそれを成し遂げたのは、結局、西洋が世界に現前する仕方の表徴となり、ある暴力性と残虐性の形態、強奪の特異な形式、外地の民衆を隷属させ搾取する卓越した能力といったものの表徴となってきたからである。

　この力は、時代、そして状況によって、さまざまな形で現れた――新世界とオーストラリアでは虐殺と絶滅、大西洋の三角形における奴隷貿易、アフリカ、アジア、南アメリカにおける植民と征服、南アフリカにおけるアパルトヘイト、そしてほぼ至る所で資本と利益を口実にした剝奪、破壊、収用、そして横領が行われ、おまけに疎外を地域固有のものとしてきた。ここには構造的な暴力があり、また地球的規模で生命の資源と市民の特権を根本的に不平等に再配分する方式があって、これこそが〈白人〉の幻想に部分的な安定をもたらしている。これに科学技術の壮挙、精神的創造、少なくとも外観上は相対的に統制された政治生活の組織形態を付け加えなければならないだろう。そして、必要ならば、容赦のない残酷、かつてエメ・セゼールが示唆したような理由なき殺人の衝動も付け加えておかねばならない。

　ファノンによれば、〈黒人《ニグロ》〉という用語は、自己を指示するものではなく、ある〈所属決定〉のメカニズムに属するものだ。私は黒色人ではないし、黒人《ニグロ》でもない、とファノンは宣言する。〈黒人〉は、私の名前ではなく、私の代名詞でもなく、ましてや私の本質でも、私の自己同一性でもない。私は一人の人間であり、それに尽きるのだ。〈他者〉は、その資格をめぐって私と争うかもしれない。しかし、彼は決して私から存在論的意味でその資格を剝奪することはできない。奴隷であり、植民地化され、差別の対象になったという事実、皮膚の色のせいであらゆる種類の虐待、侮辱、剝奪、恥辱を受けたことも、絶対にそのことは動かせない。私が一人の人間ではないと信じさせようとする諸々の企《たくら》みの暴力がいかなるものであろうと、私は本質的に一人の人間であり続ける。この消しがたい余剰は、一つの社会的法的身分へのあらゆる拘束や固定を逃れるもので、どんな致命的措置に遭おうとも途絶することはなく、どんな名前、どんな行政的措置も、どんな法や所属決定、どんな理論やドグマも、それを消去することはできない。〈黒人〉とは、したがって一つの「綽名」であり、他の誰かによるお仕着せであり、その中に人は私を閉じ込めようとしてきた。しかし、綽名と、人がその名に意味させようとすること、そしてその名を背負わされる人間のあいだには、常に隔たりの秩序から残ってしまう何かがある。そして、主体はまさにこの隔たりを強化し、根本にするように促される。

まさに〈黒人〉という名詞は、近代において所属決定、内面化、そして逆転という三つの本質的役割を果たしてきたのだ。第一に、それは他のすべての人間と同じ人間を指示するのではなく、一つの人類を、（さらには）例外的、特別な種類の人類を指示することに役立つだろう。この人々は、肉体的外見によって、慣例・風習、そして世界内に存在する様式によって、そのむき出しの表出における差異を証示しているように思われていた。その表出は、身体的、情動的、美学的、想像的なものである。われわれが〈黒人〉と呼んでいる者たちは、それ以来、われわれにとって、まさに存在に関わる差異のせいで、カリカチュアになるまでに外部性原理を代表しているかのように見えるだろう（これは内属性の原理の反対なのだ)。結果として、彼らがわれわれと同じであると、彼らがわれわれの身内であると想像することが、われわれには実に難しくなっているのだ。そして、まさに彼らがわれわれのようではなく、われわれの身内でもないので、彼らとわれわれを結びつける唯一の絆は、逆説的にも、分離の絆だったのだ。例外的世界、例外的部分を構成するがゆえに、彼らは共同体において対等な権利をもつ生の主体とはなりえなかった。例外とされ、隔離され、例外部分となり、こうして〈黒人〉は、本質において、あらゆる言葉以前において、隔離の命令を意味することになった。

　歴史において、この綽名を着せられた者たち、そしてその結果、例外とされ、隔離された者たちは、やがてそれに取り憑かれてしまうことになる。したがって、その名は慣用的になるが、慣用されてそれは本当の名になるのか。ときに詩的な、ときにカーニバル的な転倒を意識するある身ぶりにおいて、彼らはその綽名を受け入れるだけで、それはその考案者たちに逆らって、この侮辱的な名前、おぞましさの象徴をもっと巧みに投げ返すためにすぎない。これ以来、彼らはそれを美と誇りの象徴にしようとし、これからは根本的な挑戦への、その上、放棄、脱走、叛乱への呼びかけの旗印として使おうとしてきた。したがって、歴史的カテゴリーとしての〈黒人〉は、これら三つの契機の外部には実在しないのだ。所属決定、再統合、そして内面化、逆転あるいは反転という契機である。その上、この最後の契機は、かつて鉄鎖と鞭によって抹殺された人類の地位の全面的な、無条件の復権を開始するのだ。

　そもそも〈黒人〉は常に、とりわけ奴隷——つまり人間‐金属、人間‐商品、人間‐貨幣の名であった。大西洋の奴隷制集合体の中心にはカリブ海、ブラジル、または合衆国のプランテーション・システムがあるが、この集合体は近代資本制の構成における明白な連鎖から成っていた。この大西洋地域の集合体は、イスラム・サハラ砂漠を縦断する地域の集合体に比べて、同じタイプの社会も、同じタイプの奴隷ももたなかった。それはアフリカをインド洋世界と結びつける集合体とも違っていた。仮に大西洋を横断する奴隷制度と、植民地化される以前のアフリカ社会における奴隷制の土着的形態とを分かつものがあるとすれば、まさに後者は拘束した人々から、新世界で獲得される剰余価値に比べうるような剰余価値を引き出すことが決してできなかった、という点である。したがって、新世界におけるアフリカ出身の奴隷は、黒人の比較的特異な形態を代表しているのだ。この黒人の特性とは、世界的スケールの蓄積過程において本質的な組織の一つであるということだった。

捕獲、空無化、モノ化という三重の機構を通じて、奴隷は強制的に、ある装置につながれ、それによって彼は、みずからの生を自由に（そして、みずからの生から出発して）、ある真の活動にすること、それ自体で成り立つ何か、そして固有の一貫性をそなえた何かにすることを妨げられる。実際、奴隷が生み出すものはすべて、労働の産物、子孫、精神的活動に至るまで、彼から奪われるのだ。彼自身に属する何ものについても、彼はその作り手とはみなされない。奴隷とは、場合によって、商品であり、購買しうる贅沢品であり、あるいは役に立つ物品であって、他人にそれを売りわたすこともできる。彼らは言葉の能力に恵まれ、道具を作ることや使用することができる人間でもある。しばしば彼らはあらゆる親族関係を奪われ、同じくあらゆる遺産や、彼の労働の産物の収益も奪われる。彼らの十全な人間性が彼らの所属する主人たち、無報酬の労働を搾取する主人たちによって否定されても、しかしその人間性は少なくとも純粋に存在論的次元では全面的に消去されるわけではない。この人間性は、事の成り行きによって猶予中の人間性であり、固着と反復から脱出しようとして闘争中であり、自律的な創造の運動に参入したいと願っている。

この保留され、絶えず自分を再生させることを余儀なくされた人間の固有性とは、根本的で、消しがたい欲望、来たるべき自由または復讐の欲望を宣告することである。とりわけ、この人間が主体の根本的な廃棄の対象にならない場合には。実際、法的に動産として定義される場合も、残酷な仕打ちを受けようとも、価値下落や非人間化にさらされようとも、奴隷たちは常に人間であり続ける。主人に仕える労働によって、彼らは世界を創造し続ける。活動と言葉を通じて関係や意味の宇宙を紡《つむ》ぎ、諸言語、諸宗教、諸々のダンスや儀礼を考案し、また一つの「共同体」を創造する。[18] 彼らを襲う資格剥奪や汚辱も、彼らの象徴化の力をすべて抹殺できるわけではない。その存在自体によって、奴隷の共同体は奴隷制社会を覆い隠している偽善と虚偽のヴェールを絶え間なく引き裂くのだ。その上、奴隷には叛乱を起こすことができ、ときには自殺によって自分自身の生から解放することができる。こうして彼らの主人が自分の財とみなしていたものを奪い、事実上、隷属関係の絆を廃絶することができるのだ。

力ずくで例外的世界に置かれ、束縛を超えて人間の資格を保ち続けながら「黒人」の名を着せられてきた人々は、歴史的に彼ら独自の思考を、また独自の言語を生み出してきた。彼ら自身の文学、音楽、また神への敬愛を祝福する作法を作り出した。彼ら自身の諸制度を創設することを強いられた。学校、新聞、政治組織、官製の空間に属さない公的空間などである。広い意味で〈黒人〉という言葉は、このような少数化、閉域化などの状態に合図を送るものだ。それは人種的弾圧や、ときには物事の非人間化という脈絡において、息をつくための島のようなものになっている。

名前のパラドックス

「アフリカ」という〈言葉〉は一般に物理的かつ地理的事実、つまり一つの大陸を意味するのだが、この地理的な事実が、今度はある事物の状態、属性や特性の集合、その上、人種的条件につながる。次いで、それらのさまざまな参照事項に一連のイメージ、語彙、言表、烙印などが結びつき、これらは諸々の事象の物理的、地理的、気象的な一次的状態、この空間に暮らす集団のものとみなされた属性、彼らの貧困、強奪の状態、そして特に一つの生の形態と彼らの関係などを何とか表現するものとみなされるようになる。この生の持続が決して確実ではないのは、迷信、死、そして醜悪さが横たわるあの寝床が決して遠い過去のものではないからだ。したがって「アフリカ」とは、特に近代が二つのことを指示しようとするときに用いる言葉なのだ。まず絶対的脆弱性と存在の虚空の中に閉ざされた人間の、ある紛争的な形態である。さらには、人間、動物、自然、生と死、生の中に生きる死、生に死体の硬直状態をもたらす死などの錯綜状態という一般的問題である――二重化と反復の作用を通じて死は生のただなかで反復され、アフリカはその仮面であり、虚《うつ》ろな太陽なのだ。

そもそも、近代の意識において、アフリカとは一般に無力と判断された諸社会につけられた名前であり、つまりそれは普遍的なものを生み出すことができず、それを証明することができない、というわけなのだ。まず、これらの社会は、それらが統治される方式によって認知される。それはまさに大げさな道化役者たち、呪物と鳥の羽で飾り、覆面をかぶり、修道士に扮した人物たち、金杯で大酒をくらい、聖金曜日に売春までやってのける連中に指揮されている。それは一般に専制君主のことであり、その人間の頭はずっと昔から自立した動物的存在となって、現実の、または想像の敵の死体でしかないものに取り憑かれ、その敵はあっさり殺されてそのまま放置され、カラスに貪《むさぼ》り食われてしまう、というわけだ。片や、それは本質的に迷信から成る社会であり、無力な社会から成る世界は部族の戦争、負債、魔術、そして疫病に屈服し、破滅する。それは私たち自身の世界の否定的な裏面である。なぜなら、それは本質的に拙劣な行動、時間の腐敗、その乱調などの象徴だからである。こうした現実について、私たちは疎遠で挿話的な形態でしか、陰鬱な余談のようにしか、不可視の空洞のようにしか語ることができない。そこにある事物は近づきがたく、そこではすべてが空虚、砂漠的で動物的、手つかずで野生的、驚異的な無秩序において集積されたもののごちゃ混ぜなのだ[19]。

　相違の生ける形態としての「アフリカ」という言葉は、結果として例外的世界を意味するが、その世界に対して、われわれはほとんど責任を負うことができない。われわれの同時代人の多くは、それと同一化することに困難を覚えている。冷酷、暴力、そして荒廃に打ちのめされ、アフリカとは陰険で無分別な力の幻であり、いわば倫理以前、しかも政治以前の時代に閉じ込められているようだ[20]。それと親和性の絆を感じることは難しい。というのも、われわれの目に映るかぎり、あそこの生活は、一口に言って、決して人間的生活ではないからだ。それはいつも他の誰かの生活であり、他のどこかの、われわれとは遠いところ、よその別の人々の生活のように見えるのだ。彼らとわれわれは共通の世界を共有することができず、われわれの世界にとってアフリカ政治は同胞の政治であることが難しい。それは差異の政治でしかありえない。――〈善きサマリア人〉の政治、罪悪心とか、怨恨とか、憐れみに養われる政治であって、決してそれは正義と責任の政治ではない。何といっても、彼らとわれわれのあいだには、ほとんど人間としての共通点がない。彼らとわれわれを結ぶ絆は、同類の存在同士の絆ではない。われわれは同じ世界を共有していない。これこそが証明済みのことなのだ。

それにしても、数々の呪物とそれらの神秘がなければ、アフリカとは何だろうか。一見すると、硬直や浸食や化石化の象徴であり、それらは「気温五〇度の闇、奴隷の隊列、人食いの宴、空っぽの頭、食べられ、損なわれ、失われる万物の大地」[21]への入口を代表している。それらを通じて、まず神秘と現実が一致するという印象を与えるのだ。この越えがたい境界が越えられてしまうと、解放的な浄化の異郷という夢想が可能になる。それについて書くことだって可能なのだ。アフリカに取り憑かれて、われわれはついに自己同一性を変更し、他者性の壁を崩し、凋落の感情や自殺願望や死の不安を克服することができる。しかし、このような旅が意味をもつのは、その果てに記号の山が見つかるからでしかない。ダンスとトランスを用い、癒しの音楽に乗って、叫び、身ぶり、運動、そして声、呼吸、ある新しい人間の観念のまっただなかで、やっとそこに到達できる。アフリカを発見すること、それは憑依を可能にする自己喪失を経験することなのだ。私たちを憑依する呪物の力に従い、この喪失を通じて、また呪物の媒介によって、象徴化しえない享楽を体験することである。このような条件において、私たちはアビシニア〔エチオピア〕のゴンダールの門に着いたミシェル・レリスのように宣言することができるのだ。「私は一人の人間である。私は実在する」[22]。何しろ、結局、呪物は彼の本性を啓示するであろう。すなわち、それは力が形になること、そして形が力になることなのだ。形から力への、力から形へのこのような変身は原理的に未完成であり完成不可能なので、アフリカとのあらゆる関係は原理的に論争の的であり、欲望、失望、そして場合によっては後悔の混合であろう。これを避けるには、レリスに従えば、古代的実在は他所や遠方にではなく自己のうちに見出されること、根本的には〈他者〉とは私たち自身以外のものではないことを理解することが必要なのである。

「アフリカ」という名の論争的次元とは、まさにその名がはらむ不思議な力能から、またこの言葉が仮面のように覆い隠す恐るべき両義性から来る。周知のように、仮面の機能の一つは、いつも顔を二重化しつつ隠すことであり、それは存在と外観の交点における二重性の権能なのだ。もう一つの機能は、仮面をつけた者が自分は見られずに他者を覗くこと、事物の表面の下に隠れた闇のように世界を見ることを可能にするのである。しかし、仮面を通じて存在と外観が交差するなら、仮面に隠れた顔を見ることの不可能性において、このささやかな空虚として仮面は仮面としての自己を常に弾劾するようになる、ということも真実なのだ。したがって、同時代的存在のドラマにおいて、「アフリカ」の名はまさに仮面の機能を果たしている。何しろ、この名を持ち出すたびに、自動的に人はそれぞれの個別の身体を、たくさんの不透明な布で覆い隠すからである。実際、常に起源を抹消する操作や、言語の可能性そのものを危うくする隠蔽の操作を促すことが、この名の本質そのものとなっている。もっと深刻なことに、アフリカはイメージを埋める墓そのもの、光の反射しない巨大な棺、移動する能力のない四肢とみなされるのだ。

論争的次元は、さらにこの名が根本的に真実と虚偽の指標を厳密に免れる空虚な形態だという事実から来る。ジル・ドゥルーズが言うように、真実とは「指示作用が実際に物の状態によって満たされることを意味する［…］。虚偽とは、ときに選択されたイメージの欠陥によって、ときに語と結合可能なイメージを生み出すことの根本的不可能によって、指示作用が満たされないことを意味する」[23]。「アフリカ」という用語については、真の言葉と結びついた、同じように真のイメージを生み出すことがきわめて困難であるということから、まさにすべては由来するのだ。何しろ、本当は話す主体や表現する主体はどうでもいいのだ。アフリカが問題になるたびに、言葉とイメージと物のあいだの対応はどうでもよく、名詞がそれに呼応するものをもつこと、物がその名詞に呼応することは不要なのだ。したがって、物はいつでもその名を、名はそれが示す物を失うことがありうるが、それでも言表そのもの、言われたこと、生み出されたもの、それを言い、それを生み出す誰かには何の影響もない、というわけだ。何しろ、ここでは重要なのは嘘の力だけだから。

それゆえ、「アフリカ」という名は、何かに帰するにしても、その何かに対応するとみなされるものが無であるばかりか、その上、いわば重大な恣意性に帰するのだ――この指示作用の恣意性には何も特別に対応すべきものがなく、限りない後退の果てには初発的な偏見があるのみである。実際、アフリカという言葉を発するときは、一般にいつでも責任性の根本的放棄が前提になっている。誤謬という概念が原則として排除されているのだ。その上、現に語そのものに無意味が含まれていることが前提になっている。したがって、言い方を変えれば、「アフリカ」と発語することは、常に空無の上に、何でもいいから諸々の形象や伝説を築くことに等しいのだ。ほとんど同じような語やイメージを選んで、異なる意味にとれる同じイメージと語をそれに付け加えるだけでいい。こうして、いつも、いずれにしても既知の物語を見出して終わるのだ。このことこそがアフリカをとりわけ増殖的な集合に、ますます貪欲な力に仕立てるのだが、それはアフリカがほとんど自分自身の夢幻を紡ぎ出すことがなく、ほとんどいつも他者の夢にかかずらうばかりだからである。なぜなら、ここで名前は最初の対象とはまったく別のものを指示する新たな名前の対象になることができるので、したがってアフリカについて人は言うことができるのだ。それは生の外部であり、また生の彼方であるものの象徴である、などと。それは反復と還元に委ねられるものであり——言葉という、あの不可能な可能性の境界にあって、生において反復される死、そして死の仮面に宿る生なのだ。

不可能な可能性には、二つの理由がある。まず、フーコーが言うように、言葉は、そして言い換えるなら、生そのものは「太陽のように」読み解かれるべきものである。言葉は、実際、単なる形式の場ではない。それは生のシステムそのものである。それは、まなざしに事物を与えるものとみなされる。ただし、あまりにも明白な可視性において与えられるので、この可視性は言葉が言うべきこと、生が見せるべきことを隠してしまう。言葉は「薄い闇の層によって、外観と真実、仮面と顔を分離する」のである。フーコーはさらに言う。「言葉の太陽は秘密の中に埋められる。しかし、この闇のまったただなかでそれは保存され、見事に豊饒になり、祝祭のさなかの庭園の光を浴び、諸々の機械や、自動人形である死体、未聞の発明や精巧な模型などを、それ自身の上に生み出すのである」。この時間のあいだ、生は「切迫した彼方[24]」という様相を呈する。不可能な可能性とはまた、ある逆説が理由にもなっている。ドゥルーズが説明しているように、一方で「言葉の最高の力能」によって構成され、他方では「語る者の最大の不能性」、「私が言うことの意味を語ること、何かを言いながら、同時にその意味を言うことの不能性」[25]のもたらす逆説が、その理由なのである。何しろ、フーコーが言うように「言葉は、みずからにとって本質的な欠如から出発することによってのみ語る」[26]からである。ところが、もっと精細に見るなら、「アフリカ」という語はドゥルーズとフーコーが言葉の中に露見させたと信じているものと同じ特性を示している。それは本質的な偏差、またはもう一度フーコーの言葉を使うなら「太陽のくぼみ」であり、それはまぶしいのだが、自分自身の鏡であり、常に真っ暗な裏面を保ち、まなざしはそれを貫通することができず、そのたびに言葉だけでなく生そのものがこの裏面に躓《つまず》くのである。つまるところ、ファノンはそのことを理解していたのだ。彼にとって、植民地という脈絡において自己を生み出す条件に関するあらゆる問いかけは、言葉の批判から始めなければならない、ということを。[27]「アフリカ」という用語が私たちに促しているのは、この言語批判としての生の批判なのである。

世界の巨像

この過程において〈黒人〉は証人の役割を演じる。彼はこの世界の巨像、世界の分身、その冷たい影なのだ。ジャン゠ピエール・ヴェルナンが説明しているように、古代ギリシアにおいて、コ、ロ、ッ、ソ、ス〔巨像〕という語はまず巨大な次元の写像そのものである。しかし、それは空っぽの墓の中、死者のものだった遺品の傍らに埋葬された似姿のことである。墓の暗闇において、コロッソスは不在の死体の代わりをかたどり、それが死者の代わりになる。ヴェルナンが言うように、それが目指すのは「死者の特徴を再現することでも、その肉体的特徴の幻影を与えることでもない。それが石によって肉化し、固定しようとするのは死者のイメージではなく、彼岸における彼の生であり、この生は、闇の世界が光の世界と対立するように、生者たちの生と対立するのだ。コロッソスはイメージではない。死者自身が生者の分身であるように、それは分身なのである」[28]。

私たちの世界が、まさに巨大な空っぽの墓や、あるいは洞窟に喩えられるかぎりにおいて、〈黒人〉は私たちの世界のコロッソスの役を引き受けている。この巨大な空っぽの墓において、〈黒人〉と言うことは、不在のあらゆる死骸を喚起することであり、この名前はそれらの代理かもしれないのだ。そのため、〈黒人〉という語を喚起するたびに、人は私たちの世界の廃棄物、この余剰物を白日の下にさらしており、それが墓の中に不在であることは異様であり、恐ろしいことなのだ。世界のコロッソスとして、〈黒人〉は洞窟の中の、または空虚な墓の中の事物を照らし出すあの炎であり、この墓は私たちの世界そのものであって、それらの事物がありのままに照らし出される。それはホメロスの冥界のように世界の闇に包まれた極地であり、人間的生の特徴が無常となり、異様な脆弱性となる、はかないものの王国でもある。〈黒人〉という言葉は、一種のムネマ〔*mnema*（記念碑）〕であり、ある作法を想起させるべき記号であり、現代世界の政治において、死と生は、この作法に従って、相互関係として緊密に定義されるようになったので、生の領界と死の領界を分離する境界を明確に限定することはほとんど不可能になっている。それゆえ、現代の哲学的地平において、「アフリカ」という言葉は生けるものの乾燥化という政治的問題を名指すための方式以外の何も意味しない。これは生の苛酷さ、乾燥、粗悪性、さらには可視的であるが不透明にして無分別な形態を政治的に尋問する方式であり、現代の生者たちのあいだの交流において、死はそのような形態をまとうようになってしまったのだ。

言葉の背後、それが言うこと、それが隠すこと、あるいはまたそれには言えないこと、言うにしても聞かれるまでに至らないことの背後に、それゆえ私たちの世界、その身体、そしてその精神のある形態が、私たちの時代の最も破廉恥な現実のある部分が、人類のスキャンダルが、おそらく最も気がかりな生き証人が屹立するのだ。それは私たちの世界の暴力、そしてその主要な動機になっている不正の証人であり、この証人は現代世界と人間的生成変化の思考に対して、おそらく最も切迫した、最も根本的な要求を突きつけている。それはまず責任性と公正の要求から始まるのだ。「アフリカ」という言葉は、この二つの用語の根本的否定という意味をもっている。

この否定は、実は〈人種〉の作用の結果である、つまり公的なものという観念、さらには人間の共同体という観念自体の否定なのである。それは一つの同じ人類、一つの類似、ある本質的人間的親近性という観念に逆行している。確かに、地理的な、そして人間としてのアフリカだけが、この否定の対象になってきたわけではない。要するに、世界の他の部分のアフリカ化の過程が進行中なのだ。したがって、この名には、世界を審判する何か、修復、再構築、そして正義を呼びかける何かがある。世界に対して、この名前が幽霊的にしか現前しないことは、人種についての批判的構想なしには理解されえない。

世界の分割

というのも、それほど遠くない過去において、人種とは法の母体ではないとしても、少なくとも社会的抗争にとって特別な言語だった。それは差異と敵意の尺度にとっての単位であり、生の闘争においては決定的指標、社会にとっては抹消や、差別や、浄化の原理だった。「近代性」とは、本当は無制限の拡張というヨーロッパの目論見の別の名称であり、この目論見は一八世紀末期に定着する。一八世紀末から一九世紀はじめにかけて最も重要な政治的課題の一つは、ヨーロッパの植民地帝国の拡張ということである。一九世紀とは帝国主義の勝利の世紀なのだ。まさにこの時代に、技術の発達、軍事的征服、貿易、キリスト教の伝道などのおかげで、ヨーロッパは世界中の他の民族に対して独特の専制的権威を行使するようになる。それは自国の境界の外でしか行使されず、自分とは何の共通点ももたないとみなされる人々に対してだけ行使される種類の権力なのだ。

人種および運命共同体の不在というこの問題は、一七八〇年頃から半世紀のあいだ、ヨーロッパの政治思考の中心を占めることになる。それはベンサム、バーク、カント、ディドロまたはコンドルセのような思想家の考察に刻印を残している。ヨーロッパの自由主義は、帝国的発展と並行して形成される。この拡張が曲がり角にさしかかるとき、ヨーロッパの自由な政治思想は、普遍主義、個人の権利、交換の自由、手段と目的の関係、国民共同体と政治能力、国際的正義、さらにはヨーロッパとヨーロッパ外の世界との諸関係の性格、自国の境界外の専制的政府と国内において責任をもつ代表的政府との関係といった問題に直面するのである。

私たちの世界はそれを認めようとはしないが、いくつかの点に関して、この世界は「数々の人種の世界」なのだ。人種的シニフィアンは、いまだにいろいろな意味で避けて通れない言葉である。ときには自己や世界の物語によって、または他者、記憶、権力との関係によって、それが否定されることがあるとはいえ。近代の到来が人種原理の出現と一致していること、そして過去と同じく現在も、支配技術の特権的な母体においてこの原理がゆるやかに変容していることを理解しないかぎり、近代性の批判は達成されないままだろう。人種原理は諸々の実践の総体に依存しながら再生されているが、それらの当座の直接的目標は他者の身体であり、その適用の範囲は生命全般にわたるのだ。はじめは無味乾燥で不均一ながら、多少とも一貫していたこれらの実践は、やがて慣習として確立され、諸々の制度、法、技術として具体化される。それらの軌跡を歴史的にたどりつつ、それらの効果を説明することもできる。人種原理とは、そもそも人間のあいだの分断と差異のスペクトル的形態であり、烙印、排除、隔離といった目的のために結集しうる形態であることを理解しなければならない。そのようにして人は人間集団を孤立させ、抹殺し、その上、肉体的に破壊しようとするのだ。

今では、人種の社会生物学的な登録は主として一九世紀に行われたことだと認められている。しかし、人種の社会生物学的な登録が最近の事実であるとしても、人種間の闘争をめぐる何世紀にもわたる言説が最近のものであるわけではない。歴史的にそれが階級闘争の言説に先行していることは、そもそも周知の事実なのだ。しかしながら、奴隷貿易と植民地主義の曲がり角で、ある転換と二つの言説とのかつてない結合を私たちは見届ける。二つとは、この用語の生物学的意味における〈人種〉についての言説（たとえこの生物学的意味が常に揺らいでいるとしても）、そしてより全般的な主題の隠喩としての〈人種〉についての言説であり、この主題とは分断と隷従の古い問題、政治における抵抗と脆弱性、政治と生のあいだ、政治と殺す権利のあいだの定義上いつも見えがたいが不可分の関係、権力および、殺し、または生かしておく（生き延びさせる）数々の手段といったことである。

ハンナ・アレントによれば、まさに「アフリカ争奪戦」に乗じて、近代において初めて人は、政治体（国民国家の代替物）の原理としての〈人種〉に、そして支配技術としての官僚制に依存するようになる。たとえ人種主義と官僚制は別々に認識され、発達してきたにせよ、まさにアフリカにおいて二つは密接に関連することが初めて明らかになる。[29] この密接な関係から、剝奪し、生産し、人間の廃棄物を統治する権力の蓄積の、かつてない潜在性が生じる。しかし、人種と官僚制の組み合わせは、同じく諸々の破壊や虐殺の潜在性を強化し、また南アフリカとアフリカ南西部におけるように、人種原理によって統治される政治共同体の創設に役立つ行政を強化してもいる。アレントが言うように、〈人種〉は「ヨーロッパと文明世界に所属する人間が誰も理解できないような、これらの人々の存在に間に合わせの説明を与えていた。移住者の目には、そのありさまは実におぞましい屈辱的なもので、同じ人間に属するとはもはや想像もできなかった」[30]。

要するに、植民地化に乗じて、同じ出自、同じ言語、まして同じ宗教を主張することもない集団が、征服の暴力によって形成された領土的実体のまっただなかで共生することを強いられる。厳密に言って、これらの領土は、少なくとも出自という点では、政治体を形成するには程遠いのだ。そこに居住する集団のあいだの絆は、戦争と隷属の暴力の中に直接的起源をもつだけである。それは権力行使の手法を通じて維持され、その機能の一つは文字どおり人種を製造し、分類し、それらのあいだに必要なヒエラルキーを確立することであり、こうして国家の任務の一つは、それぞれの人種の統合性と純粋性を確保すること、つまり絶えざる敵対関係の中に、すべての人種を置くことなのだ。

生をめぐる生物学的闘争における人種という主題、種の差異化と最強者の淘汰という問いは、一八世紀から二〇世紀にわたる実に長い時期に南アフリカで最も完璧に応用され、アパルトヘイトはその頂点を代表している。このとき明白な仕方で国家は全般的な社会闘争の梃子《てこ》として〈人種〉を用いたのであり、やがてそれは社会体の総体を貫通し、権利と法の一定の関係を恒常的に支えるようになるのである。しかし、一九四八年にアパルトヘイトとなる事態の逆説を正確に把握するには、一五世紀から一九世紀にわたる時代の大規模な土地の収奪と地球の分割まで遡ることが重要である。今日私たちが地球についてもっている歴史的空間的意識の起源は、おおむね一五世紀に始まり、一九世紀に至る地球全体の分割と分有という一連の出来事にあるのだ。

これらの出来事は逆に諸民族の大移動の結果でもあるが、この時代にそれは四つの形をとっている。第一は、特にアメリカ大陸における諸民族全体の絶滅である。第二は、非人間的条件において何百万もの黒人を積荷にした新世界への強制移動であり、奴隷制に基づく経済システムは決定的な仕方で、それ以来超国家的になる資本の本源的蓄積に、また黒人のディアスポーラの形成に寄与することになる。第三は、それまでヨーロッパが知らなかった膨大な大地の征服、併合、占領であり、そこの人々には疎遠な法への隷従である。それ以前には、彼らは実に多様な様式で自治を行ってきたのだ。

第四は、人種主義的諸国家の形成と、植民者の「土着化」の論理に関わる。南アフリカーナーの白人たちが、その例である。

ヨーロッパの外へのこの急激な進出は「植民地化」または「帝国主義」の語で知られることになる。世界的な支配へのヨーロッパの野心を表出する一様式として、植民地化は構成的権力の一形態であり、それと土地、人口、領土との関係は人類史において前代未聞の仕方で、人種、官僚制、そして取引の権利（*commercium*）という三つの論理を結合している。植民地の秩序において、人種は政治体の原理として作動する。人種は、固有の身体的心的特性を前提としてそなえた判明なカテゴリーに人間を分類することを可能にする。官僚制は支配の装置として出現するが、生や死と取引を結びつける組織網は権力の本質的母型として作動する。こうして力が法を行使し、法は力そのものを内容とするようになる。

同じ時期にヨーロッパの強国は域外での激しい競争だけに明け暮れるわけではない。それらはまた政治の非宗教化という複雑な過程に乗り出し、それが例えばフランスでは一八世紀末に宗教各派の内戦の終結に至り、またみずからの主権を法的に意識する主権国家の誕生をもたらす。ヨーロッパ内の競争とそこに生まれた敵対関係は、にもかかわらず二つの要因によって緩和される。一方では、「ヨーロッパのキリスト教国家」は「地球全体にとって有効な秩序の作り手であり担い手」として定義される。「文明」とヨーロッパそのものを混同して、これらの諸国家はヨーロッパが地球の中心であると確信するのである。アテネ、イェルサレム、ローマはそのはるか遠い時代に属し、イスラムはその古来の敵である。地球の中心であろうとするヨーロッパの野心が冷めるのは、合衆国の登場によってであり、ずっとあとのことである。
他方で、特に一八世紀から異邦の諸民族に対する関心がますます高まりはしても、ヨーロッパの強国のほとんどが徐々に人種的発想に執着し、一九世紀にはたちまち、この発想が西洋世界の精神と感受性の構成要素となる。やはりアレントが説明したように、ヨーロッパの人種をめぐる政治は少なくとも三つのことを目標にしている。それはまず、ドイツの場合のように、共通の出自の意識を喚起しながら、外国によるすべての支配に対して国民を団結させようとする。そこから諸々のナショナリズムが登場し、それは血縁、家族の絆、部族的関係、純粋な出自への崇拝に決定的重要性を与え、各々の人種は判明な完結した全体性であるという確信をもたらす。こうして諸民族の法則は、動物の生の法則と等価なものとみなされる。この人種による政治は、次には国内における分断の装置として作動するようになる。この観点から見れば、それは国家間の戦争の武器になる前に、内戦の武器なのである。

しかし、人種的思考の第三の潮流があって、それこそは南アフリカにおいて最も重大な転換につながるのだ。それは例外的諸権利、優秀な才知、そして普遍的使命をもつ超人という観念を、つまり世界を統治するという観念をみずからの中心に据える潮流である。それは人類の一体性と万人の平等、つまり共通の系譜に基づく平等という概念に反対して立ち上がる。それは身体的差異を強調しつつ、非ヨーロッパ人の諸民族は自分自身で人間的理性の十全な表現を見出すことがいまだかつてできなかったと確信している。[32] この潮流こそが、人種の征服と支配についての尊大な言語を培《つちか》っている。アレントが想起させているように、それはヨーロッパの諸国家の政治活動に独占的作用を及ぼしたわけではない。その上、見かけ上それは「時が来れば一九世紀の無責任な世論の残滓とともに消えたはずだった。もし「アフリカ争奪戦」と帝国主義の新たな時代が西洋の人間を新たな経験の衝撃にさらすことにならなければ」[33]。

こうした思考のすべてが確信しているのは、ヨーロッパの囲いの外では自然状態が支配しており、それは信仰も法律も認めない状態である、ということだ。ヨーロッパ内の諸関係を規則化する平和、友愛、条約は、ヨーロッパとキリスト教国家にしか通用しない。そういうわけで、それぞれの勢力は合法的に遠方の征服に乗り出すことができ、隣国や競合国を犠牲にしてもかまわない。したがって、世界秩序が内部と外部を分割した諸領域に限定されるのは当然ということになる。その内部は法と正義によって治められ、それらは社会活動ばかりか、線引きし、限定し、開発すべき国際的活動にとっても条件となる。ここでこそ、所有権、労働の報酬、人々の権利の概念が発達したと考えられている。ここでこそ、都市と帝国、商業、要するに人間の文明は建設される。ところが、他のところには、無権利、無法の自由地帯があって、略奪も搾取も良心の咎めなしに行われ、そこでは海賊、詐欺師、盗賊、山師、犯罪者、そして「健全で正常な社会から排除された分子」[34]のあらゆる種類の仕業が堂々と行われるのである。自由な交易と「福音」を広げる自由という二つの原理によって、それが正当化されるからである。この自由地帯には、いわゆる境界というものがない。そこにはアプリオリに侵してはならない壁も、聖域もないのだ。

しかし、特にヨーロッパとこの「世界外」を分かつ線は、戦争の制限がなくなってしまうという事実によって識別されるものである。この線の向こう側では、カール・シュミットが言うように、戦争に対するあらゆる法的制限がなく、最強者の権利だけが支配する地帯が広がる。もともと、この「世界外」に関するかぎり、ヨーロッパが「自由」の原理を喚起するたびにこの自由が参照するのは、したがって何よりもまず法権利や組織的な身分登録の不在であり、結果として自由な、躊躇なき力の行使なのだ。次のことが前提になっている。問題になるのが原住民であれ、他の敵対者であれ、『世界外』とは最強者の権利以外に行動原理が存在しない場所のことなのだ。言葉を変えるなら、ヨーロッパの囲いの彼方で起きるすべてのことは、端的に「この線のこちら側で認知されている法的、道徳的、政治的規準の外部」に位置している。あちら側にも権利が存在し、正義が存在するとしても、それは「キリスト教の伝道によってであれ、〔あるいは〕ヨーロッパ的意味での行政によってであれ、ヨーロッパの征服者によってもたらされ、移植された[35]」ものでしかない。

したがって、「世界外」とは絶えず手直しされる線や境界の彼方であり、歯止めのない闘争の自由空間であり、自由な競争と自由な搾取に開かれた空間であって、そこで人々は野生動物として自由に衝突し[36]、戦争は実質的な結果を通じて審判されるだけで、法的、道徳的に裁かれるわけではない。この世界外は単なる境界地帯ではない。それは閉鎖地帯でもある。シュミットが説明しているように、「最初にまず閉鎖がある。人間によって作られた世界は、根本的に、また概念的水準に至るまで、閉鎖、包囲、境界を条件としている。包囲こそが、聖域を共同性から切り離し、固有の法の下に置き、神性に委ねながら、聖域として成立させる[37]」。さらに彼は付け加えている。「包囲する円、人間の作った垣根、人間の輪とは、文化的、法的、政治的な生活の先祖伝来の形態である[38]」。これには二つの理由がある。まず、人間全般には何も共通のものはなく、共通のものは理性をそなえた人間のあいだでしか分有されないからである。次に、戦争は廃絶されることはありえず、それゆえ制限の対象になりうるだけだからである。永久戦争、結局それこそがあらゆる法秩序の中心的問題になる。戦争を制限するための一つの方法は、城砦を築き、城砦の囲いの中で保護されるものと、その権利をもたず、それゆえ武器と法権利による保護を受けられないものとを区別し、分類することなのである。

さらには、土地の収用と占拠という問題がある。この点でいつも問われるのは、〈他者〉、つまり先住民とは土地を獲得する者と同じ資格をもつ人間なのか、何を根拠に彼はあらゆる権利を剝奪されるのか、ということである。証人の側が最初から重視するのは、野蛮人は偶像を崇拝する、ということである。彼らの神は、本当の神ではない。彼らは人間を生贄にし、人肉食や他の種類の非人間的な罪を犯すが、これは本来の人間が決して犯さないことで、しかも本性そのものによって禁じられたことである。野蛮人とは、したがって人間性にも自然にも反する者であり、二重の意味で人間の条件から遠い。この観点から見れば、世界外とは人間性の外部の地帯に等しく、人権が行使される空間の外部である。そこは、まったく人間とは言いがたい者たちの上にある人間の優位のしるしとしてのみ、人権が行使される空間である。何しろ、こういう地域にも人間が存在するとしても、それは根本的に非人間的な人間のことなのである。

彼らの隷属を正当化しようとして、彼らは生まれながらの奴隷であり、したがって敵である、と主張する。そんな時代には、非キリスト教徒に対する戦争はキリスト教徒のあいだの戦争とは別のものだ、ということが通念になっているのだ。こうして、異なる種類の敵のあいだ、異なる種類の戦争のあいだに、はっきり区別が設けられる。このような諸々の区別自体が、人間のあいだの別の差異や規定につながる。あらゆる人間が同じ権利をもつわけではない。現実には、文明人には未開人を支配する権利、彼らの生来の道徳的劣等性ゆえに野蛮人を征服し、服従させる権利、彼らの土地を併合し、占拠し、隷属させる権利が存在する。この本来的な介入の権利は「正当な権利」に属する。正当な権利は、絶滅のための戦争にも、服従のための戦争にも適用される。戦争の「正当な権利」から所有の「正当な権利」が生じる。シュミットが続けて言うには、「植民者国家は、彼が取得する土地を私有財産の観点から主人のいない土地とみなしうるが、同じく命令権〔*imperium*〕の観点から人々の権利について見ても、それは主人のいない土地なのだ。この国家は、先住民の土地の権利を廃絶し、自分が全土の唯一の所有者だと宣言することができる。先住民の首長の権利を横取りし、それを行使し続けることができる。それが正式の継承だと認められるかどうかは、どうでもいいことなのだ。この国家は、税収権を確立し、先住民の使用権の何らかの承認にそれを結びつけ、国家の公的信託に基づく所有権を導入することができる。また、先住民の使用権を存続させながら、一種の優越所有権〔*dominium eminens*〕をその上に置くこともできる。こうしたさまざまな可能性が、一九～二〇世紀の植民地拡張の実践において具体化されてきた[39]」。

したがって、権利とは、この場合、人類についてのある観念を法的に基礎づける手段でもあり、人類は征服者の人種と服従者の人種に分割されることになる。征服者の人種だけが、合法的に人間的性質を自分に属するものとすることができる。人間存在という性質は、ただちに万人に与えられるのではない。たとえそれが与えられるとしても、これによって差別がなくなるわけではない。ある意味で、ヨーロッパの大地と植民地の大地のあいだの差別化は、ヨーロッパ人と野蛮人という他の区別の論理的結果なのだ。一九世紀まで、植民地化にともなう占領はあっても、その植民地は占領を行った国のヨーロッパにおける領土と同等ではない。その植民地がプランテーションによるものであれ、強奪や人口増加によるものであれ、それは本国の領土と常に区別されている。一九世紀末頃になって初めて、植民地の領土を本国の政府や行政の機構に統合する傾向が見られるようになるのだ。

国家 - 植民地主義

しかし、人種の論理がハビトゥスになるためには、それが利潤の論理、力の政治、そして腐敗の本能——これこそ植民地における実践の正確な定義である——と結合しなければならない。この観点から、フランスの例は帝国意識の形成における人種の重要性を、そしてあらゆる植民地的図式と不可分な人種的シニフィアンがフランス文化のやわらかい生地の内部に浸透するために展開しなければならなかった膨大な作業を説明している。

植民地の経験の複雑性と非等質性は、いくら強調しても足りない。一時代から別の時代へ、一国から他国へとそれが多様化するさまは注目に値するものだった。要するに、人種的シニフィアンは、帝国の企画となっていくことの本源的な、形成要素でさえある構造だったのである。そして、植民地的関係の主体性があるとすれば、その象徴的母型、その起源的場面とは、ほかでもなく人種なのである。フランスの場合を考えてみよう。帝国意識は特異な政治的心理的備給の結果だったのであり、人種とは同時にその通貨であり、使用価値だった。一八七〇年代末頃に、フランスは意識的に国家の政体を帝国的政治構造に変容させることを目論むようになる。この時代に、その過程は二重の次元をそなえている。まず、征服された民衆を、同時に「主体」として、場合によっては「仲間」として処遇しながら、植民地を国家体の中に同化することが肝要である。

他方では、普通のフランス人が、ときに意識しないまま、視線、所作、行動において、また言説においても人種主義的主体として自己形成することになるように、諸装置の総体を徐々に配置することが肝要である。この過程は、比較的長期にわたって成立するものである。それは特に、ある心理人類学に基づくものであり、その役割は人類を人種として分類することなのだ。この分類は、人種間の不平等の理論に支えられ、それほど頻繁ではないが、優生学的実践に裏づけられることもある。まず征服戦争と植民地における暴政という形態において、次いで特に一九三〇年代の反ユダヤ主義において、この分類は頂点に達する。[40] 一九世紀を曲がり角にして、人種主義的意識形成や人種主義的習慣性は、市民の社会化の過程にとって欠かせない要素の一つとなる。一八七〇年のプロイセンに対する敗北による国民的屈辱の感情に直面した〈過補償〉としてそれは機能し、国民的誇りや愛国的文化の生地となり、もしくは素材となる。「フランス人の植民地教育」という言葉で知られているように、この企画は新しい世代の男らしさへの通り道として植民地化を奨励している。[41] 植民地とはまさに精力の高揚の場であり、そこで国民的エネルギーが活力を取り戻す。この企画は、国家と実業界の側にも莫大な努力を要求した。それは帝国の目論見を正当化し、促進することだけを目指したのではない。それはまた、その構成要素であった人種主義的、国家主義的、軍国主義的な反応やエートスを開発し、流布させることを目標としていた。

すでに一八九二年以来、国家植民地主義と呼びうる大規模な運動が発生しつつある。フランスにおける植民地主義の国民的運動は、この時代の政治的派閥の全体を結集させ、それは中央の共和主義者から急進主義者まで、ブーランジストと王政主義者から進歩主義者まで含んでいる。その中には弁護士、実業家、教会関係者、報道関係者、軍人がおり、諸々の組織、協会、委員会の混沌があり、それらは新聞、定期刊行物、報告書、識者と称する人々の団体などのネットワークに依拠しながら、植民地の観念に政治的文化的に強力かつ煽情的な声を与えようとする。[42] この帝国的企画の大動脈は人種差別なのだ。この大動脈は、民族学、地理学、または伝道神学のような学知の集合として具体化される。人種差別の主題のほうは、大衆文化のただなかにおいて、また諸制度の設立を通じて、標準化の対象となる。博物館、人間動物園、広告、文学、諸芸術、史料館の設置、大衆的出版物によって流布した幻想譚の流通（『ジュルナル・イリュストレ』、『イリュストラシオン』、『世界一周』、また『プチ・ジュルナル』と『プチ・パリジアン』の挿絵入り付録などの例）、万国博覧会のように。

何世代にもわたって、フランス人は、この人種主義の慣習化の教育にさらされてきた。それは、本質として、黒人との関係は非相互性の関係であることを原則にしているのである。そして、この非相互性は人種間の質の差異として正当化される。人種間の質の差異という主題系は、こうして昔ながらの血の主題系と不可分であり、それがかつて貴族の特権を定着させるために用いられたことは周知の事実である。今度はそれが植民地の計画によって再編されるのだ。このとき、未来の文明は白人の血によってこそ創造される、ということが確信となる。混血を受け入れたあらゆる民族は、最低の状況に陥るだろう。人種の絶対的分離だけが救いである。黒色、そして黄色の群集は増殖する傾向がある。この厄介な群集は遠くに移送しなければならない。もしくは、のちに実行に移す者が現れるように、結局そのオスたちは去勢されてもかまわない。[43] 同じく未来の夢は、生命を製造し、思いどおりの生物として選定されたものだけを獲得することである。植民者の計画は、人種学の前代未聞の形態によって培《つちか》われ、その決定的要素の一つは、生命の法則の大転換という夢であり、とどのつまりは偉人たちの人種を創造する可能性なのである。

人種間の質的差異という主題は古くから存在する。[44] それは一九世紀最後の二五年間に文化の中に寄生し、食い込んだものである。しかし、一九三〇年代には、それは凡庸になり、常識の一部と化すまでになる。[45] こうして、それは人口減少、移民、「人種の移植」に対する恐怖を培い、アジア帝国主義の可能性に対する幻想さえ引き起こす。[46] 人種の観念と、それから派生する人種的エートスへの通路が開かれる過程は多様である。その一つは、学校の力なのだ。例えば、ピエール・ノラは、G・ブリュノ（オギュスティーヌ・フイエの偽名）の『二人の子供のフランスめぐり』とマルセル・プルーストの『失われた時を求めて』とともに、『プティ・ラヴィッス』を「フランス的な記憶の場」の一つに挙げている。特に『プティ・ラヴィッス』で、共和制の言説は国家主義的軍国主義的価値にどっぷりつかっている。[47] 教育体系と軍事体系は、教育を義務化する一八八一―八二年のフェリー法制定よりずっと前に通じ合っているのだ。生徒たちは、市民‐兵士になるために教育される。市民教育と植民地教育は、男性的特質の危機や道徳的無防備状態を背景にして展開される。実際、一八八〇年代からは、一〇歳になる生徒全員が歴史教科書によって自国の植民地活動を学習しなければならなかった（その著者たちは、一八九〇年にはオジェとプティ、一八九五年にはカーズ、一九〇〇年にはオラヌールとドゥビドゥール、一九〇三年にはカルヴェ、一九〇五年にはロジとデピック、一九〇九年にはドゥラグラーヴ、そしてラヴィッス)。[48]規律正しさの指針となる図式に、児童文学が加味される(例えば、ジュール・ヴェルヌの本、『絵入りフランスの子供』、『小さな生徒』、『サン・ニコラ』、『児童新聞』、『絵入りフランス同盟』などの絵入りの定期刊行物)。

これらのあらゆる刊行物において、アフリカ人は単に子供としてではなく、愚鈍な子供として、ひと握りの弱小な王の餌食として、残酷で獰猛な君主として現れる。この愚鈍さは黒人種に生まれつきの悪徳の結果である。植民地化は、この愚鈍さの救済、教育、道徳的対策の手段であり、また「原住民の部族」の残酷な精神と無政府的な活動に対する矯正手段なのだ。この観点から見れば、それは文明の恩恵である。堕落へと定められた諸人種の愚鈍さに対する一般的な対処法の規範なのだ。そのことが、一九二五年にレオン・ブルームその人に、こう言わせるのだ。「同じ文化水準に達していない人種を優越人種に引きつけ、科学と産業の努力のおかげで実現された進歩のほうに彼らを導くことは、優越人種の権利であり義務でさえあることを、われわれは認める」[49]。入植者とは、残酷で貪欲な主人ではなく、案内者であり、保護者である。フランスの部隊は英雄的で大胆不敵である。彼らは奴隷から、首を絞めつけていた輪を、足を縛っていた縄を取り払う。この解放されたばかりの憐れな人々は喜び勇んで跳ねまわる——フランスが従える民衆にとって、それはフランスが善良であり寛容であることの証拠である。例えば、これはジャン・ジョレスが一八八四年に認めていることでもある。「われわれは、この民衆に向かって、欺瞞の余地なく言うことができる。[…]フランスが定着したところでは、どこでもフランスは愛される。通っていくだけなら惜しまれる。その光の輝くところに恩恵をもたらす。輝かないところでは、背後に長くやさしい黄昏を引きずり、まなざしと心情はそれに結ばれたままである[50]」。

一見すると、植民地主義を正当化するために持ち出される理由は、経済的、政治的、軍事的、イデオロギー的あるいは人道主義的な次元のものだった。すなわち、われわれの余剰人口を配置するために新しい土地を獲得すること、われわれの工場と鉱山の産物のために新たな市場を、われわれの産業のために原料を見つけること、劣等人種と野蛮人のあいだに「文明」の旗印を立て、彼らを包む闇に光をもたらすこと、われわれの支配によって、いまだかつて平和、安全、富の恩恵に浴したことのない多くの不幸な人々にそれらを保証すること、異教徒に福音を広げながら、今も不実な大地に、勤勉で、道徳的な、キリスト教徒の人口を形成すること、さらには異教がもたらした孤立状態を商業によって打開することである。しかし、これらの理由はすべて、同時に人種的シニフィアンを結集するのだ。結局のところ、このシニフィアンは決して補助的要素とみなされてはいなかった。植民地に関する文書において、人種は常に事実上の原型として、象徴的制度として、また帝国的政治と意識の心的構成要素として現れる。植民地化の弁護と説明においては、どんな正当化も、当時は人種の質として指摘されたことについての一般的言説とアプリオリに無関係であることはありえないのだ。

そうなるのは、特に一九世紀末と二〇世紀はじめの西洋では、歴史を存在のための生死をかけた闘争とみなすような世界と歴史の解釈体系が支配的になるからである。例えば一九二〇年代に多少とも有名な随筆家たちが出版した多くの文章がとりわけ示しているように、社会ダーウィン主義の裏側である退廃の観念につきまとわれた文化のただなかに時代はあって、まさに深刻な人種的厭世観に浸食されている。[51] 確かに、これらの観念は反論され、反撃されたこともあった。しかし、生存競争は人間集団、諸民族、あるいは諸人種を対立させるものと固く信じる人々が多数であり、人種は不変とみなされる特性をそなえ、固有の生物学的遺伝形質をもち、それを防衛し、擁護し、無傷で保存しなければならないとされている。この信念は、単に私的個人に属する事実ではない。それはヨーロッパ諸国家の植民地政治にとっても、またそれらが非ヨーロッパの民衆と政治的実体に対して戦争権を認める仕方にとっても枢軸的な次元なのだ。

この時代にポール・ルロワ＝ボリューが説明しているように、植民地の秩序とは、このような闘争から出現する力関係を承認する一手段なのである。植民地化とは、彼が確言するところでは「一民族の拡張力であり、その再生産の力能であり、空間を超えてそれを膨張させ、増殖させることである。それは世界またはその厖大な部分を、みずからの言語、風習、思想、法則に従わせることである」。[52] 植民地の秩序は、階層として差別され、分離され、分類されうる各々の種とその下位区分に人類が分割される、という観念に基づいている。法の観点からも、空間的編成という点でも、これらの種とその下位区分は相互に距離を保たねばならないのだ。アレクサンドル・メリニアックの『植民地における法と経済の概要』(一九一二年出版、一九二五年に再版)もまた明白に述べている。植民地化することとは「新たな国々の全自然の資源を利用するために、その国々と関係を結ぶことである［…］。植民地化は、それゆえ進歩した文明をもつ人種によって新たな国に創設される制度であり、それはわれわれが示唆したばかりの目標［…］を実現するためなのである」[53] と書いているのだ。したがって、植民者国家について、それは生物学的なものの国有化によって機能すると言っても、それほど誇張ではない。

軽薄さとエキゾティズム

いくつかの観点から見て、人種の指定についてのフランスの論理は三つの判明な特性をそなえている。第一に——そして、これはおそらく主要な特性であるが——、見ることの拒否であり、要するに隠蔽であり、否認である。第二は、擬装と歪曲の実践である。第三は、軽薄さとエキゾティズムである。まさにフランスには、人種の暴力の糊塗、隠滅という実に長い伝統が存在し、それは見せることにも、知られることにも、見えるようにすることにも値しない領域にあるのだ。この隠蔽、否認、粉飾の伝統は、現代の状況でも復活しているのが確かめられるが、正確には一六〜一七世紀のものである。それはフランスが奴隷との諸関係を法制化しようと目論む時代に、そのような伝統の創設過程として起きることである。

実際、一五七〇年に、黒人が本国の領土に入ることを制限し、黒人奴隷をその国の港で人目にさらすことも船に乗せることも制限する勅令が下されていた。[54] 出発時点のこの方針を通じて、フランスはみずからの人種の論理ゆえの犠牲者について何も知るまいとする意志を明確にしている。黒人奴隷は、この時代に、この論理の極めつきの証人だったのだ。奴隷がこのような禁止の対象になることは、そのとき黒人奴隷は「取るに足らない存在」ではないとしても、それには絶対に何も見るべきものがない、という事実によっておそらく説明されるだろう。しかし、表象可能性の地平から、黒人奴隷の姿を登場させかねないすべてを排除することによって、おそらくまた経済的商業的機構に覆いをかぶせることが目論まれているのであり、まさにそれによって奴隷は生産され、奴隷として存在することになるのである。

しかし、このゆるやかな変化は、少なくとも奴隷貿易と同時に進行し、まさに一八世紀のあいだに、つまり啓蒙時代の最盛期に、大西洋の貿易は頂点に達する。主体と権威の諸関係について新たな思想的発展が起きるのは、フランスが「三角貿易」に、つまり奴隷制と海外での隷属関係の創出に深く関与していた時代のことである。ルソーとヴォルテールは、とりわけ哲学的に奴隷貿易の卑劣な性格を認めているが、当時進行中の取引と、それを可能にしていた現実の鉄鎖には知らないふりをしている。こうして彼らは、のちに帝国意識の中心的特性の一つとなる、ある伝統を創出する。すなわち、奴隷制を近代ヨーロッパ社会における人間の条件の隠喩とすることである。野蛮人を襲った悲劇的出来事の隠喩化というこのふるまいは――それに対してわれわれは責任があるのだが――また無知と無関心のふるまいでもある。距離と無関心をめぐるこの弁証法が、フランスの啓蒙時代に君臨することだろう。[55]

人種の枠づけに関わるフランス的論理の第二の明瞭な特性は、粉飾、歪曲、そして擬装の実践である。われわれの注意を引く例では、表象不可能性の領域、そして人が何も知ろうとしないことの領域に黒人奴隷をあてがうのは、〈黒人〉の姿を見せることの禁止や、その登場の単純な禁止と同じことではない。反対に出発点から、人種に関するフランスの論理は、常に人種的〈他者〉の併合によって、またエキゾティズム、軽薄性、娯楽という三つの網をかぶせた粉飾によって作動している。こうして人が見ることを許される〈黒人〉とは、いつもあらかじめ仮装の対象でなければならないのだ。それは衣装によることもあれば、色彩や背景によることもあろう。おおむね最近まで、例えば絵画や演劇において、彼はいつも東洋的衣装、ターバンや羽毛、ふくらんだ半ズボン、緑のシャツという格好で現れなければならない。[56]逆説的にも、可視性の領域に現れるためには、彼の姿はとりわけ原始的暴力を思わせてはならないのだ。それは、あらかじめ単なる純粋な人間性を彼から剝奪し、まさに〈黒人〉として再構成する暴力なのである。

何よりもまず好まれるのは、黒檀の色をした黒人娘、小さな黒ん坊、婦人たちのお供をする黒褐色の若い小姓たちで、婦人たちは彼らをインコやマルチーズやグレーハウンドのように扱うし、お道化者でのんきな黒ん坊、器用なダンサー、そして善良な奴隷に善良な主人、たとえ解放奴隷であっても礼儀正しく忠実な者たちで、その役目は白人の寛容性を引き立てることなのだ。これらはどれもこの頃始まったことではない。〈ハビトゥス〉は徐々に堆積したのである。一九世紀から、こういう黒人たちなら、宮廷、社交界、絵画、劇場に受け入れられてきた。シルヴィー・シャレイが示しているように、「彼らが社交的な集まりを盛り立て、宴会のさなかにエキゾティズムと彩りをもたらすのは、ホガース、レイノルド、ワットー、ランクレ、パテール、フラゴナール、カルモンテルなど、当代の画家たちが描いているとおりである」[57]。フランス式の人種主義は、したがって広範囲にわたり、意図的に無頓着、放縦かつ軽薄な人種主義なのである。[58]歴史的に見れば、これは常にそれ自体も無頓着で、しかも狡猾な社会と根深く結託しており、この社会は「金箔と深紅の下に隠されたおぞましい汚辱」[59]に決して目を開こうとはしなかった。

　黒人女性の姿に、しばし注目してみなければならない。それは人種主義、軽薄さ、放縦のからくりにおいて鍵となる役割を果たしているからである。このからくりの特別な三つの要素は、文学、絵画、そしてダンスである。ここにもまた古い伝統がある。例えばボードレール風の悪の華が、じかに黒人女性の形象に関わり、この詩人の作品の全体につきまとうことは、よく知られている。アフリカ人女性ドロテー（一八四一年ブルボン島で出会った）であれ、ジャンヌ・デュヴァル（ハイチ生まれでボードレールは二〇年間その愛人だった）であれ、「黒人の美」を喚起することは、彼女たちのしなやかな官能性、裸の胸、豊かな臀部、羽毛の帯、繻子のキュロットなどと切り離せないのだ。[60]黒人女性は、詩人にとって、芸術的創造の最も豊かな源泉の一つである。フランスのエキゾティズムの中心的形象なのだが、しかし曖昧さがないわけではない。それは、一方では肉体的世界の感覚、リズムと色彩を呼び起こし、他方では両性具有の理想と結びついている。そもそも「黒人の美」とは、ものぐさな、融通のきく、従順な女性のことである。彼女たちがフランス人男性の幻想的衝動を解き放つのは、淫蕩の極みの生ける実例としてなのだ。そういうわけで、男は文明世界の果ての白人探検家として自分を想像する。野蛮人を発見しながら、彼はその女たちの一人または何人かと交わりながら融合し合う。停泊中の船の風景、きらめく椰子の生い茂る熱帯の楽園、そして島々の花の香に包まれて。

　シャトーブリアンは、これに似た色とりどりの場面にライオンの愛を挿入している。バナナの木の下で気ままに香を詰めたパイプを吸い、イチジクや丁字《ちょうじ》の木やマホガニーの森のアーチの下でココナツ・ミルクを味わって、登場人物の一人は言うのだ。「おまえの寝台の葉むらを貪《むさぼ》ってやりたい。何しろ、おまえの褥《しとね》はアフリカのツバメの巣のように、極上の香料や花びらと一緒に王の食卓に供されるあの巣のように神々しい」[61]。『黒い女王』の中で、アポリネールは、美と裸体と官能性を結びつけながら、同じ詩的‐エキゾティックな感受性に訴えている。彼の黒人女は、まさに真っ白な歯、黒いふさふさした体毛、青い肉体、そしてとがった乳房という特徴をもっている。他にも、マティスの《ハイチの女》（一九四三年）が知られている、そのレース編みのささやき、欲望と幸福な官能の煌《きら》めきの象徴。ピカソの《アヴィニョンの女たち》（一九〇七年）、《裸の女》（一九一〇年）、《海辺の女》（水浴する女、一九〇九年）、貪るような黒い女の性欲という幻想に対するそれらの視線、あるいはブラックの《座った女》（一九一一年）。

　フランスのエキゾティックな想像力を通じて、ジョゼフィーヌ・ベイカーという人物は、あの奔放、鷹揚、放縦な人種主義の形態を大衆文化の中に定着させる。ベイカーの一団が一九二〇年代のパリでのリハーサルの際に演じる次の二つのシーンの話は、この人種主義の様相をよく要約している。「われわれには彼らの言語がわからないし、二つのシーンの脈絡もたどれないが、熱中した想像力であらゆる解釈を繰り広げるのだ。冒険小説、たまゆらの俗悪な彩色画、贅沢な荷物をかついだ黒人の群れを呑み込む巨大な客船、荷袋と有色人でごった返す未知の港のけたたましいサイレンの音、宣教師や旅行者の話、スタンレー、タロー兄弟、バトゥアーラ、聖なるダンス、スーダン、オペラハットの笑劇の中で飾り立てた半裸の人物たち、プランテーションの風景、クレオールの乳母たちの歌のメランコリーそのもの、動物的に痙攣する黒人の魂そのもの、彼らの子供じみた喜び、隷従の過去の悲しみ、未開の森の声で歌うこの歌手を聞きながら、われわれはこういったことすべてを体験したのだ」[62]。

みずから理性を失うこと

他にも帝国意識の要となったのは、いつも恐るべき無知への意志であり、それはそのたびに知を装う。ここで問題になる無知は、特別な種類のものである。――鷹揚で軽薄な無知であって、あらかじめあらゆる遭遇や関係の可能性を阻害し、力に基づく可能性しか受け入れない。トクヴィルは「アルジェリアについての手紙」（一八三七年）で、まさにこの無知の政治を暴いている。彼の示唆によれば、帝国政治（それは戦争政治の別名である）の脈絡においては、この無知への意志は「戦場で勝利するのは［…］最も強い者であって、最も賢い者ではない」[63]という原理に基づくものである。事実上何も知らないこと、ほとんど何も学ぼうとしないことの理由は、アフリカ人との関係においては、いつも力が真実の欠如や権利の不在の代償になるという確信なのだ。

長いあいだ、西洋の想像力にとってアフリカは未知の大地の一部だった。だからといって、哲学者、博物学者、地理学者、宣教師、作家など、誰であれ、その地理、あるいはまたそこの住民の生活、風習、衣装のさまざまな面のあれこれについて意見を述べることが妨げられるわけではない。それ以来私たちが獲得している厖大な情報や、今日参照しうる数々の学術的研究にもかかわらず、無知への意志が消滅したかどうかは確かではない。また、私たちが何も知らないか、わずかしか知らない事柄について意見を言おうとする、この何世紀も続いた姿勢もほとんど変わっていない。ことアフリカに関しては、およそ真実は問題にならないという通念を、ジャン＝バティスト・ラバはすでに簡潔に体現している。一七二八年に彼はこう述べているのだ。「私はアフリカを見た、しかしそこに足を踏み入れたことはない」[64]。厳密には一八世紀から、フランスとヨーロッパの大部分で、あらゆる領域の報告がさかんになり、それは百科事典、地理学の書物、博物学や道徳学や美学の論考、小説、戯曲、さらには詩集などに書き込まれるのである。大部分の民族学的伝承や夢想、ときに旅行記は、アフリカに関するものである。大西洋貿易が始まって以来、この大陸はまさに尽きない幻想の泉、想像力の厖大な活動の資源になったが、その政治的経済的次元が十分に強調されることはないだろう。今に至るまで、それがアフリカ人、彼らの生活、彼らの労働、彼らの言語についてのわれわれの表象を伝え続けているにすぎないことは、どれほど言ってもまだ足りないだろう。

　先に述べたように、この誤った知は、何よりもまず無理解であり、虚構なのだ。しかし、このように作り話をするのは、他者を排除し、自分自身のうちに都合よく閉じこもるためである。作り話は、いわば極度の軽蔑を、より巧妙に覆い隠すためにすぎず、この〈他者〉がわれわれの「友人」であることを願う要求と軽蔑は常に対になっている。この「友愛」が現実であろうと想像であろうと、相互的であろうとなかろうと。人種の暴力のこのフランス版は常に一つの顔に合図を送っているが、その顔はかろうじて見つめられたかと思うと、すぐに不可視にされなければならないのだ。常に肝要なことは一つの声を呼び出すことであるが、それはかろうじて聞かれたかと思うと妨害され、沈黙に還元され、単数一人称で自己表現することは阻止される。奴隷貿易のけずれにある西洋の心的生活に侵入する想像的対象は、悲劇的な鏡の作用において、仮面とその分身のように交代し合う二つの面をもつのである。

まず白昼の面がある――ある地理的場所、そして世界のある地域であり、それについてわれわれはほとんど何も知らないが、外観上の権威、虚構の権威をもって説明するのだ。この説明は絶えず二つの極のあいだを往復する。こうしてアフリカとは、ときに目のくらむような不思議な大地であり、ときに住むことが難しい灼熱の地帯である。ときには癒やしがたい不毛性に苦しむ地域として、ときにはさらに自然発生的豊饒性に恵まれた地方として現れる。それはまた、おおむね異質な何か、巨大で侵入不可能な何かの名であり、その巨大性はあらゆる怪物的なものや絶対的放縦と混同される――その放縦は、ときには詩的、ときには祝祭的で、あまりにもしばしば良識に反して謎めいており、物神崇拝と食人の習慣のおぞましい混淆である。しかし、その顔の美しさ、または醜さがどうであれ、アフリカの運命とは何かに取り憑かれていることなのだ。

ヴィクトル・ユゴーは、一八七九年、奴隷貿易の廃止を記念する祝賀会のとき、まさにこのことを男根的な語彙で説明している。「それは、われわれの目の前にあります。あの砂と灰の塊、あの六〇〇〇年来、世界の前進の障害になっている不動の受容的部分、巨大性によってセムを押しとどめる、あの怪物的なハムは。このアフリカとは、何という大地でしょう。アジアは自分の歴史を、アメリカは自分の歴史を、オーストラリア自身は自分の歴史をもち、人類の記憶の中にその始まりのときをしるしています。アフリカには歴史がない、一種の壮大な暗黒の伝説がそれを包んでいる。ローマは、それをなきものにしようとして侵入した。そして、アフリカからやっと解き放たれたと信じたとき、ローマはこの巨大な死者に翻訳不可能な形容句を与えたのです。奇跡の、ア、フ、リ、カ〔*Africa portentosa*〕。それは驚異以上、かつ以下のものであり、恐怖の中の絶対的なものです。熱帯の炎、それがまさにアフリカであり、アフリカを見つめること、それは目をくらまされることのようで、過剰な太陽は過剰な闇なのです」[65]。

そして、彼はこの命令に至るのである。「アフリカは世界に対して、こんなにも運動や循環の停止を強いているので、世界の活動を妨げている、そして人類の進歩は地球の麻痺した五分の一をこれ以上長く放ってはおけないのです〔…〕。老いたアフリカを文明に順応させること、これこそが問題です。ヨーロッパは、これを解決するでしょう。さあ、諸々の民族よ、この大地を奪取せよ。それを獲得するがいい。それは誰のものか、誰のものでもない！　神に属するこの大地を獲得するがいい。神は人間に大地を与える。神はアフリカをヨーロッパに贈る。獲得しなさい！〔…〕あなたのあふれる力をこのアフリカに注ぎ、同時にあなたの社会の問題を解決しなさい。あなたの労働者を所有者に変えなさい〔…〕。さあ、道路を作り、港を作り、都市を作り、拡大し、開発し、増殖させなさい。そして、司祭たちや王たちからますます解放されたこの地上において、神の精神は平和によって、人間の精神は自由によって確かめられんことを」[66]。

この時代のアフリカ大陸についての知識は空白だらけであるとしても、それが本質的に、風聞や、確かめようもない間違った信念や、幻想や仮説に基づくものでしかないとしても——それらがあの時代の道徳的欠如の換喩として機能しているのか、それとも、この時代のヨーロッパを納得させ、自分自身の不十分さの感覚を償おうとする仕組みとして機能しているのかは不明だとしても、それは同じことなのだ。ジョナサン・スウィフトが『詩について』（一七三三年）の中でアフリカの地図について指摘しているように、地理に明るい学者は「一つ一つの空白を野蛮な素描」で絶えず満たそうとするだろう。そして、「誰も住まない丘」の上に、彼らは「塒《ねぐら》のない象」を住まわせるだろう。[67]

　そして、闇に包まれた面があるのだ。実は想像的対象だけが捏造されるわけではない。「黒人（Le Noir）」という想像的人間もまた捏造される。まず「黒ん坊（Le Nègre）」と、それは呼ばれる（一種のモノとしての人間、それは数量化しうる商品であるゆえに）、そして「黒色人（L'homme noir）」と呼ばれ、彼の中には「黒い魂」として名指される不滅の実体が発見されるのだ。元来「黒色人」という語彙は、まずアフリカという差異を説明し、想像するためのものである。「黒ん坊」は奴隷を示し、「黒人」はまだ奴隷にされていないアフリカ人を示すということは重要ではない。特に奴隷貿易の時代からは、人間性の欠落が前提とされ、この差異の特徴となるのである。この観点から見れば、皮膚の色とは、生来の欠陥の、根本的劣等性の外観的記号にすぎない。一八～一九世紀において、「黒」という形容句または属性は、この起源的欠落に関わっている。この時代に「黒色人」という言葉は、人間でありながら人間の名に値しない一種の人間に与えられる名なのである。本当に人間の一員なのかわからないこの種の人間は、「人間種の中でも最も残忍な種」として、暗色の塊、そして肉と骨の区別のつかないモノ、あるいは単に「自然な」人間として説明される（例えば、一七九〇年にフランソワ・ル・ヴァイヤンがそうしたように）。

「黒色人」という語彙は、また一夫多妻の民に与えられる名であり、その体質とその悲惨は悪徳、怠惰、贅沢、虚言の素地となっている。そもそも、のちにこの種の人間の性生活を論じる作家ミシェル・クルノーは、彼は一つの「剣」をもつと言うであろう。「〈黒人の剣〉がおまえの妻を差し抜いたとき、彼女は何かを感じた」、それは「啓示」のごとき何かである。[68] しかし、この剣はまた、そのあとに一つの深淵をも残した。彼が明言しているところでは、この深淵のせいで「おまえの調子は狂ってしまう」[69]。そして、クルノーは黒人のペニスを椰子やパンの木に比較している。それは一帝国を相手にしても萎えたりはしない、というわけである。すでに一六八六年にオルフェール・ダペールが指摘していることによれば、そこの男は一般に多くの妻をもち、彼女たちは淫蕩なダンスと官能的快楽の虜《とりこ》なのだ。[70] この性的超能力に偶像崇拝、原始性、異教性が加わり、結局それと対になっている「黒色人」の差異は、黒い皮膚、縮れた毛髪、体臭、そして足りない知的能力によって識別されることになる。

　一九世紀の語彙体系において、人間の多様性についての言説に君臨する差別的分類法において、この言葉は要石となっている。この言葉は「この人間」を名指しするのに役立つわけだが、ヨーロッパは「この人間」に出会って絶えず自問するのである。「これは他の人間なのか、それとも人間以外のものなのか。彼は同じものの一例なのか、それとも同じものではない別のものなのか」。こうして、誰かについて、これは「黒色人」であると言うことは、彼はみずからの還元不可能な差異によって生物学的に、知的に、文化的に、あらかじめ決定された一存在であると言うことなのである。彼は区別された一つの種に属するだろう。区別された種として説明され、選別されねばならないだろう。同じ理由で、同じくはっきり区別された道徳的分類の対象にならねばならないだろう。ここで問題になるヨーロッパの原型的人種主義の言説において、「黒色人」と言うことは、それゆえ人間という種の非等質性を強調し、劣等的存在という規定に依拠することである。すべてのアフリカ人が潜在的な商品の身分をもたされ、あるいはその頃言われたようにインド貨幣という身分をもたされた歴史の一時期に、〈黒人〉はそのような身分に貶《おとし》められたのだ。[71]

友愛の限界

この時代の語彙について、別の側面を見てみよう。これはアフリカ人に対する友愛に関わる面である。ここにもやはりフランスの古い伝統が存在するが、そこには少なからず両義性がある。[72] 奴隷制の意識と帝国意識の特性になっている人種的敵対性に終止符を打つことを、この伝統は目指すのだ。この伝統には二つの顔がある。多数を占める面では、この友愛は原則的にある普遍化の論理によって促されており、そこには倫理と法権利の問題が、そして端的な平等ではないにしても、少なくとも公正、そして正義の問題がじかに介入している。この友愛は、黒人たちとの親族関係、さらには家族関係または親近性の関係から来るものでは全然なかった。それは引用されるだけの友愛、そして一つの呼びかけであろうとしたのだが、つまりフランス社会が何も知ろうとしない奴隷の引用であり、こうして政治的次元を含んでいた奴隷への呼びかけ、抗議でもあった。その友愛は、敵対性と人種的悲観主義の政治とは別の政治の名において表明された。この別の政治は〈黒人たち〉とわれわれのあいだに何らかの相互性が、彼らに責任をもつ義務が存在することを認めつつ、彼らに対して正当な仕方でふるまうことを要求していた。この友愛の基礎にあったのは、結局のところ彼らとわれわれのあいだの差異は消しがたいものではない、という思想であった。

少数派の面では、この友愛は根本的に共感、感情移入、同情の友愛であり、〈黒人〉が犠牲者となってきた苦難に目を向けるものだった。一八世紀以来、フランスの大衆は、ジャン゠バティスト・デュ・テルトルやジャン゠バティスト・ラバといった著者たち、さらにはレイナル神父（『二つのインドの歴史』一七七〇年）やルイ゠セバスティアン・メルシエ（『二四四〇年』一七七一年）、コンドルセ侯爵（『黒人奴隷制についての考察』一七八一年）などの著作の影響によって、黒人の人身売買の残酷で非人間的な性格について知らされている。こうした著作の大部分は、しかしながら、あるものは人種間の平等という大義を擁護するにしても、植民地政治とルイ一四世によって一六八五年に制定された黒人法を賢明に適用するために戦うだけなのだ。当時の支配的思想は、〈黒人〉は劣等性ゆえに奴隷制にふさわしく、彼らの幸福は、よき主に仕えることでしか実現されない、というものである。〈黒人友好協会〉の活動は、いくつかの点で、この善意の政治に属している。

このような善意の政治は、当時の空想や小説にも等しく痕跡を残している。一七四五年にフランス語に訳されるアフラ・ベンの書物『オローノコ』が、その例である。この本はフランス文学における黒人愛の傾向に道を開くものであり、それはジャン゠フランソワ・サン゠ランベールの著作群（『ズィメオ』一七六九年）、ジョゼフ・ラヴァレー（『白人は少数ゆえに黒人は』一七八九年）、ジェルメーヌ・ド・スタール（『ミルザ』一七九五年）などの作品において明らかである。オランプ・ド・グージュの戯曲『黒人奴隷制』は、一七八九年にコメディー・フランセーズで上演される。しかし、この同情は、サント・ドミンゴにおける奴隷の蜂起、一七九〇年代のグアドループにおける植民者の虐殺のあとで大きく後退する。これらの事件は、多数の奴隷廃止論者たちを何十年も黙らせてしまう。それはとりわけナポレオンの時代のことで、その政治は根深い黒人恐怖症にかかっている[73]。黒人に対する同情の気運が復活するのは、プロスペール・メリメ（『生きること』一八二九年）、クレール・デュラス（『限界』一八二三年）、ジョルジュ・サンド（『アンディアーナ』一八三一年）、アルフォンス・ド・ラマルティーヌ（『ルヴェルチュール』一八五〇年）の影響であり、一八三〇年代からのことにすぎない。それ自体が善意の政治に基づいているこの種の友愛は、黒人に結びついた劣等性の偏見に、場合によっては抗議するわけではない。「黒色人」は悲惨で劣悪な状況に生きており、ヨーロッパ人とアフリカ人のあいだには肉体的、解剖学的、心的な不平等があるという通念に彼らは同調しているのだ。しかし、この劣等性の身分にもかかわらず、アフリカ人には言葉の才能がある、と彼らは評価している。アフリカ人も、他の人類に向けられてきた同情に値する。彼らの劣等性ゆえに彼らの弱さを悪用していいわけではない。それどころか、彼らを救済し、彼らをわれわれの水準まで高めるという義務がある。

　このとおり、奴隷貿易の時代に「黒人の友たち」のほとんどは、アフリカ人が自分たちより劣っていると納得していた。しかし、だからといって、このように吹聴される劣等性が理由でアフリカ人が奴隷に貶《おとし》められるのが正当だとは考えなかった[74]。彼らは人類の広範な思弁的歴史のただなかにおける「黒色人」の寓意的な役割を認めていた。彼らの見方では、〈黒人〉とは古い、幸福な、そして単純な人類の生ける象徴であった。このレッテルが植民地時代の「アフリカ農民」に貼りつけられるのだが、つまり彼らは子供 - 人類、そして単純で、陽気で、策を弄したりしない生きざまの原型だったのだ。野生の気品をそなえた子供 - 人類は、原始時代の無垢の闇に包まれ、自然と聖霊の調和を生き、ある者は森を聖霊で満たし、別の者は泉の中で歌う。「黒人たちの友」は、奴隷制という制度を拒否し、その弊害を断罪することができた。奴隷制を支持する植民者の残虐さと貪欲さを前にして、例えばヴォルテールは普遍主義と同情を発揮しえている。しかし、奴隷制の不公平きわまる体制を弾劾しながらも、彼の言説は〈慇懃無礼〉のパラダイム以上のものではなかった。

こうして、彼のエッセイ「諸国の風習と精神についての試論」(一七六九年)において、彼は断言することができる。「彼らの丸い目、平たい鼻、いつも厚い唇、変わった形の耳、縮れた毛髪、彼らの知性の程度そのものが、彼らと他の種類の人間とのあいだに、おびただしい差異を生み出している。そして、それらは気候の差異によるものではない。その証拠に、黒人の男女は極寒の国に連れていかれても、やはり彼らの種に属する動物を生むのであり、混血人とは黒人男性と白人女性のあいだ、あるいは白人男性と黒人女性のあいだに生まれた雑種なのである」[75]。ヴィクトル・ユゴーはといえば、ただ瑣末事について断言しているだけだ。「それは瑣末事にすぎないが、しかしそれは壮大である。[…] 白人は黒人を人間にした。[…] ヨーロッパはアフリカを一つの世界に変えるであろう」[76]。一八八五年にジュール・フェリーは、人権を無視する植民地政治を擁護しながら、まさにこれと同じ瑣末事を根拠にしている——それ以来、フランスの代々の政府は、この主張をアフリカに適用してよいものと自負するようになる。「さらに堂々と、さらに真実を述べるべきである」とフェリーは叫んでいた。そして、付け加えていた。「まさに優秀人種は劣等人種に対して権利をもっと公明正大に言わねばならない……」。人権宣言は「赤道アフリカの黒人のために書かれたものではない」。「私は繰り返すが、優秀人種にとっては一つの権利がある、彼らには一つの義務があるからだ。彼らには劣等人種を文明化するという義務があるのだ[77]」。

この「文明の使命」というドグマは、反植民地主義闘争の時期においてさえ、黒人との連帯の試みの大部分を覆っている。フランスの反植民地主義は、決して一丸となってはいなかった[78]。一方には、植民地帝国を望みながらも、人道主義と生産性に基づく帝国を望む人々がいた。他方には、たとえ文明の名においてであろうと、フランスがみずからの意志を異邦の民族に強制する権利を容認しない人々がいたのだ。例えば、一八九〇年代から二〇世紀はじめにかけて、ジャン・ジョレスは文明化の使命という概念を許容し、それを無償奉仕という語彙で定義している。彼の立場は、一九〇五年に『ユマニテ』誌のギュスターヴ・ルアネがコンゴのスキャンダルを暴露するときに変化する[79]。シャルル・ペギーは、ナショナリズムに転向する前、『カイエ・ド・ラ・ケンゼーヌ』に、二分されたコンゴの状況についての見解を発表する[80]。彼は文明化という使命の放棄ではなく、改革を求めるのだ。しかし、社会主義者ポール・ルイや無政府主義者のあいだには、譲歩なき植民地主義批判が見られる[81]。ポール・ルイは特に、機械化の拡張、小企業の破産、プロレタリアの大群の持続的膨張の時代における資本主義の有機的表出として植民地主義を捉えている。植民地に抵抗する批判は、未来の人類を結束させる体制として労働者階級を特権化する立場から出発している。この批判は、階級間の紛争を普遍化する植民地主義の可能性に促されている。それが広まるのは、主要資本主義国における労働者の闘争が過剰搾取の形態に対して相対的な制限を強いるようになり始める時代のことなのだ。拡大された蓄積の回路に多少とも組み込まれた賃金生活者が登場する。この脆弱な均衡が保たれるように、過剰搾取の最も粗暴な方法は植民地に移される。蓄積の危機をしのごうとすれば、資本は人種という補助手段を使わざるをえない。

3
差異と自己決定

Différence et autodétermination

それが文学であれ、哲学、諸芸術、または政治であれ、黒人に関する言説は三つの出来事によって決定されてきた――奴隷制、植民地化、アパルトヘイトである。これらは一種の監獄となり、今日もまだこの言説はその中で闘われている。ある種の知性が、これらの出来事に規範的な意味を与えようとしてきた。この三つは特に強調するのに値する。まず前の章で示唆したように自己との分離という意味がある。この分離は自己との親密性の喪失をもたらし、自分自身から疎遠になった主体は、疎外されてほとんど生を失った自己同一性の中に追放されたかもしれないのだ。こうして、いつも経験していたはずの〈自分自身のそばにいる存在〉（つまり伝統）の代わりに、彼は他者性において自己を構成し、もはやその中に自分自身は認知されなくなるだろう。つまり、分裂と葛藤のスペクタクルである。[1]次いで、剝奪という観念。[2]このプロセスは、一方では収用や、物質的収奪を引き起こした法的経済的秩序の手続きに帰し、他方では他者による自己の偽造、また最大の外部性の状態、それに由来する存在論的貧困化などを特徴とする隷属の特異な経験に帰するだろう。[3]この二つの作為（物質上の収用と存在論的貧困化）は、黒人の体験とそれにつきものの悲劇という特異な要素となるだろう。最後には、堕落という観念。つまり、隷従状態は、単に黒人の主体を、屈辱、衰退、形容しがたい苦痛に陥れただけではないだろう。この主体は、根底において、尊厳の拒否、離散、そして追放の苦しみによって定義される〈市民としての死〉という試練を受けたのだ。[4]

　これら三つの例において、奴隷制、植民地化、アパルトヘイトという三つの創発的な出来事は、〈自分自身を知ること〉（主権の契機）、そして世界において〈自分自身で立つこと〉（自立の運動）という黒人の欲望にとって、結束を促す中心になるものとみなされる。

自由主義と急進的悲観主義

歴史的観点から見て、プランテーションと植民地という制度の登場は、西洋で統治の新しい理性が姿を現し、決定的に確立されるまでの実に長い時代にわたることである。それは、まさに商業の理性なのだ。これは市場を最上の交換機構とみなし、確信性〔véridiction〕の特権的な場とみなしている。この確信性とは、政治にも、また物事の価値や用途にも関わるものである。経済理論としての、また統治のための特別な技術としての自由主義の躍進は奴隷交易を土台として起きることであり、それはヨーロッパの諸国家が粗暴な競争にさらされて、みずからの勢力を増強するのに集中し、世界の他の部分を彼らの所有物として、また経済的領域として考える時代のことである。

この観点から見ると、とりわけ一五世紀後半から育《はぐく》まれてきたプランテーションが、またのちには植民地が、新しい型の計算と地球的意識にとって本質的な歯車を構成している。この新しい型の計算は、富の原始的形態、資本主義的生産様式として商品を考えるのだが、こうした条件において、この様式は商品の厖大な蓄積として現れる。商品が価値をもつのは、商品が富の形成に寄与するからである。そもそも、この見通しによって商品は使用され、あるいは交換される。商品理性の見通しにおいて、黒人奴隷は同時に一つの対象であり、身体であり、商品でもある。身体－対象、対象－身体として、彼は形をもっている。彼はまた潜勢的実体でもある。この実体が彼の価値をなし、それは彼の肉体的エネルギーから出現するのだ。それは実体‐労働である。黒人はこの観点から見てエネルギー的物質であり、このような第一の関門を通じて彼は交換過程に参入するのである。

第二の関門があって、そこに彼が到達するのは、売られ、買われ、使用されうる使用対象という彼の規定によってである。黒人奴隷を買う農場経営者が彼を買うのは、彼を破壊するためでも殺すためでもなく、彼を使用するため、彼自身の力を生産し、増大するためである。黒人奴隷のすべてが同じ価格をもつわけではない。価格の変動性は、彼ら各人に想定された形式的質について何かを意味しているのだ。しかしながら、奴隷を少しでも使用するなら、この想定された形式的質は減少する。そして、ひとたび消耗に委ねられ、所有者によって消費され、あるいは消尽されるなら、この対象はもはや不動の使用不可能な自然に戻るのだ。重商主義の体制において、黒人とはしたがってこの身体‐対象であり、一つの形態から別の形態へと移りゆく商品であり、最終的段階、つまり消尽の段階に達すれば、全面的な価値下落の対象となる。奴隷の死は、対象の終末、そして商品の地位からの脱落のしるしなのだ。

一方で、重商主義的理性は、世界を限界のない市場、自由な競争と自由な流通の空間と考える。諸国家の境界を横断し、国家主権を陳腐化しかねない商業的な諸関係に踏破される地表と化した世界の観念は、多くの点で、国際法の誕生や、市民権、そして「永久平和」を保障することを目指す世界的な法権利と同時代のものである。したがって、民主主義の近代的思想は、自由主義それ自体と同じく、商業の世界化の計画と切り離せず、プランテーションと植民地は、その核心的連鎖となるのである。ところが、また周知のように、プランテーションも植民地も、もともとある全般的な目論見に従う人種的な装置であり、その支柱とは所有権と利益に基づく交換関係なのだ。したがって、自由主義においても、同じく人種主義においても、自然主義に属する部分が存在する。
『生政治学の誕生』についての研究でフーコーが重視したのは、自由主義はもともと「その核心として、自由［とのあいだの］生産／破壊の関係を含んでいる」ということである。[5] 歴史的には黒人の奴隷化こそが自由のこの破壊の頂点を代表している、ということを明言するのを彼は忘れている。フーコーによれば、自由主義の逆説とは「一方で自由を生み出さねばならないが、このふるまいそのものが他方で諸々の制限、管理、強制、脅迫に頼る義務化、等々を確立することを含むのである」[6]。自由を生み出すことは、したがって代償をともない、その計算の原則とは治安であり、また防衛である、とフーコーは付け加えている。言葉を変えれば、自由主義とそれを標榜する民主主義に固有の権力機構は、脅威、危険、危機の遍在に対抗する自由、治安、防衛の綿密な活動に基づくのである。この危機は、政治的共同体のさまざまな構成要素から成る利害構造の不適切な調整から生じうる。しかし、外部の要因から来る危機もまた問題になりうる。二つの場合において「自由主義は、この危機の概念をめぐって、絶えず個人の自由と安全を守ろうとするメカニズムに関与する」[7]。黒人奴隷は、この危機を代表しているわけである。

危機と脅威という論点の絶えざる活性化、更新、普及、そしてそれによる不安の傾向がもたらす刺激が、自由主義の原動力の一部になっている。そして、もし不安の傾向のこの刺激が「自由主義の心理的かつ文化的、内在的な相関物」[8]であり、条件であるならば、まさに歴史において黒人奴隷はそのきっかけなのだ。人種的危機は、とりわけ起源から、自由民主主義に固有のこの不安の傾向にとって主要な原因の一つになってきた。この不安の結果は、フーコーが指摘しているように、管理、束縛、強制の手続きのすさまじい拡張であり、これらは異常な逸脱であるどころか、諸々の自由の代償だったのだ。人種、そして特に黒人奴隷の存在は、このような諸々の代償の歴史的形成において原動力の役割を果たした。

プランテーションの体制、そしてのちの植民地体制が引き起こしていた問題は、まさに権力行使の原理としての人種という問題であり、それは経済的収益の増大を目論む社会性の規則、そして行動の調教方式としての原理であった。自由、平等、さらには民主主義の近代的観念は、この観点から見て、歴史的に奴隷制の現実と不可分なのだ。カリブ諸島において、そして正確にはバルバドスの小さな島において、初めてこの現実は具体化し、やがて北アメリカの数々のイギリス植民地に広がっていき、人種の支配は、ほとんどすべての歴史的な重要事件を通じて途絶えることがない。一八世紀の革命、一九世紀の市民戦争と復興、それから一世紀後の市民権をめぐる大規模な闘争に至るまで。自由と平等の名において行われた革命は、そのあいだも奴隷制と人種差別の実践をあからさまに甘受している。

この二つの災厄は、それでも独立についての論争の中心を占めている。奴隷に対してイギリス人たちは解放の約束をちらつかせる。彼らは革命に抵抗して、奴隷たちを自分たちの側につけようとする。奴隷の一斉蜂起の脅威は、建国以来のアメリカの体制にとってずっと恐怖の的であり、独立戦争にとってもやはり重くのしかかるのだ。実際、紛争が続くあいだに、何万人もの奴隷が解放を宣言する。ヴァージニアでは、大々的な脱走が起きる。黒人が解放を（獲得すべき何かとして）考えている仕方と、革命家たちがそれについてもっている考え（これは黒人に徐々に与えられるべきものだ）のあいだには乖離がある。紛争が終息しても、奴隷制度はほとんど解体されない。独立宣言と憲法は高らかに解放の文言を謳っているが、人種と奴隷制に関することだけは例外である。一つの圧政から自由になるその瞬間に、別の圧政が強化される。ところが、革命の過程に、白人市民のあいだの形式的平等の観念が浮上することになる。それは一方に白人、そして他方にアフリカ人奴隷とアメリカ先住民を置き、そのあいだに社会的距離を設ける意識的努力の結果であり、怠惰と放埒が口実になって後者たちは何もかも奪われるのだ。そして、のちの南北戦争のあいだに白人と黒人がほぼ同じくらい犠牲になっても、奴隷制の廃止は昔からの奴隷たちに報いるための何の補償にもつながらない。

この点で、アレクシ・ド・トクヴィルがアメリカ民主主義についての説明において「合衆国の領土に居住する三つの人種の現状とありうる未来」に費やした章は興味深い。まず「代表的な」人間の種として白人たちがいて、光、勢力、幸福に恵まれて先頭に立っている。片や、黒人たちとアメリカ先住民から成る「恵まれない人種」がいる。これら三つの人種の構成員は、同じ家族に属していない。単に彼らは互いに区別されるだけではない。すべて、またはほとんどが、つまり教育、法律、出自、彼らの外見が、彼らを分離している。そして、彼らを分離している障壁は、その観点からして、ほとんど越えがたい。彼らを結束させるものは潜在的敵意であり、白人が「他の人種の人々に対してもつ関係は、人間そのものと動物の関係に等しい」。「白人は彼らを自分の役に立たせ、彼らが屈服しないときには彼らを破壊する」[9]からである。弾圧によって黒人は「ほとんどすべての人間の権利」を奪われたので、この破壊過程の犠牲者となったのは、とりわけ彼らであった。トクヴィルは付け加えている。「合衆国の黒人は、祖国の記憶さえ失った。彼の祖先が話した言葉を、もはや彼は理解できない。彼は自分の信仰を放棄し、自分の風習を忘れた。こうしてアフリカに属することをやめたのだが、それでもヨーロッパの富に対して何の権利も獲得していない。それどころか、二つの社会のあいだで身動きがならない。彼は二つの民族のあいだで孤立したままだ。一方によって売られ、他方には嫌悪される。全宇宙の中に見出されるのは彼の主人の家だけで、祖国のきれぎれの面影が与えられるだけだ[10]」。

トクヴィルにとって、黒人奴隷は堕落と汚辱のあらゆる特徴を示している。彼は反発、反感、嫌悪をもよおさせる。群がる獣として、彼は去勢され、手足をもがれた人類の象徴であり、そこからは毒々しい臭気が、体質的な憎悪のような何かが湧き上がってくる。奴隷との出会いは、見世物でもあり悲劇でもある虚無の体験をすることである。彼の特性は、服従という出発点に絶えず戻っていくこと以外に道が見つからないことである。それは服従にふさわしい奴隷の素質なのだ。彼は「暴君を憎む以上に褒め称え、彼を弾圧する者たちを卑屈に模倣することに喜びと奢りを見出す[11]」。他人の所有物であり、彼は自身にとっては役立たずだ。自分自身の所有者ではありえず、「自分の運命への配慮が彼自身に属することはなく、思考を用いることそのものが天の摂理の無駄な贈与だと感じて、自分の劣性のあらゆる特権をのんきに享受するだけだ[12]」。この劣性という特権を享受することは、ほとんど先天的な素質である。つまり、奴隷は主人と戦ったりはしないものなのだ。彼は何ものも、もちろん命も危険にさらしたりしない。彼は自分の動物的欲求を満たすために、まして何らかの主権を表現するために戦ったりはしない。彼は隷属のほうを好み、死を前にするたびに後ずさりする。「隷属は彼を鈍感にし」、そして「自由は彼を死なせる」[13]。反対に、主人はいつも脅威に怯えて生きている。彼を包む恐怖は自分の奴隷によって殺される可能性であり、要するに奴隷とは、全体として人間であるとは認められない人間の形態なのだ。

新世界の岸辺に自由人としてたどりついた黒人など一人もいないということ、トクヴィルの目には、これこそがまさにアメリカ民主主義の解決不可能なジレンマの一つなのだ。たとえ人種という第一の事実が民主主義の未来にとって危険の一つになるとしても、見たところ、人種と民主主義のあいだの関係という問題に解決はない。「合衆国の未来を脅かすあらゆる害悪のうちでも最も恐るべき害悪は、彼らの領土における黒人の存在から生じる」[14]。そして、付け加えている。「あなたがたは黒人を自由にすることができる。しかし、彼らがヨーロッパ人に対して外人の地位にある状態をなくすことはできないだろう」[15]。言葉を変えれば、奴隷解放も、奴隷たちが人種を理由に受けてきた屈辱の跡をほとんど消すことができない。それは黒人には必然的に隷属がふさわしいとされてきた、あの屈辱のことである。「奴隷制の記憶は人種を貶《おとし》め、人種は奴隷制の記憶を永続させる」とトクヴィルは指摘するのだ。そもそも「この人間は、劣性を帯びて生まれた。隷属によってわれわれのあいだに導かれたこの異邦人には、人類の一般的特徴がほとんど認められない。彼の顔は醜く見え、彼の知性は不十分と思え、彼の好みは卑しい。獣と人間のあいだの中間的存在とみなしてもいいくらいである」[16]。

したがって、自由民主主義において、形式的平等は自然的偏見と対でありうるし、この偏見のせいで、圧政者は自分の下位にあった者たちが解放されたあとも長らく彼らを蔑《さげす》むようになるのだ。とどのつまり、偏見は打破されず、この平等は想像的なものにとどまる。法が黒人をわれわれと対等な存在にしても、彼はやはりわれわれの同胞ではないだろう。トクヴィルが強調しているように、こうして「越えがたい空間」がアメリカの黒人とヨーロッパ人を分離している。この区別は動かないのだ。その根拠は自然そのものの中にあり、それを取り巻く偏見は打破しがたい。これが理由で、二つの人種のあいだの関係は、一方で黒人の地位低下または白人による奴隷化、他方では黒人による白人の破壊の危険、この二つのあいだで揺らぐしかない。この対立は越えがたい。

白人支配者の感じる恐怖の第二の形態は、貶められた人種と混然一体になってしまうこと、かつての自分の奴隷たちと似たものになることである。したがって、奴隷を注意深く遠ざけておき、できるだけ彼らから離れることが重要である。こうして分断のイデオロギーが生まれる。黒人は形式的平等を獲得したかもしれない、「しかし彼は権利も、楽しみも、仕事も、苦しみも分かちえず、彼が白人と対等な者と宣言されても、同じように墓を建てることもできない。彼はどこでも、生においても死においても、白人と出会うことがない[17]」。そして、トクヴィルは明言するのだ。「天国の門から彼は閉め出されるわけではない。しかし、他界の果てに着いても不平等がなくなるわけではない。黒人がもういなくなっても、その骨は遠くに棄てられ、諸々の条件の差別は死の平等性に至るまでつきまとう[18]」。とどのつまり、人種的偏見は「黒人たちが奴隷ではなくなり、不平等が法において廃止されるのに従って、かえって風習においては深刻になるのに比例して膨張するように思われる[19]」。隷属という原則の廃止は、必ずしも奴隷の解放と平等な分配を約束するわけではない。それは奴隷たちを破壊される定めの「不幸な屑[20]」にすることに寄与するだけだ。

トクヴィルは、人種と民主主義のあいだの関係という問題は二つの方法でしか解決されないとみなしている。「黒人と白人が全面的に融合するしか、あるいは分離するしかない」[21]。しかし、結局、彼は第一の解決を退けるのだ。「白人種と黒人種が、どこであれ平等に基づいて暮らすようになるとは思えない」[22]。彼によれば、このような「融合」は専制政治の下でしか達成されえない。民主主義の下では、白人の自由は、黒人を差別すること、そして白人を同胞と一緒に隔離することがなければ持続可能ではない。したがって、もし民主主義には人種問題の解決が根本的に不可能なら、その場合アメリカはどうすれば黒人と別れることができるのかが問われる。人種闘争を避けるためには、黒人は新世界から消えて、もともと彼らが離れてきた故郷に戻らなければならない。そうすれば、「自由になった黒人を恐れる理由もなくなって」[23]、われわれは奴隷制度からも解放されるだろう。他のどんな選択も、「どちらかの人種の滅亡」[24]に終わるしかない。

誰もと同じ人間

したがって、トクヴィルの時代に問題点は明白だった。黒人は自己を統治することができるのか、ということである。黒人に自己を統治するだけの適性があるか、そのことについての疑いは別のもっと根本的な疑いにつながっていた。それは、近代が広い意味での他者性という複雑な問題をいかに解決してきたかという点に関わるのだ。それはまた、特殊な意味で、他者性の仕組みの中にあるアフリカ的表徴の規定に関する問題でもあった。これらの論争の政治的帰結を正しく把握するには、ロマン主義革命にもかかわらず、西洋の形而上学の堅固に確立された伝統は言語と理性の所有によって人間性を定義している、ということをおそらく想起しなければならない。まさに言語なしの人類はありえない。とりわけ理性が普遍的本質という種としての自己同一性を人間存在に授けるのであり、諸々の法や価値の総体はそこから発生するのだ。理性があらゆる人間存在を統合する。それは各人において同一のものである。まさにこの能力の行使から、自由と自立のみならず、道徳的原理と善の観念に従って個人の生活を営む能力も現れる。それならば、この時代の問いとは、黒人は他と同じ人間存在なのか、ということになる。さまざまな呼び方や形態によって見えなくなっているだけで、彼らの中にもやはり同じ人間性が見出されるのか。彼らの身体、彼らの言語、彼らの労働と生活において、人間的活動の産物、ある主体性の表出、要するにわれわれのものと同じ意識の現前を見つけ出すことができるのか。その現前によってこそ、個々に把握された各人を他の自我(alter ego)として考慮することが可能になるはずなのだ。

これらの問題は、政治的帰結に対する三つのタイプの応答を比較的明確にもたらした。第一の返答は、黒人の人間的経験を根本的な差異の秩序の中に位置づけることにほかならない。黒人の人間性は、それ自体として歴史をもっていなかった。この歴史なき人類は、仕事も、禁忌も、まして法律も知らなかった。動物的欲求からほとんど解放されたことがなく、死を与え、死を受け取ることは、黒人にとって暴力などではなかった。一匹の動物は、いつでも他の動物を食べることができた。アフリカ的表徴とは、それゆえ判明で、特異な、その上、消しがたい何かを含んでいたし、それが他のあらゆる人間的表徴からその表徴を区別していた。何よりも身体、その形態とその色が、はっきりとこの特殊性を証明していた。[25] この身体の中には、どんな意識もなく、理性と美のどんな特性も見えない。そういうわけで、私の肉体感覚に似たものが彼にもあるとみなすことはできなかった。彼は大きさをもつ物質、そして危険や破壊に委ねられるモノでしかなかったからだ。束縛の目論見において、身体のこの中心性、特に皮膚の色の中心性は、一九世紀のあいだ中、黒人の肉体的、道徳的、政治的刷新の理論が重視される理由になる。黒人たちも社会、世界、そして昔の発想を展開してきたが、そこには理性に固有の創意や普遍性の能力がまったく示されなかった。彼らの行動のみならず、表象、生活、労働、言語、そして死に至るまで、どんな規則にも、どんな法にも従うものではなく、自分自身の権威によってその意味を認知し、その効力を正当化することができない。この根本的な差異、あるいはこの例外的存在を理由に、全面的な人間としての市民権の圏内から事実上も権利上も彼らを排除することが正当化される。彼らは精神的労働にも普遍的展望にも何も寄与するところがないだろう、というわけである。[26]

　奴隷廃止論がさかんになり、奴隷貿易が終わる頃に、重大な転換が起きる。「例外的人間」としての黒人という主張は確かになくなっていない。しかし、差別の古い構造の中にわずかな変化が起き、第二のタイプの応答を出現させる。〈類似の否定〉を唱える主張は破棄されていないが、それはもはや単に表徴それ自体の欠如に基づいてはいない。これ以降は、表徴の中身が問題なのだ。もし黒人が例外的存在であるなら、それは彼が自分に固有のものをもち、慣習をもつからであり、問題はそれを廃止することと、破壊することではなく、改良することなのだ。問題は、根本的に不平等な階層化された枠組みの中に明白な秩序が作動するように仕向け、差異をこの制度的秩序の中に位置づけることである。この秩序の主体は原住民（先住民）であり、彼らにふさわしい統治方式は間接的な行政であって、この支配形態は負担が少なく、特にイギリス植民地では、わずかな兵力だけで、彼らの情念や慣習を利用して、彼らを相互に対立させながら、規則的に原住民を支配することを可能にしたのだ。[27] こうして差別は相対化されたが、同時に命令権も不平等な関係も正当化され続ける。結局、この不平等は自然とみなされたままで、差別によって相変わらず正当化される。[28] のちに植民国家は隔離を目的として、慣習を、つまり差別と不平等の原理を利用することになる。特化された知の形態（植民地学）が生まれるのは、差別を文書で裏づけ、その複数性や両義性を抹消し、規範として定着させることが目的なのだ。この抽象化と物象化の過程の逆説とは、一方で承認という見かけをもちながら、他方ではそれがそれ自体として道徳性の審判となる、ということである。なぜなら、結局のところ、慣習が特異なものとみなされるのは、原住民の世界が本来いかにわれわれの慣習と何の共通点ももたないかを、より巧みに示唆するためでしかないからだ。要するに、それはわれわれの世界に所属せず、したがって共通な市民権の経験にとって基礎にはなりえない、というわけなのだ。

　第三タイプの応答は、いわゆる同化政策に属するものである。原則として同化の思想は、全人類に共通な世界の経験可能性に基づいている。もっと言えば、それは人間のあいだの本質的相似性に基づく普遍的人類の経験でもある。しかし、全人類に共通なこの世界も、この相似性も、あらかじめ原住民には与えられていない。そのためには、彼らは転向しなければならないだろう。彼らがわれわれの同類として受け取られ、認められるためには、また彼らの人間性が形のない把握不可能なものでなくなるためには、この教育が条件であろう。こういう条件において、同化されるものとは、全体としての一個人であり、慣習の主体などではない。彼は諸々の権利を獲得し、それを享受することができる。それは民族集団への所属のおかげではなく、自立して自分自身で思考することができる主体、理性という人間固有のあの能力を行使することができる主体の資格がその根拠となる。黒人は、われわれと対等または同類ではないとしても、ある条件においては、少なくともわれわれにとって他の自我〔アルテル・エゴ〕でありえ、差別は撤廃され、抹消され、除去されうるという可能性を証明するのだ。こうして、同化政策の本質は、少なくとも近代性の空間にあるものと指名される原住民のカテゴリーを目指して、差異を非実体化することなのである。彼は「転向し」、「啓発された」、つまり市民の資格にも、市民権の享受にもふさわしいものになった、というわけである。

普遍的なものと特殊なもの

大西洋貿易の終わり、次いで脱植民地化の闘争に促されて、黒人による批判が自己統治の問題に乗り出すとき、この批判は、これら三つの応答とそれらが引き起こす矛盾を継承することになる。この批判は、その頃西洋の言説が普遍史を説明するために用いてきた基礎的カテゴリーを本質として受け入れるのだ。「文明」の概念も、その一つである。[29] それは、人間的なものとまったくそうでないもの、あるいはまだ十分に人間的でないが、適切な調教を受ければそうなりうるものとの区別を許容する。[30] こうして、調教の三つのヴェクトルとは、キリスト教への改心、労働に着手することを通じて市場経済に参入すること、そして合理的で賢明な統治形態を採用することだと考えられるようになる。[31]近代アフリカの最初の思想家たちにとって、隷属からの解放は、何よりもまず自律的に自己決定するという明白な権力の獲得に等しい。この点では当時の傾向に従いながら、戦後アフリカのナショナリズムは「文明」の概念を「進歩」の概念によって置き換えるのだ。しかし、それは時代の目的論とよりよく和合するためである。[32]それに代わる近代の可能性があらかじめ排除されているわけではない。それゆえ、例えば「アフリカ社会主義」についての激しい論争が起きたのだ。しかし、権力の獲得という問題が、反植民地主義のナショナリズムの思考と実践を支配している。ほとんどの武装闘争の状況では、とりわけそれが通例である。主権と自己決定への権利を正当化することにおいて、また権力の獲得を目指す闘争において、二つの中心的カテゴリーがこのとき発動される。第一に「苦悩する意志」、そして迫害され、傷ついた主体である黒人の形態、そして第二に黒人自身による文化的差異の主題系の再生であり、再展開であり、それが劣等性と不平等をめぐる植民理論の中心にあったことは、すでに見てきたとおりである。

自己を決定するこの作法は、ある世界把握に基づくもので、これがのちには進歩主義、急進主義のみならず土着主義を主張する思想的傾向によっても増強されるようになる。迫害のパラダイムの中心には、運命の連鎖としての歴史という見方がある。この連鎖は本質的に、われわれの意のままにならない諸力によって統治されるもので、偶発事を欠いた、変化に乏しい循環に従い、これはいつも同じように発作的で、陰謀のからくりに従ってはてしなく反復される。陰謀は外部の敵によって仕組まれ、多少とも隠蔽され、いつも親密な共犯性に支えられている。この陰謀史観的な解釈が、解放と自立の急進的言説として提示され、いわゆるアフリカ性の政治の基礎になるのだ。しかし、迫害神経症の裏側に、実は否定的かつ循環的な思考が隠れている。それが機能するためには、迷信が必要となる。それはみずからの寓話を生み出さなければならないが、やがてそれが現実のこととみなされるようになる。仮面を作らなければならず、時代に従って仮面は作り直されて保存される。こうして処刑人（敵）と犠牲者（無実のもの）が対になる。敵、しかも処刑人は絶対的な邪悪さを体現するだろう。犠牲者は美徳に満ち、暴力、恐怖、腐敗などとは無縁である。この閉じた世界において「歴史を作ること」は、敵を狩り出し、絶滅させることに帰着し、あらゆる不和は極限状況として解釈される。黒人という主体は、権力を獲得するための暴力的闘争の中にしか存在せず、それはまず血を流す権力なのだ。黒人とは、去勢された主体であり、また〈他者〉の享楽のための受動的な道具であり、自分自身になるためには、血を流す権力を植民者から剥奪し、自分が実現する行動によるしかない。歴史は結局、大がかりな魔術の仕組みに合流するだろう。

すでに強調したことだが、黒人の言説のもう一つの要点は、自身のために文化的差異のイデオロギーを取り戻し、自身の利益になるように、それを内面化して展開することである。これには三つの支点がある。人種、地理、そして伝統である。事実として、一九世紀の政治理論のほとんどは、人間主体と人種主体のあいだに密接な関係を確立している。広い範囲で、それらはまず人間主体を人種のプリズムを通じて解読しているのだ。人種そのものは、可視的な生理的特性と識別可能な精神的性格の総体とみなされている。これらの特性や性格が人間の種類を相互に区別すると考えられている。[33] その上、生理的特性と精神的性格は人間を階層のあいだに分類することを可能にするが、その暴力的効果は政治的でもあれば文化的でもある。[34] すでに指摘したように、一九世紀のあいだに有効だった分類は、本質として人類の領界から黒人を閉め出し、あるいはいずれにせよ人種の階層において下等という規定を与える。人類への所属をこのように否認すること（または下等というこの規定）によって、黒人の言説ははじめから同語反復に陥っている。「私たちもまた人間である」[35]。あるいはまた「私たちはこの人間性を証明する輝かしい過去をもっている」[36]。このことが理由で、黒人の自己同一性についての言説ははじめからある緊張の中にとらわれ、それから解放されようとしてまだ苦難に出会っている。黒人は類としての人間の自己同一性に参与しうるのか。[37] あるいは、差異と特異性の名において、同一の人類の多様な文化形態の可能性を強調すべきなのか――そのような文化形態の使命とは、それ自体で充足するものではなく、その最終目的は普遍的なものなのか。[38]

他者によって否定された人間的自己同一性の再確認は、この意味で拒絶や復権の言説と合体するのである。しかし、復権の言説は、黒人が人類一般に共通に所属することを確認しようとするが、逆に稀な場合を除いて、人種主体あるいは人種一般というフィクションを糾弾しようとはしない。[39] 実際、それはこのフィクションと一体なのだ。このことは、ネグリチュードについても、汎アフリカ主義のさまざまな変形版についてもあてはまる。実は、これらの命題において――それらはみんな文化的想像力、そして政治的想像力と一体なのだが――、まさに人種こそが、差異一般のみならず、国民国家と共同体の観念そのものの基礎づけを可能にしている。なぜなら、人種的決定要素こそが政治的連帯の精神的基盤にならねばならないからだ。人種は国民国家の存在の根拠（あるいは正当化）として機能している。それこそが、精神的主体であると同時に、意識の内在的事実でもある。黒人の言説の大部分において、一九世紀の人間学の根本的土台——つまり進化論的偏見と進歩という観念への信仰は無傷のまま残り、国家の人種化と人種の国家化は軌を一にしているのだ。

一般に黒人の自己同一性についての考察にいつもつきまとう潜在的緊張は、実際、人種という穴の中に解消される。この緊張は、人間の条件に共通に所属することを主張する普遍化の過程と、差異と不等を強調する別の特殊化の過程の対立であり、後者は独自性そのものではなく、反復（習慣）の原理と土着性の価値を強調しているのだ。最近の二世紀における黒人の思想史では、これら二つの政治的文化的過程が和解するポイントが人種なのである。黒人の人間性の擁護は、ほとんどいつも、その人種、その伝統、その慣習、その歴史などの特別な性格の主張と一体になっている。言葉全体がこの境界に沿って繰り広げられ、そこから黒人なるもののあらゆる表象が出てくる。その抵抗は、区別された人種に黒人が所属すること自体に向かうのではなく、いわゆる人種に結びついた劣等性の偏見に向かうのだ。疑われるのはアフリカのものとされる文化の特殊性ではない。提唱されるのは、文化一般の相対性なのだ。この状況では、「普遍性のための努力」は、黒人の「文明価値」、黒人種の「独自の才能」がもたらすものによって西洋的理性〔*ratio*〕を豊かにすることなのだ。特に黒人の「情念」とはその要である、というわけだ。サンゴールはまさにこれを「贈ることと受けることの出会い」と呼んでいるが、その成果の一つは諸文化の混合でなければならないのだ[10]。

この共通の信念を根底として、文化的差異に関する言説が展開されることになる。黒人の差異、アフリカ的土着性の思想の信奉者たちは、一九世紀からこの文言を根づかせようとして、一般的な名称と場所を見出そうとするだろう。その地理的場所は、熱帯アフリカであり、極めつきの虚構のコースである。それなら、ヨーロッパ人が考案し、ヘーゲルその他が共鳴した幻想的構造は解体されなければならないだろう。[41] ばらばらになった四肢は何とか修復されるだろう。人種という想像的天空で断片化した身体は、必要ならば神話の輝かしい特性において再構築されるだろう。[42] やがて民族学的研究が供給する役目を負う文化的特性の総体において、このアフリカ性の再発見が試みられるだろう。ついにはナショナリストの歴史家たちが、かつてのアフリカの諸帝国、さらにはファラオのエジプトにさえ、まだ足りない源泉を探そうとするだろう。[43] よく検討してみると、この手続きは進歩主義や急進主義を唱えるイデオロギー的傾向に受け継がれて、まず人種と地理のあいだの疑似的等価性を確立するものであり、次には二つの項の関係から文化的同一性を引き出そうとするものである。地理学は、諸制度と人種の権力が具体化されるように選ばれた場となっているのだ。[44] 汎アフリカ主義は、まさに土着民と市民を黒人として同一化しながら定義する。黒人が市民となるのは、他の誰とも同じく理性をそなえた人間存在だからである。しかし、皮膚の色と土着性の特権から成る二重性が、それに重なるのだ。人種的正当性と領土性が混同され、アフリカはこれを条件として黒人国家となる。すると、黒人でないものはすべてこの場所に属さないものとなり、結果としてどんな意味でもアフリカ性を主張することができないようになる。空間的身体、人種的身体、市民的身体はもはや一体でしかなく、第一の身体は土着的共同体の根拠となり、それによってこの大地から誕生し、同じ色と同じ祖先を共有する全員は兄弟姉妹ということになる。人種という指標は、こうして市民としての類縁性の根拠となる。誰が黒人であり、誰が黒人でないかという決定において、同一化的想像力は人種の意識なしにはほとんど無効になるだろう。〈黒人〉は、これ以降、端的に言う人間の条件に適合するものではなくなり、アフリカで生まれ、アフリカで生き、黒人種に属する存在となるだろう。まったく単純なことで、黒人ではないアフリカ性の観念は、思考不可能の領域に置かれるのだ。この同一性の割り当ての論理において、非黒人はよそから来た者（移住者）だから、ここの者（土着民）ではなく、したがって例えばヨーロッパ出身のアフリカ人の存在を考えることなど不可能である。

ところが、奴隷貿易の結果として、黒人は遠い国に居住することになっている。地理的理由によって彼らは生地からも、彼らが生活し労働する場所からも引き離されている以上、人種的に規定された国民国家における彼らの位置づけは、どう説明されるのか。彼らのアフリカ性を尊重するためには、彼らが純粋に端的にアフリカに帰還することを提案すればいい。アフリカの地理的空間は黒人の本来の故郷なのだから、奴隷制によってアフリカの懐《ふところ》から離された者たちは亡命の情況を生きていることになる。[45]広大なスケールで、ありうる帰還（アフリカに帰るムーヴメント）の展望が汎アフリカ主義の運動を貫いている。汎アフリカ主義はもっと根本的に人種主義的パラダイムの内部で展開されることになるのだが、これは一九世紀ヨーロッパが達成することでもある。[46]まさに倒錯的言説であり、これはみずから神話に反対しようとする一方、そんな神話の中から根本的カテゴリーを汲み取り、二項対立を再生産することになる（黒人と白人の人種的差異、文明人と野蛮人の文化的衝突、キリスト教徒と異教徒の宗教的対立、人種が国家を、国家が人種を基礎づける）。この言説はまた、一方では同一性の領土化を、他方では地理の人種化を根拠とする一つの知的系譜の中に書き込まれて、ある人種的な都市（ポリス）の神話のせいで人は忘れてしまうだろう。亡命の起源には、確かに資本主義の貪欲があり、また同じく親族内の殺人があるということを。それは仲間同士の殺害なのだ。[47]

伝統、記憶、そして創造

私たちが先に述べたのは、文化的差異のある種のレトリックの背後で、実は主権と自立という二重の欲望のまわりに整序されようとする記憶において、ある選択の政治的作業が継続される、ということなのである。逆説的なことに、この作業は黒人において迫害の怨念や神経症を激化しただけだった。今度は怨念や望郷の表現ではなく、自己決定の表現と解される黒人の差異についての問いを、いかにしてゼロから立て直すか。この新たな問いは、記憶と伝統の批判なしに成立しうるだろうか。それはすなわち、差異において創造的または再創造的可能性をもたらすものを見分けようとする意識的努力なのだ。

一八八五年以来アレックス・クラメルが提起する問題は、そのようなものだ。彼はそれを未来の、「来たるべきとき」(*time to come*)の可能な政治という言葉で問うている[48]。彼が思い浮かべている「とき」とは、同時に政治的かつ実存的なカテゴリーである。クラメルによれば、「来たるべきとき」の思考の出発点とは、人は過去に生きることはできないという事実を確認することである。過去は発想の動機になりうる。人は過去から学ぶことができる。しかし、義務と責任、あるいは責務の道徳的概念は、未来についての私たちの理解からじかに出てくるものである。未来のときは、希望のときである。現在とは、義務のときである。クラメルは、黒人の行動があまりにも「イスラエルの子孫」を模範にしていることを非難している。「彼らの大移動、隷属からの解放のずっとのち、ファラオの敗北のずっとのちになっても、彼らは約束の地にまなざしを固定し、自由を熱望しなければならなかった。彼らは後方を、エジプトのほうを振り返ることをやめなかった」と彼は強調する。「唾棄すべき事態」を絶対化するように主体を強いるあらゆる記憶の仕組みを「病的」と彼は形容しているのだ。これは「陰鬱で悲惨なことに執着すること」、退廃につながるあらゆる事態に執着することである。このような執着があらわにしているのは「死の欲求」である、と彼は続けている。抑えがたい死の欲求の表現において展開されるこの記憶に、彼は二つのタイプの能力と実践を対立させている。すなわち、希望と想像力である。クラメルは、奴隷制の記憶と、不幸と没落の過去の絶えざる想起との区別を提案している。隷属から自由への移行は、単に記憶の精妙な取り扱いを必要とするだけではない。それはまた、諸々の態度や傾向の革新をも要求する。隷属から脱出する際の自己の再構築は、結果として自己をめぐる膨大な作業をともなうのである。それは新たな内面性を発明することでもある。[49]

ファビアン・エブッスィ・ブラガはといえば、警戒を怠らない記憶、批判的同一化のモデル、ユートピア的モデルとして、差異を解釈し直すことを提案している。[50] 黒人という差異それ自体は、無垢のふるまいも、自己決定のふるまいももたらすものではない。記憶としては、敗北し、屈辱を受けた差異が問題なのである。根底では、この差異のある種の構成要素は、癒やしがたい喪失の対象となってきた。これらの要素は決して回復されないだろうし、想起の対象でしかありえない。この想起の役割は、解放の役割でもありうるだろう――ただし、望郷や憂鬱に落ち込まないことが条件である。あらゆる差異には諸々の内的側面があり、それらが差異を侵害にさらすことになる。エブッスィ・ブラガの言葉を借りるなら、それらは「攻撃を引き寄せる」[51]。差異に訴えるにはさまざまなやり方があり、それが隷属に同意することに似てしまう場合もある。強制されるだけでなく、誘惑に負けるところにしか、疎外は起きないからである。ある種の差異の形態は、その中に固有の死の胚種を、みずからの限界をはらんでいる。差異が非人間化の諸力に扉を開くことがあるかぎり、それゆえ差異の否定的パラダイムが存在する。そして、アプリオリには、それに無批判に執着する理由は少しもないのだ。

そもそも「伝統」を扱いながら、エブッスィ・ブラガは警戒の役割とは反復を妨げることだと強調している。「警戒的記憶は、奴隷制度と植民地化による疎外の反復から自由になるために欠かせない」。つまり、「人間の調教、人間をモノの状態に貶《おとし》めること」、彼の世界を剝奪すること、それは「自分の大地、自分の言語、自分の身体の外に置かれ、実存と歴史において余計なものとなり、自分自身を否定し、あるいは破壊するところまで」行き着くのだ。[52]差異の他の様相は、あらゆる異質なものの遺棄として、偶像化として現れ、さらに場合によっては、あらゆる新たな事象を古い言葉に再翻訳すること、こうして事象を否定し、または無化することになるのだ。否定的差異の他の審級は、責任放棄となり、自分以外のあらゆるものの罪悪化につながり、初期の隷属を単なる外的な力の作用によるものとして、自分自身の権力を弁護するのである。つまり、エブッスィは差異そのものを弾劾しているのではない。彼によれば、自己ではないもの、自己に帰属しないものの存在の承認は、他者を隔離するふるまい、また自己確認のふるまいと必然的に対になっているのだ。他の人間に対する自立の契機というものが存在するが、それは原理的に否定的契機であるというわけではない。歴史の有為転変のせいで、一定の時機に、幸いなことに黒人が創造の自律的源泉として自己を再発見し、自己の人間性を証明し、彼が何であるか、何をしているかについて意味と根拠を再発見することが可能になる。[53] 他方では、肯定的差異は未来に向けて開かれる。それは自己弁護に行き着くものではなく、各人が人間として世界の構築作業においてなすことの承認に至るのだ。あらゆる場面において、諸々の差異の破壊と、唯一の言語を万人に強要する夢は、失敗に終わるしかない。統一性とは多様性の別の名でしかなく、肯定的差異とは生きて解釈を行う差異でしかありえない。[54] それは根本的に未来志向である。

残るのは伝統自体を脱構築することであり、伝統はしばしば差異の新たな特性を明らかにしながら、差異についての言説とともに対位法を形成することになる。この観点から、あるがままのアフリカは──黒人をそれに重ねなければならないが──他者のフィクションとしてアフリカを構築するテクストから発して存在するしかない。[55] まさにこのテクストに、やがて構造化の力能が与えられるので、真正に彼自身のものである声で語ろうとする自己は、あらかじめ仕組まれた言説、自分自身の言説を覆い隠し、検閲し、模倣を強制する言説によって表現するしかない、という危険を常に冒すことになる。言葉を変えれば、アフリカは、至る所、それを拒否しようとする言説にさえ干渉し、侵入する植民者の図書館から出現するしかなく、アイデンティティ、伝統、正統性に関しても、原本と写本、またはその幻影を区別することが不可能ではないとしても困難になっているほどなのだ。こういう状況では、黒人のアイデンティティは生成状態にあるものとして問題にしうるだけである。このような展望において、世界はもはやそれ自体として脅威とはならない。反対に、それは親和性の巨大な組織網として現れる。[56] 黒人のアイデンティティは、〈天啓の書〉のように存在するわけではない。生成状態のアイデンティティがあって、それは民族的、地理的、また言語的観点から見た黒人たちのあいだの諸々の差異によって、そして全 - 世界〔*Tout-Monde*〕との出会いから相続された伝統によって培《つちか》われるものである。

諸々の世界の交通

実際に、歴史的文化的実践において、差異は交錯、移動性、流通という三重のプロセスを通じて構成される。例として、イスラム教とキリスト教という二つの規律体系を考えてみよう。黒人のアイデンティティの最も古い外形の一つとして、少なくとも大陸のある地域で、イスラム教は大西洋貿易といわゆる植民地時代よりずっと前に存在していた。それは数々の異なる伝統から成るものだったが、これらの伝統は同業者の信心会として組織され、宗教界のエリートたちがその中でコーランを解釈し直して教育し、礼儀作法を法的秩序に読み替え、これは信者にも非信者にも強制しうるものとなる。この観点から、イスラム教は統治の確固とした装置として、主体形成の手段として、主権の形態として機能するようになる。

それらの多様性にもかかわらず、一つのことがこれらの異なる伝統を結びつけている。すなわち、それらがアイデンティティ、政治、歴史の関係を決定することによって信仰にもたらす特権である。

多くの点で、これらの伝統が内包する権威は威圧的で、みずからを確信する権威なのだ。統治の作法、信仰の作法、そして商取引の作法は、連結し合う原理によって相互に結ばれている。そして、イスラム教をアフリカの他の宗教から区別するものがあるとすれば、おそらくそれは、その信心の行為が反響するようにして戦闘的行為に呼応する、という点である。実際、勢力を広げるために、イスラムの信仰は力を用いること、ある種の暴力の美学を避けようとしない。いわゆる聖戦、そして強制的改心は、正義と救済の必要性によって正当化され、許容される。そこでついには強制的改心が自由な入信よりも頻繁になり、主人‐奴隷の関係が信者‐不信者の関係に覆いかぶさることになる。

宗教の掟が帰属と排除の方式を定義し、宗教的戒律を遵守すること（神のまなざしのもとで、いかに道徳的に生きるか）が想像的国家の一員になる条件となり、その物理的象徴的境界は信者の共同体にまで遠く広げられる。信者の共同体が構成するこの領域、そこの諸々の都市、隊列、商人たち、その知識人たちの外には、不信心があるだけである。〈啓示〉の世界（*dar al-islam*〔イスラム教が多数派である国〕あるいはイスラム帝国）の境界の彼方に位置するすべてのものは略奪してもよく、奴隷状態に陥る定めにある。イスラム教を受け入れるべき新たな大地は、厳密に言って *dar al-harb*〔イスラム教が少数派である国〕、すなわち戦争の国なのである。アフリカに浸透していく中で、この好戦的な目標（同じくその帰結である贅沢と暴力への欲望）にもかかわらず、同時にイスラム教は改心した人々に全面的な倫理的生活を提案するものでもあった。

第二の規律体系とは、キリスト教である。もともとアフリカとユダヤ‐キリスト教の関係は、〈暗黒〉というモチーフによって支配されている。それは、あらゆる種類の迷信によって真実が覆われているという原始的悲劇のことでもある。ユダヤ＝キリスト教の物語では、アフリカはとりわけ堕落の隠喩になっている。夜の闇の中に呪縛された人間の姿に取り憑かれ、アフリカは神から遠くに生きているらしい。そもそも、これが異教の本質なのだろう。至る所、ごまかし、分別のなさ、混乱、光のほうを見ることの拒絶、要するに存在者としての堕落しかない。しかしながら、イスラム教に固有の戦闘的関係に対して、ユダヤ＝キリスト教は別の形の暴力を持ち込んだ。それは赦しと憐れみの形態である。その目論見とは、まさに鎖をほどくこと、すなわち、外観の世界と虚偽の体制に属するものと、真実に属するものとを区別することなのだ。なぜなら、外観は現前であるかのように見せかけるのだから。むしろ、この現前こそを目覚めさせなければならない（希望の石の神学〔theology of foreshadowing〕）。

だからこそ、あらゆる道徳的美学的な内容や安定した不動の世界を欠き、仮面と物神、無数の瀆神的なオブジェや粗野な人間的資質に満ちているため、もっぱら物質的なものになっている生活の代わりに、キリスト教は真実を理解するための手ほどきを、解放と癒しの目論見を、要するに新しい生の約束を原住民に提案するわけである。これによって、キリスト教はただ単にアレゴリーの世界を廃止するだけではない。そんな世界と出来事の世界とのあいだに新たな関係を確立するのだ。出来事とは、救済されるべく選ばれた者への約束である。救済は魔術的な性格をもち、魔術的、詩的と形容されうる諸々の観念の総体から成っている。それは死者たちの復活という事例、絶対的時間への願望によって支配される崇高な夢想、不死性の時間と空間にほかならないその果てしない広がりである。この約束を手に入れるための代償は、キリストの贖罪とひきかえに放埒な生活を放棄することである。

啓示された真実への改心はといえば、それは自己に対する真の修練、明白に分離されたあらゆるアイデンティティの消去、差異を撤廃すること、こうして普遍的なものとなった人間性に参与することなのだ。

植民地化においても、同じ普遍化の目論見が見出される。植民地化は、少なくとも修辞的な面では、啓蒙を引き継ぐものとされている。この意味で、それは普遍的理性による統治機構を掌握していると確信している。普遍的理性は、その名をもつ主体の存在を前提とし、その普遍性はその主体の人間性によって体現される。この共通の人間性を確認することによって、文明社会における法的人格として各個人を考慮することが可能になる。そもそも、普遍的主体について語りうるのは法の概念が承認されているからであり、これによって万人は一致し、万人が価値をもつのである。植民地の規律は社会と政治を組織する二つの機構を整え、この規律が理性を参照しつつ、それらを正当化する。二つの機構とは、国家と市場なのである。国家は、諸々の風習から成る文明の装置に変わる前に、まず原始的形態において、「命令」という形態において出現するのだ。市場のほうは、その原始的傾向において、実におぞましい面をもつ土着的想像力に組み込まれる。すなわち、人間存在の売買のことである。商品への欲求が強化され、諸々の欲望の巨大な生産機械と化すのは、徐々に進行することにすぎない。第二次世界大戦の直後には、植民地の規律は他にも三種類の利益を被植民者にもたらすように見えるだろう。すなわち、市民権、国民国家、市民社会である。しかし、その実現は最終段階で阻まれることになる。イスラム教とキリスト教にとってそうであったように、植民地化とは普遍化の事業でもある。その最終目的は、被植民者を近代の空間に組み入れることなのだ。ところが、植民地化の俗悪性や、しばしばやりたい放題の暴力性とその欺瞞は、反自由主義の完璧な模範なのだ。

現代アフリカ人のアイデンティティ形成は、決定的にふりかかってきた運命として経験された過去を参照しても、適切に実現されはしない。しばしばそれは過去を宙づりにする能力によって始まるのであって、現在と、今生きられている生に開かれることが条件なのだ。例えば、先に挙げた三つの規律体系の部分的再構築に関する歴史的解釈が、そのことを示している。こうしてアフリカ人はイスラム的展望に対して〈創造的同化〉と呼びうる答えを突きつけている。口語が優先するこれらの文化の中で、〈書物〉の優位は相対化されている。イスラム教の社会あるいはその統治を独自に形成するものは何か、という問題に広く答えを開くような仕方で、教義の中核は再解釈されている。この開放はあらゆる出会いを閉ざすことの拒否でもあるが、そこから信仰と法に従う民衆のさまざまな実践が現れている。これらは例えば癒しや占いの技法、あるいはまた夢解釈など、要するに神秘主義の可能性や、地方的伝統のオルフェウス教的な宝庫に存在意義を認めているのだ。

アフリカのイスラム教は、また数々の知識人と改革者を生み出してもいる。その大半は同時に闘士でもあり、他に遠方との取引に関わる大商人もいる。代書人、学者、法律家、コーランの注釈家、さらには単なる奴隷や口誦詩人が世俗的都会を建設し、預言者から引き継がれてきた物語を再解釈し、世界目は商品に釘づけになり、ある者は贅沢の誘惑に敏感なのだ。場所と状況の詳細にも目を配り、世界と果敢に取引する中で、彼らはイスラム教そのものとアフリカのアイデンティティを、しばしば意外な仕方で再構成している。この過程から、イスラム教の多様性が、宗教的なものの政治文化の複数性が登場している。これらの伝統のある部分の中核では、例えば国家は社会的組織形態の可能なヴァージョンの一つにすぎない。国家はそれだけでは共同体の想像力をよくまとめられていない。他の形態においては、政治的権威そのものが疑いにさらされている。そんな権威は宗教的なものを堕落させる危険があるのではないか。そのせいで、例えば多くの知識人によって「隠遁」の主張が擁護されている。別のところでは、イスラム式の都市の組織形態は、相続された地位にではなく、長老への精神的服従に基づくものである（スーフィズムの場合）。信心会への自発的参加が宗教的動員にまさっていることもある。

あらゆる場合において、教義による応答の複数性は、神学的観点からも、信仰の民衆的実践という観点からも明白なのだ。合理的判断の三つのカテゴリー（つまり必要なこと、不可能なこと、偶発的なこと）は、神的絶対性の教義をかなり柔軟なものにしている。結局は記憶作用に基づく教育が宗教的世俗的文化を生み出すのであって、その場合、アラビア語を完全に習得する必要はなく、秘教的な表徴が、客観的現実以上にではなくても、同じくらい重みをもっている。アフリカと一神教のあらゆる遭遇については、おそらくイスラム教にこそ、ヴァルター・ベンヤミンが指摘した「樹木と言葉の結婚」という隠喩があてはまる。枝と梢は、高いところでは傾く。小枝は、その傾きと接近不可能性を隠しはしない。葉叢は逆立ち、そよ風の愛撫に震え、ときには反り返る。その間も幹は根の上で泰然としている。

その遊動性は、いくつかの要素を通じて説明できる。第一は、外延と空間的拡散の能力、したがって距離の交渉能力である。こうして西アフリカでは、いくつかの地域が束になって、アラブ＝ベルベル世界と黒人アフリカ世界を結びつけている。信心会は、いくつかの地理的極のまわりに広がり、そこを起点に分布している。これによって長距離間の移住や商取引の組織的性格が現れる。しかし、いかに遠距離でも、移住者と出発点のあいだには常に密接な関係が結ばれている。イメージの次元にある何かが、いつも彼をそこに結びつけ、そこに回帰させる。アイデンティティのほうは、根づくことのこの儀礼と、遠隔化のこのリズム性の接点に、空間性から時間性への、想像力から秘教的なものへの、この絶え間ない移動において形成されるのである。

第二の要素は、交通における移動的アイデンティティを優遇する境界上の実践に関わる。歴史的に、アフリカにおける領土と土地への結びつきは、まったく前後関係に左右されていた。ある場合には、政治的実体は、古典的意味における境界によってではなく、多数の空間の入れ子状によって限定されていたのであり、これらの空間は戦争や征服によって、また財と人間の可動性によって、絶えず構築されては解体され、再構築されてきたのである。実に複雑な尺度の幅があり、それによって人間とモノのあいだの生産的対応関係が確立され、一方から他方への変換が可能であり、まさにそれが奴隷交易の時代に起きたことなのだ。植民地以前の領土性は、激化、無関心、分裂などによって作動する移動的領土性だったと言えよう。アイデンティティの構成様式の一つもまた、このようなものだった。

他の場合には、諸々の空間の制御は人間の管理に基づいていた。さらに別の場合は、地域の管理に基づき、ときには二つを組み合わせた管理だった。はっきり異なる政治的実体のあいだに膨大な広がりが介在することがありえた。まさに緩衝地帯であり、そこには直接的管理も、排他的支配も、親密な保護も及ばなかった。また、ときには空間的力学が境界を物理的かつ社会的な真の限界にしようとして、従属関係の拡散と脱領土化という原則と一体になっていた。まさに外国人、奴隷、家臣け、同時にいくつかの主権に依存しえたのである。忠誠や権限の多様性そのものが、領土形態の複数性に対応していた。しばしば諸権利の異常な重複や、社会的関係の錯綜がそこから生じ、社会的関係は血族関係にも、宗教にも、階級にも、排他的に帰属するものではなくなっていた。これらの権利と関係は、地域性の諸形態と結合していたが、同時にそれらを超越していた。権力のさまざまな中心が同一の場所で重みをもつことがありうるが、その場所自体は他の近くや遠くの、しかも想像上の場所に依存することがありえたのだ。

国境であれ、他の境界であれ、境界が意味をもったのは、それが社会的、司法的、文化的といった差異や差別の他の形態と、また与えられた空間で作動する接触や混合の形態と結ぶ関係においてでしかない。このとき問題になるのは、法的意味における境界ではなく、総体として把握された、入り組んだ国と空間の境なのだ。征服や何らかの獲得によっても、国境は拡張されえた。それは、多くの場合、拡張性と未完結という性格をもつ境界だったのだ。したがって、過去において、アイデンティティ形成の過程は、国境の画定を取り仕切り、加えて社会的闘争それ自体を規制するのと同じ論理によって統制されてきたように思われる。すなわち、それは混合の原則に従って相互に入り組んだ組織網の論理なのだ。国境について交渉する諸機関は、アイデンティティについて交渉し、隊商による商取引を取り締まり、垂直的かつ側面的な同盟関係を強化し、ときには戦争さえ実行する機関と同じものである。その上、戦争、移動性、商業は、多くの場合、関連し合っており、とりわけ戦争と商業がイスラム教の布教と一体になっている場合があるのだ。横断的な同盟関係を創出し、絶えず変動する空間において結節点を広げ、増強する能力なしに商業は成立しない。同じように、戦争とは常に運動をめぐる戦争なのである。このような脈絡において、真のアイデンティティとは必ずしも一つの場所に固定されるものではない。それは可動的な幾何学をともなうゆえに、それ自体が交通のさなかにある諸空間の移動をめぐって交渉するアイデンティティなのである。

最後に、擬態の才能というものがある。アフリカにおけるイスラム教の文化史は、危うい正確性以上に、至る所で並外れた模倣の能力を、そして異なる表徴と言語から出発して諸々の相似を生み出す比類のない才能を示している。アフリカにおける数々のイスラム的伝統は、イスラム教の異邦性という問題を複雑な仕方で解決してきた。それらの宗教的アイデンティティは、さまざまな言語において異なることを意味する単語を集積し、中核的な意味内容《シニフィエ》の周囲にそれらを整序することによって構築されており、こうして意味内容は、同時にイメージかつ幻影として、比喩かつ寓意として機能するのだ。その結果、イスラム教は文字表記と言語のあいだにオノマトペ的な関係を編成するに至ったので、アフリカにおけるアイデンティティ形成の歴史の中に、相似についての最も完璧な史料を生み出している。

おそらく、この大陸におけるイスラム教の長い持続に比べると、キリスト教と土着的象徴形態のあいだの浸透のプロセスは最近のことでしかない。ユダヤ‐キリスト教の普遍主義的プロジェクトに対するアフリカの応答もまた複雑である。アフリカのキリスト教神学がこの点で生得説的な言説に従いつつ、そもそもはじめからアイデンティティの喪失、分裂、抹消という観念の上に成立したことは確かである。このアイデンティティは、キリスト教の教義と土着的な意味の地平との遭遇から生まれたものだったようだ[57]。しかし、歴史学と最近の人類学は、主役たちの演技がまったく別のものだったことを明らかにしている。それは土着化を目指す神学者たちが憂慮した自己放棄の傾向などではなかった。キリスト教は、その理念を骨抜きにされないまでも、曲解され、分解され、仮面や祖先のがらくたをまとわされるだろう。黒人にとってキリスト教は広大な表徴の地平のように現れ、それはひとたび判読されると、正統的教えから絶えず遠のく数々の実践に道を開くだろう[58]。アフリカ人たちは、それを鏡のようにしてそこから吸収し、彼らの社会と歴史を表象するようになるのだ。

こうして、多くの場合キリスト教が見かけ上は難なく懐柔され、理解可能性の地域的システムに翻訳されえた理由が説明できる。そもそもキリスト教はアフリカ人に寓意として、また美学として与えられるのであって、それゆえキリスト教を対象として、形式と言語に対する大規模な工作が行われるだろう。この言語の一つは、キリスト教〈精神〉とその絶大な力の言語であり、それはユートピアに入る道であると同時に、いつも時間を二重化すること、世界と事物を曲解することを可能にするスペクタクルでもある。結局、その魔法の力を軽視することはできないだろう。植民地主義とまったく同じことで、キリスト教は魔術のようにして受容される。つまり、救済と贖罪のカテゴリーが巧妙に表現しているのは、恐怖と誘惑の結合なのだ。黒人によるキリスト教の受容において肝心なことは、この観点から見ると、まさに死者の復活という観念に要約される至高性の欲望なのだ。この隠喩の力は、その悲劇的詩的深層に、夢幻的暴力に、その象徴化能力の中にある。一方で、それはそのまったき栄光と悲惨における神的な原理自体の限界の表出である。すなわち、それは、ある神の物語であり、その実存は十字架において完成される。他方、この幻想の中には、人間的生において最も把握しがたいものに潜む魔術的力がある。それは、すなわち神の至高性のあらゆる属性をまとった一人の人間の勝利であり、その全能は死の夜に墓から甦ってくるときにあらわになるのだ。

アフリカにおけるペンテコステ派の運動の大部分で、この魔法と象徴化の力は源泉として用いられる。この源泉によって、信者は決して政治的-道具的な仕方ではなく、まさしく芸術的狡知として、また美学的目論見として自己の実存を考えることができるのであり、この目論見は自分自身と世界に対する行動にも、また瞑想や観照にも開かれているのだ。それゆえ、アフリカのアイデンティティの現代的形態に関する言説は、アフリカと世界の遭遇を根拠とする異端的特性を考慮せずにはありえないだろう。この異端的特性から出現するのは、いくつもの世界に住まい、同時にイメージの両側に位置する、というアフリカ人の能力である。この特性そのものは、主体が出来事に巻き込まれることによって、また事物の分裂、その二重化、その過剰な演劇性によって作動するものであり、演劇性はそのたびにあらゆる生の表出をともなうのだ。同じく、この異端的特性は、極端な場合、並外れた不安定性、脆弱性、不確実性の情況を生み出すものでもある。もし人々が信じがちなようにアフリカが外部との接触において偽造されてきたとすれば、この偽造をいかに説明すればよいのか。世界に干渉しようと努める中で、逆に黒人は、この〈偽造〉に世界を従わせてきたのだ。

4
小さな秘密

Le petit secret

この章は、記憶、歴史、忘却をめぐる議論において広く流通してきた懸案からは多くの点で離れている。私の配慮は、歴史編纂の実践や、認識一般のプロセスにおける記憶の地位を明らかにすることではなく、まして集団的記憶と個人的記憶、生ける記憶と死せる記憶の関係を解きほぐすことでもない。確かに社会文化的現象としての記憶と、認識論としての歴史とのあいだの隔たり（しかし、また親近性）は複雑であり、また歴史的言説と記憶についての明白な言説とのあいだの相互干渉もやはり複雑である。むしろ重要なのは、植民地が黒人のテクストに刻印される仕方をいかに考えるかについて何か言うことである。

こんなふうに主題を定義することは、確かに困難をともなう。植民地の記憶を結集する黒人独自の形態は、時代によって、目的によって、状況によって異なる。いわゆる植民地の経験の表象様式というものは、積極的な追悼から忘却に至るまで、ノスタルジア、虚構、抑圧、記憶喪失、再所有化、さらには進行中の社会闘争において過去を用いる道具化のさまざまな形態を経由するのである。過去を道具化する解釈とは反対に、むしろ記憶とは、追憶、ノスタルジア、または忘却と同様に、何よりもまず心的イメージの錯綜から構成されるということを私は重視するだろう。まさにこの形態において、記憶は象徴的、さらには政治的な地平に、あるいはまた表象の地平に出現するのである。その内容は最初の起源的経験のイメージ群であり、それは過去に生起したことだが、私たちは必ずしもその証人ではなかった。記憶、追憶、または忘却において重要なことは、それゆえ真実よりも、象徴作用とその流通、偏差、虚偽、伝達の困難、ささいな失策、過誤など、要するに証言への抵抗なのである。表象の強力な複合体として、記憶、追憶、そして忘却は、厳密に言えば兆候的行為なのである。

これらの行為が意味をもつのは、ある秘密との関係においてでしかなく、秘密は実は一つではない。しかし、その告白は拒まれる。このことによって、それらの行為は心的実践と時代批判に属する。

私たちはとりわけ植民地における黒人の記憶のこのさまざまな側面に関心を向けるが、これらの面を通じて、植民地はまず喪失の場となり、他方では負債を構成する場にもなっている。黒人にとって模範的なものになった文章において、植民地が何よりもまず喪失の場所として現れ、今度はそれがかつての被植民者と植民者のあいだの負債の要求を可能にするということ——これらはすべて植民地支配者の性格そのものと無関係ではなく、また一方では恐怖の機能（その呪われた部分）であり、他方では幻想の機能（その小さな秘密）である二つの梃子《てこ》を使う彼のやり方とも無関係ではない。要するに、今も植民地の記憶を形成することは、単に心的な作業に取りかかることではなく、時代と諸々の作為の批判を実行することでもある。それらは時代の実体そのものの最終的な代替物（胸像、石碑、記念建造物、肖像）であろうとする野望を抱く作為でもあるのだ。

支配層の諸々の歴史

黒人たちの自己をめぐる記述において、植民地は起源的光景として現れるが、それは単に鏡のようにして追憶の空間を満たすものではない。それはまた、過去と現在、アイデンティティと死についての言葉にとって意味表現の母体の一つとして表象される。それは主体性に肉と重みを与える身体であり、単に人が思い出す何かではなく、外見上は消滅したあとも長いあいだ深みで体験し続けている何かである。黒人たちは、そうすることで、ある魂をそなえた初発的な力能の属性を植民地に授けるのだ。それは、あの生ける身体の分身であり、「身体そのものとみなされる応答であり、これはその身体の確かな外観、衣装、身ぶり、そして声をそなえ」、消滅を本質とする影に合体しつつ、もっぱら形態発生的な力を増強するものである。[1]

　彼らの文学、音楽、宗教、文化的所産を通じて、それゆえ黒人たちは植民地の現象学を展開してきたのだが、それは多くの点で、精神分析において「鏡像経験」と呼ばれるものを想起させる。この舞台では、被植民者とその鏡像との衝突が演じられるのみならず、捕獲の関係が演じられるように思えるからにすぎないとしても。そのような関係が、彼らの子孫を恐るべきイメージに、鏡の中の〈他者〉のデーモンに、彼自身のトーテムに縛りつけてきたのである。もっと根本的には、黒人の模範的テクストにおいて、いつも植民地は、自我が自分の実質を奪われ、一つの声に置換されてしまう舞台として現れる。その声の特性は、あらゆる正当性の意志を遠ざけ、ひるがえし、阻止し、失効させ、抑制する表徴において具体化する、ということである。それが理由で、これらのテクストにおいて、植民地の犠牲をしのぶことは、ほとんどいつも自我と主体のあいだの始原的なずれを思い出すことに等しいのだ。

　起源におけるこの回折から一般的に導き出されるのは、真正の自我が他者になったかもしれないという事態である。ある疎遠な（疎外された）自我が、自分自身に取って代わり、そうして黒人は、自分の意に反して、秘密の意味作用、曖昧な意図、奇妙に不穏な何かを背負う存在となり、その何かは無意識のうちに彼の実存を誘導して、彼の心的政治的生のある面に暗黒の、しかも悪魔的な性格を与えるのだ。西洋は、この内的断裂に関して全面的に責任を負っていると、やがて非難されるようになる。それ以来、この心的亀裂を終わらせようとする治癒の過程が進行する。それ（侵入と不和の形象としての植民地）を免れるには、主体において起源的な象徴の母体（伝統）が再構築されることが必要になるだろう。そのことが黒人の身体の分裂を妨げるだろう。そうなれば、かつての被植民者は、自己と世界を前にして、全面的に、あらゆる点で自分のものとなった世界を前にして誕生し、鏡像によって引き起こされた狂気はついに払いのけられるだろう。黒人の「自我」の構造化をめぐる言説において植民地にこれほど中心的な位置が与えられてきたこと、さらには主体の出現において植民地がこれほど決定的な経験とみなされるようになったことは驚きではない。それはまず植民地支配者の性格と関係しているし、他方ではこの支配者が自分に従う主体をいかに生み出したか、これらの主体が世界への自分たちの登場を取り仕切る権力をいかに受け入れたかに関係している。

　フランツ・ファノンは、じかに植民地を体験したが、その同時代に強調したのは、植民地が「市民と警察に関わる行政によって持続され、強化された軍事的征服」[2]の結果である、ということだった。言葉を変えれば、植民地化の実体であるこの支配技術の原理的母体とは、もともと死をかけた闘争の最大の形態としての戦争なのだ。ミシェル・フーコーを読み替えるなら、植民地において、この死をかけた闘争は根本的に人種戦争になる、と付け加えることができよう[3]。市民行政と警察は、この起源的な力関係、このまったく最初の対立関係を、恒常的な社会関係に、また植民地におけるあらゆる権力組織の消しがたい基盤に変えようとするのだ。まさにこのことが理由で、ファノンは暴力について、それは単に植民者による弾圧と同質同体のものではないと言う。それ自体、暴力によって確立されたこの体制の時間的持続は「暴力の維持いかんによる」[4]と彼は明確に述べている。

この暴力には三つの次元がある。それは被植民者に対する植民者の「日常的行動における暴力」であり、「あらゆる実質を奪われた」被植民者の「過去に対する暴力」であり、そして未来に対する暴力であり、侮辱である。「なぜなら、植民地体制は永続すべきものとして与えられるからだ」[5]。しかし、植民地の暴力は、現実には一つの組織網であり、「多数の、多様な、反復され、累積される諸暴力の交点」であって、それは精神の面でも「肉と血」[6]の面でも等しく体験される暴力なのだ。ファノンによれば、植民地的暴力の肉的次元とは、原住民の見る夢に根深く侵入しているものである。被植民者の肉体的緊張状態は、流血をともなう爆発（とりわけ部族間の闘争）や、ダンスや憑依現象において、周期的に解放される。それでもなお彼の見方では、ダンスや憑依は被植民者が緊張を解きほぐす様式であり、それが「筋肉の乱痴気騒ぎの形態」をとって、「そのあいだは最も強烈な攻撃性や、むき出しの暴力は誘導され、変形され、回避される」[7]。

さらにファノンは、植民地は相対的に固有の感覚的生活をともなう権力構造として考察されるべきであることを説明していた[8]。この権力構造が機能するためには、幻想的装置に支えられなければならず、それなしには植民地創設の活動のあらゆる反復は挫折したであろう。彼より前にはエメ・セゼールが、植民地化は原則として二つの忌まわしい影を背負っている、と主張していた。第一に彼が欲求あるいは強欲と名づけたもの、第二に力（そして、とりわけ殺し、略奪し、無力化するという事実）のことである。そして、付け加えている。「将校の立場でヴェトナム人の大虐殺を大目に見たロティの骸骨を思わせ、身震いさせるサディスム的な官能や数々の享楽」。セザールとファノンは、この古代的活動（殺戮、略奪、無力化）が植民地の呪われた部分を構成し、供儀的理性に由来することを説明していた。この理性は「他者の中に獣を見ること」に執着し、「他者を獣として扱うことに慣れ」、結局、植民者「自身を獣に」変えるのだ[9]。別の言葉で言えば、植民地の深い根は、留保のない死の経験に、あるいは生の消尽の経験に横たわるものである。この経験が、ヨーロッパの歴史、その生産と蓄積の社会的活動、その国家的形態、その数々の戦争、さらには宗教的芸術的生産の基本的特徴だったことを私たちは知っている。しかし、その燃えさかる炎の中心には、人種がある。そこにこそ、この犠牲の欲望があらわになるからである[10]。

　ファノンが同じく重視していたのは、植民地の生活は単に欲動や緊張、心身および精神の障害から成るものではないこと——神経を脅かされる生、危険と隣り合わせの生だけではないこと、そして植民地権力者が二つの矛盾する論理に寄りかかっていることだった。二つは合体し、結果として植民地の情況において自律的な主体が登場する可能性をただ単になくしていたのである。第一の論理は、見かけとは裏腹に、差異を受け入れないことだった。第二のそれは、相似を拒むことだった。この点で、植民地の権力者はナルシス的権力者だった[11]。被植民者が自分に似ることを望みながら、同時にそれを禁じるのであり、この権力者はしたがって植民地を「反共同体」の形態そのものに仕立てるのだ。この場所では、逆説的なことに分割分離が共存の形態そのものとなり（ファノンはそれを「相互的排除の原理」[12]と呼んでいる）、植民地の主体と彼らの支配者のあいだのコミュニケーションの原則的形態（つまり暴力と特権）は、いつも供儀的関係を反復し、先に手短に説明したように、死の積極的交換を公認することになっていた。[13] こうした逆説がまったくあからさまになる領域があるとすれば、それはファノンによれば、医学（治療すること）と植民地体制（傷つけること）のあいだの関係である。[14] あるとき身体は閉じ込められ、「裸にされ、鎖につながれ、苦役を強いられ、打たれ、連行され、死なされる」が、その同じ身体が別のところでは「治療され、教育され、衣服を着せられ、養われ、報酬を受ける」。[15] 植民地で治療に委ねられる主体は、別のところでは破壊の対象となる同じ主体なのだ。[16] 人間の廃棄物、屑、残りものとして、彼は医療機関の中に登場するが、それはかつて彼が失格し、絶え間なく傷つけられる主体として、プランテーション体制下の奴隷として、まさしく名誉を汚されてきたからなのだ。[17] 無能と脆弱性の形象、ちぐはぐで取るに足らない人間性の破片をあちこちで混ぜ合わせたもの、これからも彼は汚辱を引き受け、彼が陥った悲惨の形態そのものを引き受けるしかない。[18]

こうなると、彼の苦痛と叫びは感情移入を呼び覚ますどころか、ますます嫌悪をかき立てるだけだ。したがって、治癒することと傷つけることとの関係において、あらゆる暴力性をともなう「命令」の逆説が露呈する。それは、原則として論理（理性）、幻想（恣意性）、そして残酷という属性で身を固める珍妙で獰猛な権力なのだ。[19] 破壊活動であれ（その例は、戦争、拷問、虐殺、さらには大量殺戮である）、原住民に向けられる憎悪であれ、あるいはモノとみなされた原住民に対する権力の示威行為であれ、単に性的な、しかもサディスム的な活動であれ、「命令」に属する欲動的生は、植民地支配者が人種的支配者として、つまり「劣等人種」[20] に対する戦争のさなかにある者として自己を認識する仕方と切り離せない。特に拷問について論じながら、ファノンは述べている。それは「事故でも、誤謬でも、過失でもない。拷問し、強姦し、虐殺する可能性なしに、植民地主義は理解されない。拷問は、占領者と非占領者の関係の一様式である」[21]。それは公の場面で始まる。父親が「路上で子供たちと一緒につかまり、一緒に裸にされ、子供の目の前で拷問される」[22]。それに性器への電気ショックが続き[23]、今度はその男の恢復のために傷に包帯をし、苦痛を和らげる措置が行われ、病院スタッフ、警察関係、軍関係が結託する[24]。しかし、拷問はまた、それを武器にする者たちを狂わせるという効果をもつのだ。アルジェリア戦争のあいだに犠牲者に取り憑かれ、狂気の縁に立たされた拷問担当の警官たちは、まさにその実例である。「彼らは自分の子供たちを荒々しく殴るが、相変わらずアルジェリア人が相手だと思い込んでいるのだ。自分の妻さえ脅かすが、というのも「おれは一日中、人を脅かし、痛めつけているからだ」。彼らは眠らない。犠牲者の叫びや呻《うめ》きがずっと聞こえているからである[25]」。

したがって、植民地支配者は、さまざまな仕方でみずからを再生産する。まず被植民者をでっち上げる。「植民者こそが被植民者を作り上げたのであり、なおも作り続けている」[26]。次いで、この非本質性の捏造をご破算にし、それを一つのモノにし、獣にし、あるいは絶えず生成途上の人格にするのだ。そして、結局、支配下にある者を絶えず傷つけ、その体の傷を絶えず増やし、脳を攻撃して損傷を与えようとする。「なぜなら、植民地体制とは他者の全面的否定であり、他者に人間的属性を認めることを頑《かたく》なに拒否し、支配される民衆が常に「私とは本当は誰なのか」と問うところまで追いつめるからである」[27]。ファノンが言うように、弾圧によって引き起こされる精神病理の規模を理解するには、「植民地体制のまっただなかで過ぎていくたった一日間に被植民者が受ける傷の数と深さを調べ、評価するだけで」十分なのだ。[28] そもそも「命令する」には、何はさておいても原住民に沈黙を強制することが可能でなければならない。いくつかの点で、植民地とは被植民者が自分のために語ることが許されない場所である。この言葉の否認は、被植民者がむき出しになって登場し、その空間に閉じ込められることと無関係ではない。屑や残滓として、あるいはみずからの実質を奪われたものとして、主人に与えられた意味以外のあらゆる意味を失ったその生は、利益を生む適性によってしか、およそ価値をもつことがない。被植民者の身体は、自分自身の墓になる定めでしかない。「命令」は「文明」を口実にして偏見をかき立てようとするだけではない。命令することは原住民を辱《はずかし》め、彼を侮蔑し、苦しませようとする意志と一体でなければならず、この苦しみにも、ときにそれがかき立てる憐れみや嫌悪にも、ある種の満足さえ味わうのだ。そして、結局、原住民の生命を奪わなければならないとすれば、彼の死はできるかぎり泥まみれの死でなければならない。[29] それから彼はもうさまよう影でしかなく、自分自身の死と出会うこともなく、ただ死の川を渡らなければならない。

他方で、植民地支配者は、自分がその場に見出した世界の破片の上に一つの固有の世界を創造しようとする。「敵の支配の名残をすっかり消してしまうために、以前に起きたことの形跡を不滅にしたかもしれないあらゆる文書、行政関係帳簿、証明書その他を、われわれはあらかじめ注意深く破棄し、焼却した」。アレクシ・ド・トクヴィルがフランスのアルジェリア占領について語っていることである。[30] そして、彼は続けている。「征服は新時代だった。そして、非合理な仕方で過去と現在を混合することを恐れて、われわれはアルジェの道路の大多数さえも破壊したが、それはわれわれの方式で道路を作り直すためだった。そして、残しておくことを承認したすべての道路にはフランスの名前

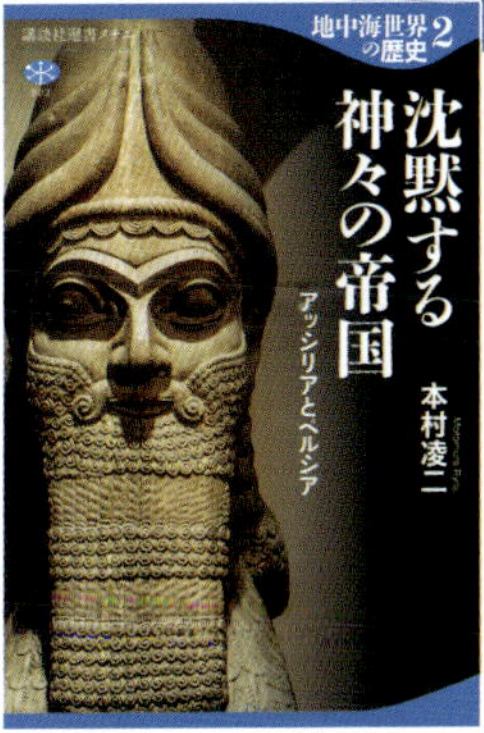

講談社選書メチエ 創刊30周年特別企画

地中海世界の歴史 全8巻

東京大学名誉教授
本村凌二 著

MÉTIER 30

転換期のいま、世界を知る鍵は古代文明にある。

必読の新シリーズ、刊行開始！

ペルシア帝国、ギリシア都市国家を経て、ローマ帝国の成立と崩壊まで。

史を一人の歴史家が書き下ろす

踏の全8巻!

1 神々のささやく世界
オリエントの文明

かつて人間は、神の声を確かに聞いた。壮大な物語は、シュメールの女神のささやきに始まる。

定価2420円(税込)

2 沈黙する神々の帝国
アッシリアとペルシア

アルファベット、一神教、貨幣——人類最大の発明と、二つの対照的な世界帝国の興亡。

定価2420円(税込)

3 白熱する人間たちの都市
エーゲ海とギリシアの文明

ポリスの自治と自由は、奴隷制に支えられていた。ペルシアとの戦争、人間主義の黎明期。

〔2024年7月刊予定〕

4 辺境の王朝と英雄
ヘレニズム文明

「希望の大王」アレクサンドロスの東征は、「世界の一体化」をうながし、新たな神々を生んだ。

2024年10月刊予定〕

メソポタミア・エジプトの文明から、

4000年の文明

5 勝利を愛する人々

共和政ローマ

都市国家ローマの建国神話と、熱狂する「共和政ファシズム」。名将ハンニバルとの死闘。

〔2025年1月刊予定〕

6 「われらが海」の覇権

地中海世界帝国の成立

内乱の一〇〇年を経て頭角を現したカエサル。後継者アウグストゥスの実力と権威とは。

〔2025年4月刊予定〕

7 平和と繁栄の宿命

パクス・ロマーナ

最大版図を誇った五賢帝時代。ローマ文明の爛熟期は、人類の「最も幸福な時代」だったのか？

〔2025年7月刊予定〕

8 人類と文明の変容

「古代末期」という時代

キリスト教の公認、異民族の侵入、帝国の分裂。混迷は、新たな文明と人類の変貌をもたらす。

〔2025年10月刊予定〕

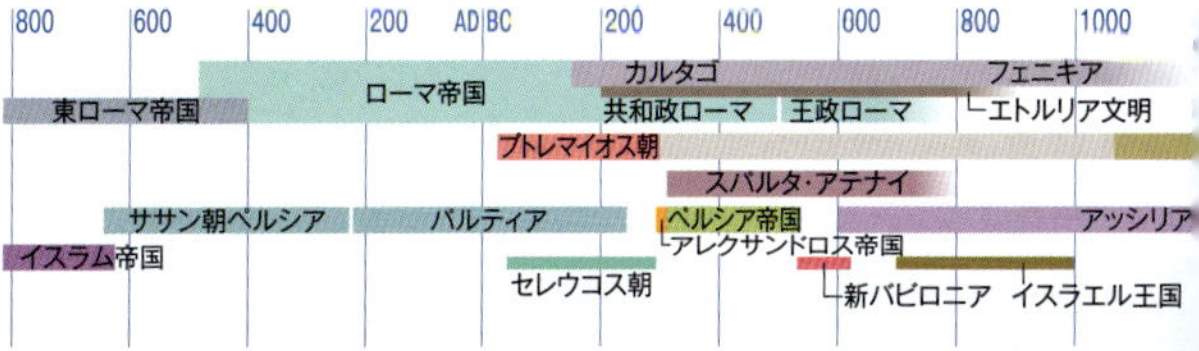

現代は、数百年あるいは一〇〇〇年に一度の
文明の転換期と言われています。
では、千年単位の文明の変貌とは、
どのようにもたらされるのでしょうか——
それを知るには、古代にさかのぼって
数千年の歴史を深く見つめるしかありません。

「地中海世界」とは、
メソポタミア・エジプト文明から、
ペルシア帝国、ギリシア都市国家を経て
ローマ帝国の成立と崩壊にいたる四〇〇〇年の歴史世界です。
東アジアと並ぶ人類文明の二大源流のひとつ、地中海文明の誕生から
古代の終焉まで、その変貌の様相を語りつくしたいと思います。

著者　**本村凌二**　東京大学名誉教授

もとむら・りょうじ＊1947年生まれ。東京大学大学院教授、早稲田大学特任教授を経て、現在、東京大学名誉教授。著書に『薄闇のローマ世界』（サントリー学芸賞）、『興亡の世界史　地中海世界とローマ帝国』、『馬の世界史』（ＪＲＡ賞馬事文化賞）、『教養としての「世界史」の読み方』ほか。

KODANSHA

をつけた」[31]。支配者は彼の見出した世界を自分に好都合な論理によって編成しようとする。この事業に彼は膨大な情動と精力を傾ける。農業機構を変え、金銭や価格についての取り決めをし、居住様式を改め、被植民者の衣服を規制し、原住民の生活に気を配り、要するに彼らを新たな〈道徳的主体〉に変形することに努め、この支配は、みずからの幻想を恥じることがなく、ほとんど隠すこともない[32]。まさにそれが理由で、植民地化の活動には何かディオニュソス的なところがある――いわば大いなるナルシス的横溢である。それは官能、狂乱、そして残酷、酩酊、そして夢想から成る混沌であり、夢想とは植民地の目論見の構造的次元の一つなのだが、この混沌は動揺でもあり騒乱でもあるあの魔法の形態を考慮しなければ理解できないものだ。植民地の世界は、そもそもニーチェがギリシア悲劇に属するものと信じた諸特徴のほとんどを内包しているのではないか。「快楽が苦痛そのものから目覚めるというこの現象、歓喜に胸をかきむしり悶《もだ》える者の表情」、片や「喜びの絶頂で恐怖の叫びが湧き、あるいは欲望に我を見失った癒やしがたい喪失に、嘆きの声があがる」[33]。

謎の鏡

この悲劇のただなかに〈人種〉があるのだ。人種とは広く普及した偶像的な通貨である。それは一つの商業取引の機微にも表出する。例えば、目配せなどに。それは一つの通貨であり、その機能とは見えるもの（あるいは、まったく見ないことにするもの）を、交換され流通する記号とイメージの一般的編成のただなかで、通貨に、あるいは象徴に変換することである。そのような記号とイメージに人は価値を見出し、または見出さず、それらが一連の実践的な判断や態度を正当化するようになる。人種について言えるのは、それは影たちの編成のただなかにあって、同時にイメージ、身体であり、また謎めいた鏡であるということであり、その特性は生そのものを幽霊的現実に変えてしまうということなのだ。ファノンはそのことを理解し、植民地世界の組織を指揮する強制機構の傍らにあって人種を構成するものとは、まずある種のまなざしの力能であり、それには声、そして場合によっては触覚の形態が付随することを指摘していた。もし植民者のまなざしが私を「にらみつけ」、私を「凍らせる」とすれば、そして声が私を「硬直させる」とすれば、それは私の生が彼の生と同じ重みをもっていないからだ、と彼は強調している。[34]「黒人の生きた経験」と彼が呼ぶものについて語りながら、ある目配せの作法が、ついにはその対象を作り上げ、それを固定し、また破壊し、さらには世界を前に再構成するに至る仕方を彼は分析している。しかも、それはある歪曲の表徴のもとで、あるいは少なくとも「別の自我」、モノと化した自我、さらにはのけ者になった存在の表徴のもとで起きることなのだ。まなざしのある種の形態は、まさに部外者の登場を阻み、人間的なものの地平に彼を受け入れることを阻む権力をもっている。「私はただ単に他の人間たちのあいだの一人の人間でありたかっただけだ[35]」、「ところが、私は他のモノたちのあいだのモノである自分を見出すのだった」と彼は書いている。[36]「他者と同じ人格であろうとする欲望から、他者が私たちから作り上げる何か、つまり他者に属するモノでしかないという事実の意識化に、いかに私たちはたどりつけるか」、「それから私たちは白人のまなざしに衝突しなければならなかった。異常な重さが私たちを押しつぶした。本当の世界は私たちの人間性の分け前を奪い取ろうとした」と彼は続けている。[37]

「部外者」の人間性の分け前に関する紛争、結局まさにそれが植民地の人種差別の実体なのだ。この紛争にとって固定化の第一の対象とは身体なのだ。ファノンにとって、人種差別の地平における部外者の登場は、まず身体の形をとって起きることである。この身体のまわりで、「ある不確実性の雰囲気が支配する」[38]。たちまち身体は重さとなり、「呪い」の重さになるのだが、呪いがこの重さを虚無と不安定の幻に変える。この身体は、姿を現す前に、もう糾弾されていたのだ。「私は一つの自我を構築しなければならないと信じていた」、しかし「白人は、すでに私を数々の細部、瑣末事、物語で編み上げていた」[39]。次に、見たところ身体の形は歪められていて、それが驚異、戦慄、恐怖をかき立てる。「ほら、黒んぼだ！〔…〕ママ、黒んぼを見て、怖いよ！」もはや身体は、抜き打ち検査や召集によって数々の意味作用の混乱の中に存在するにすぎず、その意味作用は身体の彼方にあるものにすぎない。「私は私の身体に責任があり、同時に私の人種、私の祖先にも責任があった」。それゆえ、黒人が見つめられ、誰それと同定されるには、あらかじめ顔をヴェールで覆われ、ヴェールが顔になり、「そこからあらゆる人間性が消え去る」[40]のでなければならない。このヴェールなしに黒人は存在しない。黒人とは、視線の取引のただなかの影にすぎない。この取引は、ほとんど人を葬るような闇の次元をもち、それが機能するには省略や無批判が条件になっているのだ。

見ること〔voir〕は、見つめること〔regarder〕と同じではない。私たちは見ることなしに見つめることができる。そして、私たちが見るものが本当に存在するものであるかどうか確かではない。見つめることと見ることとは、ともに判断を求め、見えるもの、または見えないものを、意味の錯綜した組織網の中、一つの歴史のさまざまなつながりの中に囲い込むのである。植民地における視線の配分においては、常にモノ化または消去の欲望、近親相姦的欲望[41]、所有の欲望、さらには強姦の欲望が存在する。しかし、植民地の視線はまた、このような真実を隠すヴェールそのものであるという機能をもっている。したがって、植民地における権力の実質は、根本的に、見ることと見ないこと、無関心であること、人があえて見ようとしないものを不可視にすることといった権力なのである。そして、もし「世界とはわれわれが見るところのものである」[42]というのが本当ならば、植民地においては、誰が見えるものであり、誰が見えないままでなければならないかを決定するものが主権者である、と私たちは言うことができる。

それゆえ、人種とは「われわれに見えないそのもの」を通じて初めて存在する。「われわれに見えないそのもの」の彼方には、人種などまったく存在しないのだ。人種的権力（見ること）は、まずわれわれが全然見ないことにし、全然聞かないことにする誰かは存在しないし、自分自身のために語ることもない、という事実として表現される。結局は彼を黙らせなければならないのだ。あらゆる場合において、彼の言葉は理解不可能であるか、とにかくちんぷんかんぷんなのだ。彼の言おうとすることが、われわれの言語においてちゃんと意味をもつように、他の誰かが彼に代わって彼の名前で語らなければならない。ファノンが、そして彼以前にもW・E・B・デュボイスがまさに説明したように、自分自身を擁護する能力を奪われた者は、いつも自分を「招かれざる者」と思わざるをえず、少なくとも社会野には「問題」という形でしか現れることがないものにされるのである。

人種とはまた、単純さと透明性への欲望の表現でもある。それはすなわち、驚異も、装飾も、複雑な形態もない世界への欲望なのだ。それは多数多様性への抵抗の表現である。結局、それは無知の行為とともにある想像力の行為なのだ。人種は単に情念を刺激するだけでなく、血を騒がせ、凶悪なふるまいに導きもするのだから、やがてこうした行為が、すべて権力と支配の目論見として展開される。しかし、「人種」を単なる「外見」とみなすだけでは不十分である。それは単に統制的な虚構ではなく、諸々の偽装や非真実の多少とも一貫した総体などでもない。人種の力は、まさに人種差別的意識においては外見こそが物事の真の現実であるという事態から来るのである。言葉を変えれば、そこにおいて外見は「現実」の反対ではないのだ。ニーチェが言うように「外見とは現実である」[43]。

　植民地における人種差別の諸々の起源は、結局ファノンが「性的不安」とか、または「性的嫉妬」と呼ぶものの中にある。特別な意識によって感受される人種的状況を精神分析的に理解しようとするなら、「性的現象を重視し」なければならない、と彼は言う[44]。もっと正確に言えば、人種差別と黒人嫌悪の古い起源とは、その曖昧な対象とは、黒人のものとみなされ、幻想された性的能力への恐怖なのだ。多くの白人にとって、黒人は調教されていない性的本能を代表している、と彼は確言している。「黒人を嫌悪する白人は、性的不能または劣等性の感情にとらわれているのではないか」と彼は自問している。「理想が絶対的な性的能力であるならば、黒人は男根的象徴と受け取られ、黒人に比べると白人には衰弱の傾向が見られるのではないか。黒人をリンチすることは性的意味の復讐ではないか」[45]。しかし、この現象は、とりわけ植民地だけのものではない。奴隷制の時代と解放宣言の直後（一八六二―六三年）に、合衆国南部の黒人に対するリンチの動機の一面は、黒人を去勢しようとする欲望であった。自分自身の性的能力に関して不安に苛《さいな》まれていた人種差別主義者の白人民衆と大農場主は、「黒い剣」を思い浮かべて恐怖に怯えている。仮想されたその大きさばかりか、その侵入的攻撃的体質にもまた恐れをなしている。だから、リンチの猥褻行為によって彼らは白人女性の仮想的純潔を守ろうとし、黒人を死に値するものと決めつけるのだ。人種差別的幻想において「崇高な太陽」とみなされたファロスの衰弱、そして消滅を黒人に目撃させたい、というわけである。黒人の男性性の破滅は、彼の男らしさの源泉を廃墟に変えること、つまり生命力の喪失によって実現されなければならない。ファノンが言うように、この世界に黒人は存在しないからである。あるいはむしろ、黒人とは何よりもまず一つの性器にすぎないからである。

　ファノンにとって、ありもしない黒人の性的能力をあるものとすることは二重の論理に関わっている。すなわち、それは神経症の論理と倒錯性の論理であり、その手法はサド＝マゾヒズム的行為なのだ。鏡像的幻想の中心には黒人のファロスがあるのだが、この幻想は、実際には、あらゆる人種差別的意識に潜む近親相姦不安の表れなのだ。しかも、それは、あるノスタルジアの表れでもあろう。すなわち、それは「性的放埒、乱交的場面、制裁されない強姦、抑圧されない近親相姦などの、とてつもない時代」[46]へのノスタルジアだろう。黒人にそのような幻想を投影しつつ、人種差別主義者は、自分自身が黒人のイマーゴを作っているのに、あたかもそれが本当に存在するかのようにふるまうだろう。逆に黒人が、このイマーゴが真実であるだけでなく、自分がその作り手であるかのようにそれを再生産するとき、まさに疎外が始まる。しかし、人種差別が象徴的に目指すのは、まぎれもなく去勢であり、さらには男らしさの象徴としてのペニスの抹消なのである。「黒人はまさにその身体性において攻撃される」とファノンは明言している。逆説とは、このふるまいにおいて「もはや黒人は認知されず、一つの性器が認められるだけ、つまり黒人の姿は消され、彼は一部分にすぎないもの、つまりペニスなのだ」[47]ということである。

商品のエロティシズム

恐怖に由来するこの呪われた部分と並行して、植民地化は別の二つの特性を表すのだが、ファノンはこれにはあまり注意を向けていない。第一は、無知の暴力である。それはアレクシ・ド・トクヴィルが一八三七年に「アルジェリアについての手紙」で指摘していた、あの「根深い無知」のことである。トクヴィルは、当然のことながら、言語への無知、植民地に住む「さまざまな人種」への無知、諸々の「部族」、それらの風習、「国そのもの」における分断、「それらの資源、それらの河川、都市、気候」などについて言及している。[48]フランス人は「原住民騎兵から成る軍事的貴族階級について何も知らず、イスラム教の修道士［マラブー］については、それが話題になっても、墓のことか、人間のことか、長いこと知らないままだった」と述べている。そして、結論しているのだ。「フランス人は、これらのことについて何も知らず、実を言えば、ほとんど知ろうともしないままだった」[49]。頭にあるのは、植民地とはまず戦場である、ということだけだった。そして、戦場で勝利するのは最も強い者であって、最もよく知る者ではない。

第二の特性は、植民地化とは欲望と幻想のとてつもない生産機械である、ということである。植民地化は物質的財と象徴的資源の総体を流通させるが、それらは稀少であり、欲望の対象となり、（威信、地位、階層、さらには階級といった）差別化の作動装置となるからこそ、ますます被植民者の渇望の的になる。腐敗、恐怖、魅惑、驚異などは、権力者が統治し、管理する資源そのものになっている。恐怖の管理と腐敗の統治は、真実と虚偽の何らかの変動、役職や賞与の分配、感動的魅惑的で華々しい出来事の創出を通じて行われる。被植民者は茫然自失して、それを忘れられなくなるのだ。[50]この観点から見ると、植民地の支配は情動、儀式、そしてあらゆる情念的な消費に対する莫大な投資を必要とするが、このような消費の分析は今に至るまで、ほとんど行われていない。

このような情念的経済は、生と死のしるしし、豊饒と充溢、すなわち富のしるしを含むすべてに関わるに違いない。富の欲望とは、被植民者の全身の中に道を開き、彼の魂のすみずみにまで食い込むのだ。「カビリア人の国は私たちに閉じたままであるが、カビリア人の魂は私たちに開かれている、だからそこに侵入することは不可能ではない」と、トクヴィルはこの点について指摘している。その理由とは「カビリアの大いなる情熱は物質的享楽への愛であり、それを通じて私たちはカビリアを掌握することができるし、そうしなければならない」[51]と彼は主張するのだ。アラブ人について彼は言っていた。彼らの心情においては、しばしば個人的野心と貪欲がより大きな力をもっていた、と。彼の見るところでは、彼らを手なずけるには二つのやり方があった。彼らの野心に取り入り、彼らの情熱を利用しながら、彼らを互いに対立させ、みんなを植民者の権力への依存状態に引きとめておくこと、金銭と施しを彼らに与えること、あるいは戦争によって彼らをうんざりさせ、意気阻喪させることである。[52]したがって、権力者は、原住民が自分の執着するものや欲望を諦めないまでも、少なくともそれらを新たな偶像や、新しい商品の規範や、新しい価値の値段や、新たな真理の秩序で補完するように促そうと動くのである。

権力者の幻想装置には、したがって二つの軸がある。第一は欲求の統制であり、第二は欲望の流れの統制である。二つのあいだには商品があり、とりわけ被植民者が愛好し、享楽しようとする商品の形態がある。二つの場合において、商品は象徴的、心理的、装置的という三つの使用法に奉仕することになる。しかし、とりわけ植民地で、それは想像的次元という性格を帯びるのだ。それは植民地におけるあらゆる行動のきわめて本質的な結節点であり、輝かしい鏡であり、その表面に被植民者の生活、労働、言語が反映されることになる。それは諸々の脈絡に従って、鎮静的だったり、痙攣的だったりする機能をもつのだ。それゆえ、権力者は物と財の限りない豊かさの可能性を被植民者にちらつかせる。権力者の幻想装置の要石とは、富と所有には、したがって欲望にはどんな限界もないという観念なのである。植民地の「小さな秘密」を構成し、植民地権力者の非物質的な力を説明するのは、象徴界なき想像界のこのような観念なのである。この「象徴界なき想像界」の成功が土着的な歴史と象徴的カテゴリーの中に深い反響と繋留点をもつということによって説明されるのは、そもそも的はずれではない。

例えば、周知のように、ヨーロッパの商人たちと大西洋地域社会の最初の接触の時代に、欲望の流れを固定し、構造化するヨーロッパ由来の商品の力は、少なくともアフリカ人のあいだでは、利潤そのものの観念を大きく上まわっていた。一般に物の価値を取り巻く神秘は、その頃アフリカ人が取るに足りず現実的経済価値のない製品と金や象牙を交換するようなありさまに表現されていた。しかし、意味の地域的組織網にこれらの小物類が組み込まれ、その中で買い手がこれらに広範な力を認めるようになると、経済的価値がないように見えた小物類が、たちまち社会的、象徴的、しかも美学的な相当の価値をもつようになるのである。アフリカ人のあいだでヨーロッパの武器類が呼び起こした驚嘆、西洋の技術が彼らの精神に巻き起こした熱狂（最初は船舶、マストと帆、船体の丸窓、羅針盤と地図）、さらには監視装置が引き起こした恐怖も、よく知られている。彼らが出会った物質的世界と物の世界は、昔ながらの呪物と同じように、因果関係の媒体と考えられた。輸入品が土着民の想像力にこれほどの影響を与えた理由は、「呪物」崇拝は厳密に言えば唯物的崇拝だったということで、ある程度説明できる。宗教的かつ聖なる対象であれ、性愛的かつ美学的対象であれ、商業的価値の対象であれ、技術的または呪術的対象であれ、すべては魔術と魔力の仕組みの中に役割を見出しうるものだった。もともと唯物的で儀礼的な本質をもつ呪物信仰の存在（護符、首飾り、ペンダント、装身具、装飾模様、その他の形態）は文化的基盤を構成しており、そこから商業的なイデオロギーが、生に対する権力（降霊術、霊への祈願、魔術）として、かつ豊饒の形態として発達した。そもそも、この時代の多くの旅行者たちは、アフリカの呪物信仰と社会秩序が全面的に利潤の原則の上に成り立っていることを躊躇なく肯定していたのだ[53]。

　こうして過剰と二重化のカテゴリー、さらには怪物的形態や両義的人物の存在があり、彼らは呪物と合体しながら闇と影の諸力の恐るべき導師に変身し、それによって世界を転覆することもありうる。ある日は先人たちや敵たちの一人の頭蓋骨の中についだビールを飲み、明くる日には身代わりになる人間の犠牲を通じて象徴的に死なされる指導者たちが、その例である。氏族的なあらゆる絆から解放されたこの者たちは、姉妹の一人と性的関係をもつことによって男性的能力を確かめ、あるいは自身の母系家族集団の中の幼い姪と結婚し、さらには単に豹に変身するのである。欲望にほとんど限界がないということはまた、霊のさまざまなカテゴリーの配分によっても説明できる。それぞれの霊が並置、入れ替え、多様性の論理に応答するのである。リュック・ド・ウーシュが言うように、「同じ象徴的構造の中に、特別な事例に応じて多少とも展開されたこれらの特性の総体を集め」なければならない。「すなわち、王の近親相姦、人肉食、王と魔術師の同化、王の人格を取り巻く禁止、ついには王殺し」、「文化と自然の境界を撤廃する法外な魔術的力能を定義する」あらゆる物であり──「首長は聖化の瞬間に文化から離れ、主権者として自然に傾倒するようになる」[54]。危険な力能を付与された魔術的対象の実例とはそのようなもので、こうしてそれらは王権の呪われた部分と同じ範囲で機能する。それらの秘密は事物の蘇生につながるからである。

そもそもアフリカと商品のあいだの諸関係の歴史を構成する呪われた部分があるのだ。この歴史は、大西洋貿易の時代に形をとる。奴隷貿易のせいで、アフリカ人と商品の関係は、消費／死／生殖能力という三面をもつ欲望のまわりに構造化されることになる。いくつかの点で、奴隷貿易の政治経済は本質的にリビドー的な経済だった。特徴的なのは、その重心、あるいはまたその原動力がまず消費の欲望であり、片や絶対的かつ無条件な蕩尽の欲望であるということだった。ひるがえって、この欲望は性的再生産の過程と密接な関係を保っていた。それは早くから、ある腐敗という様相を帯び、自己破壊の予感（近親者を売ることや社会的関係の解体）も、それをほとんど抑制することがなかった。結局、この仕組みについては、それこそが自己破壊と浪費を生産性の最終的指標にしたと言える。奴隷貿易の時期にはアフリカの奴隷商人によって自分たちの仲間が犠牲にされ、それと交換されたヨーロッパの商品が消費されることになったが、この消費は奴隷たちがあらゆる権力につきものの死の欲望を昇華するための手段になった。この時代には、実際に権力は単に物象的ではないエロティックな関係を商品と結び、この脈絡において享楽は絶対的放埒に等しいものとなり、他方、とりわけ侵犯の行為において具体化されたすべてのものは権力とみなされた。ところが、この行為は同時に美学的なものであろうとしたのだ。

支配について言えば、その実体は隷属させられた人々の労働を搾取することよりも、彼らを消費と刺激の一般経済における対象に変えることであり、商品はその媒介だったのである。消費することは、こうしてある権力のしるしであり、みずからの欲望によって絶対的支配者、すなわち死に直面しようとも、譲歩することはなかったのだ。人間存在は、権力者に従う主体であれ、戦争捕虜であれ、奴隷商人に売り渡されるモノ／商品に転換されえた。彼らの価値は、権力者が人間を売るのとひきかえに獲得する商品の価値基準で測られる。人間の商品への転換は、権力者の近親や遠い家族の誰かにまで及ぶ。交換で得られるモノは、そのようにして二重の計算の対象になった。すなわち、支配の計算（奴隷交易は政治権力の基礎を据えるのに役立つからだ）、そして享楽の計算（喫煙、自己陶酔、ラム、その他の飲酒、食事、衣服、性交、多数の女・子供・使用人を集めること）。したがって、アフリカの歴史には、商品とひきかえに「売られ、または死に委ねられる近親」を中心のシニフィアンとする商品形態が存在するのだ。主体の構造におけるこの欠落は、欲望という語彙で認識すべきことである。

この時代にアフリカのエリートたちが虜《とりこ》になっていた享楽の本能は、結局のところ、これらのエリートが支配した社会の思考、行動、生活の作法に深く根づいていた諸々の象徴のレパートリーの全体に支えられており、それは生の形而上学でもあった。この生の形而上学の支柱の一つは、一方には人間存在があり、他方にはモノ、自然、そして不可視の力があるという、そのあいだの共感的状態なのだ。もう一つの支柱とは、見えるものと秘密のものに分割された世界への信頼であった。この分割は、不可視の宇宙、つまりあらゆる主権の秘密の起源に優位を与えていた。それによって、人間は自分を超越する諸現実の玩具になるのだ。個人の自立性のこのような欠如は、ある服従の仕組みの中に表現されているもので、その服従の形態は絶えず変化していた。しかし、服従はまた保護という負債の形でも機能していた。その上、大西洋貿易の時代にまず問題だったことは、現在への服従だったのである。多くの場合に、時間と価値は瞬間の中に含まれ、瞬間において消尽される。何一つ確かなことはなく、すべてが可能であるからこそ、商品をめぐって危険を冒すことになるが、それは身体、権力、生をめぐって危険を冒すのと同じことなのだ。時間そのものと同じく、死もまた偶然の壮大な戯れに支配されていた。

したがって、一方には富のはかなさと移りやすさ、他方には時間と価値の瞬間性という発想が避けがたいものとしてあり、次には先に指摘したように、人々が呪物に隷従するという事態が現れた。あるいはまた、女性が男性に、子供が両親に、もっと根本的には全員が祖先に隷従し、死の権力が生の権力に君臨するようになったのだ。物との関係ばかりか、家族の関係にも浸透する融合的な公準に従って、この生は指揮されていた。これらすべてのことは、信じがたいほど、当時のアフリカの専制政治のまとった形態、または社会的暴力の表現形態、すなわち明白性、触覚性、触知可能性の理由になっていた。別の面では、消費財や贅沢品（女性、子供、そして縁戚を含む）との関係は、こうして主体の魂の中への商品の浸透というモデルに従って変化するようになり、人々との関係は「祖先たち」の慣習の中にあったような負債の山に帰するものになった。こうして、あらゆることが、社会的暴力も含めて、債権者‐債務者の関係において形成されていたのだ。

植民地化は、かなりの程度まで、このような諸装置を強化しただけだった。植民地化におけるアフリカ人の隷属は、ほとんど商品の媒介によるものである。財とモノへのリビドー的備給は、それらが稀少性によって輝いて見えるだけに、いっそう強化された。しかし、奴隷交易の時代と同じく、財への欲望は、死の上にでなければ、少なくとも、ある種の隷従の形態の上に成り立っていた。したがって、大西洋貿易と同じ形で、植民地化によってアフリカ人は新しい時代に入っていくが、それは途方もない欲望と享楽への殺到という性格をもち、欲望は無責任きわまり、享楽はほとんど心性になっていた。[55] ここで享楽の正体は、感覚の快楽なのだ。特に奴隷貿易は極端な放埒の時期をもたらし、このあいだにモノと人間の等価性はほとんど全面的になる。両方ともが記号の状態に還元されてしまう。モノとの関係は、即座の消費、むき出しの快楽という関係なのだ。被植民者は、彼以前の奴隷商人たちと同じように、鏡の中の偶像に、鏡像の可視性に魅了され、がんじがらめになる。それが服地と腰布、ラム酒、銃と金物類、道路、記念碑、鉄道、橋、そして病院だったのだ。

しかし、これらの新しい財を手に入れるには、権力者に対して全面的な隷従の立場に自分を置かねばならない。彼はある負債の関係に組み込まれなければならないのだ——それは自分の主人に対する依存という負債である。彼はまた、ある教育に従わなければならず、それは彼に金銭欲、虚栄心、貪欲といった情念を叩き込むはずの教育なのだ。傾向としての欲動だけでなく、故意に仕込まれた欲動、すなわち虚栄心、金銭欲、そして貪欲は、主人に対する、支配者崇拝に対する隷従的姿勢の代表的な三つの表現である。それゆえ、これらの新しい財、さらには市民権の保障を享受するには、このような長たらしい紆余曲折が常に必要であり、新しい欲望を実際に満足させる可能性は絶えず引き延ばされる。これが理由となって、植民地はいつも神経症的次元と遊戯的次元、偶然的特徴、根本的両義性を内蔵することになるが、これらは最近の批判的研究が絶えず指摘してきたことである。それが被植民者のうちに、たちまち悪夢に変わりうる夢想の世界を生み出しているのではないか。あらゆる瞬間に悪夢に変わりうるこの夢想の弁証法は、権力者を動かす力の一つであるが、それは彼のアキレス腱でもある。いくつかの点で、アフリカのナショナリズムは、これらの夢想と、それを現実に満足させることの不可能性から来る不満とのあいだの葛藤の産物なのだ。

したがって、植民地の小さな秘密があるとすれば、それはまさしく欲望による原住民の隷属ということである。植民地の舞台において、欲望によるこの隷属こそが、イメージと呪いの空しい幻影によって騙された被植民者を結局「自己の外部」に連れ出しているのだ。おびき出されるままになる被植民者は、こうして他者の中に潜入し、まるで魔法と仮装のしわざであるかのように、この他者の労働、その言語、その生を生きるのである。この魔法と「疎遠化」（*estrangement*）の経験のせいで、植民地との遭遇は幻想の増殖の源泉になった。それは植民者と被植民者がときとして自分自身に隠さねばならない欲望、まさにこれが理由で無意識において抑圧され、押し込められてきた欲望を揺さぶるのである。それに先立つあらゆることを考慮するなら、黒人の表現における植民地の記憶は必然的に二つの形態をとっている。第一は、アフリカがこの強制された遭遇の折々に経験した喪失を強調しつつ、植民地を負債の神話に組み入れることである。この負債それ自体は、二つの次元をもつだろう。一方で、それは生殖の負債であろう。他方で、それは歓待の負債であろう。二つの場合において、喪失と負債の言説は、有責性の諸効果を生み出すことを目的とする。植民地から登場したアフリカ世界は喪失の世界であろうが、それは罪悪によって引き起こされた喪失である。その罪悪に責任がある者は、罪責性の立場にあるだけでなく、また彼がその自然権を侵害した人々に対して負債を負っているはずである。

第二に、植民地の記憶は、ある心理的加工という様相を帯びており、その最終目的は治癒なのである。一般に治癒とは、フロイトが「不気味なもの」の中で指摘しているように、二つの型の秘密を意識に浮上させることである、と認めることにしよう。われわれが認知していながら隠そうとする秘密がある一方、意識に直接現前しないので認知しない秘密がある。黒人の文脈（表現）においては、これら二つの秘密が実は一体になっている。アフリカの表現が拒もうとする自白の内容は、欲望の空洞における欠如の謎が固有名喪失の原理的な理由であるということなのだ。この謎こそが「空虚の裂け目」（ラカン）を説明するもので、アフリカ人の自己をめぐるエクリチュールは、まさにそれを問題にしている。この謎が喪失を告知し、追認しているのだ。このような状況において、黒人にとって治癒の正当な実践とは、最終的に「自己のうちの他者」を認め、自己についての新たな知の基礎として、この「他者性による迂回」を引き受けることで、あの小さな秘密から解放されることなのだ。それは必然的に、ある分裂した知であり、疎隔の知であり、みずからの表象の知である。主体の構成過程において、こんなにも大きな心理的重圧が植民地にのしかかり続けるということは、厳密に言えば、自白への抵抗がもたらした一つの結果なのである。すなわち、それは黒人が欲望に隷属しているということ、商品という、あの「想像的仕掛けの大々的なあやつり糸」[56]に、してやられ、誘惑され、騙されてきた、という事実のことである。

黒人の時間

黒人が起源的苦境として植民地支配者を思い出すということ、同時に欲望の生産機械としての植民地における無意識の備給の役割を彼らが認めたがらないということを、私たちは強調したばかりである。おそらく、これらすべては黒人が時間の批判に着手する仕方を説明するものである。それなら、時間とは何か、このカテゴリーをどう理解するべきか。このことについて、メルロ゠ポンティは、人が主体性に導かれていく道程で不可避的に出会うものが時間である、と語っている。[57]そもそも時間について、それは「心理的事実において最も一般的な性格」である、と彼は言うのだ。それに従って二つのことを理解しなければならない。まず時間と主体性のあいだには一連の心理的出来事から成る親密な関係があるということ、さらに時間と主体は内部から交通し合うので、つまり時間を分析することとは主体性の具体的で親密な構造に迫ることだという点である。メルロ゠ポンティが時間について言うことを、記憶について、さらには追憶についてまで、私たちは容易に広げることができよう。記憶と追憶は過去（その痕跡、その残滓と断片）が意識に現前する仕方を根本的に構成するのだから、なおさらである。それが合理的意識であれ、夢幻的、想像的意識であれ、このことに変わりはない。したがって、次の考察では、第一に文学的資料から出発して、先に指摘した自白の拒否の理由を説明する手段を獲得しようとする。第二に、認知的かつ表現的要因を示唆することを目指し、ここから出発して、時間に対する黒人の批判が実行され、広い文脈で、植民地の記憶、したがって支配者の記憶が練り上げられることになる。

黒人たちにおいて、記憶の諸言語が大部分は時間に関わる批判に依拠することは明白であり、それは文学表現がみずから証明しているとおりである。黒人の小説において、すべてが指摘しているように思えるのは、そこで時間とは、例えば、ある「現在の継起」という形態で記録することに終始しうるようなプロセスではない、ということである。言い換えるなら、時間それ自体というものはない。時間は偶発的で、曖昧な、矛盾する関係から生じ、私たちはそのような関係を事物と、世界と、さらには身体、その諸々の分身とのあいだに結んでいる。その上、メルロ＝ポンティが示唆するように、時間とは（記憶についても同じことが言えるのだが）、私が自身に、他者に、世界に、見えないものに向ける、ある種のまなざしから生まれるのである。それは一緒に把握されたこれらの現実すべてに属するある種の現前から出現するものなのだ。アフリカの小説が明白に示していることが別にあるとすれば、それはまさに時間が常にその諸々の分身と関係をもっている、という点である。時間に参与すること、それは常に、部分的に、もはや自分自身にどのように対するかわからなくなるということである。それは「自己の二重化、自己の分割、自己の置換」[58]を経験することなのだ。エイモス・チュツオーラ、ソニー・ラブ＝タンシの場合も、同じくダンブゾー・マレチェラ、イヴォンヌ・ヴェラ、あるいはまたヤンボ・ウォロゲムの場合も、時間の経験は、諸々の感覚（見ること、聞くこと、触れること、匂いをかぐこと、味わうこと）の探知を通じて行われている。

記憶と追憶は、実際に諸々の器官の構造全体を、神経系統のすべてを、情動のあらゆる仕組みを作用させ、その中心には必然的に身体があり、また身体を超えるものすべてがある。小説はまた、追憶がいかにダンスや音楽を通じて、あるいは仮面の戯れやトランスや憑依によって実現されうるかを示している。したがって、記憶とは、例外なく、一定の瞬間に、感覚的なもの、想像力、そして多様性の宇宙において表現を見出すものである。[59] こうして戦争の悲劇に直面したいくつかのアフリカの国で、死の追憶は生存者の傷ついた、あるいは引き裂かれた身体の上にじかに書かれ、この身体とその障害から出発して人々は出来事の記憶を作り直すのである。したがって、想像と記憶を結合しながら、まさに私たちは自身の認識を意味論と実践論によって豊かにしていくのだ。

つまり、現代の黒人のフィクションで展開されているような時間の批判は、時間とは常に予測不可能で、かりそめのものだということを私たちに教えてもいる。時間は際限なく変化し、その形態は常に不確実である。したがって、それは常に人間の経験の非等質で、不規則で、断片的な領域を表象している。そういうわけで、主体と時間の関係は、過去も未来も回避するのでなければ、少なくともそれらを贖《あがな》い、包摂することを常に目指すような関係である。[60] だからといって、前方と後方、過去と未来の区別がまったくなくなるわけではない。現在そのものは、同時に過去と未来のほうに進もうとし、もっと根本的にはそれらを無化しようとする。それゆえ、小説のエクリチュールでは、逆説的と呼びうる時間が目立つようになっている。それは全面的に過去と未来から断絶しているわけではなく、決して十全に現在の時間でもないからだ。[61] それは差異的持続の時間であり、その二つの法則とは偏差の法則、そして同時性(共通の生起)の法則である。だから、黒人の小説は、いつも時間とその流れについて複数形で語るのである。小説のエクリチュールは、したがって時間の転換、さらには時間の蓄積のプロセスを描くことに強い関心をもっている。[62]

そもそも記憶と追憶は、時間が本当は、いわば現実界と死との前段階であるという観念に対してこそ意味をもつのである。[63] この前段階においては、未聞の予期しないこと、あるいはもっと根本的には「隠された可能性」、創造的でもあれば破壊的でもあるすべての種類の潜在性、現実界の真実の面を構成する不可視の、隠された世界が横たわっている。それなしには、この現実界そのものの贖いもありえないのだ。[64] まさにこの表面に沿って、現実界から幻想界への、裏から表への移動が起こり、一方から他方への転換が起きる。[65] このような状況では、追憶することは、まずもって差異を配分することと、そしてまさに二重化を引き起こすことなのだ。なぜなら、時間のさまざまな統一性のあいだには、出来事との関係において、常に本質的な偏差が存在するからである。[66]

ひるがえって、出来事の生起は単純ではない。さらにそれを解明し、表現することを可能にしなければならない。だからこそ、予知の手法が重要なものになる。[67] それにしても、一般に、語とイメージの結合によるのでなければ、いかに一つの「出来事」を表現しうるのか。ある種の語は、まさに空虚な形式として役立ち、それがイメージで満たされるのだが、他の語は記号の運用手段として役立つという条件においてしか存在せず、しかもそれに還元されることはほとんどないのだ。したがって追憶は、出来事、言葉、記号、イメージのあいだの遭遇の場として存在するだけである。やがてこの遭遇は諸々の儀礼に行き着くかもしれない。言葉、記号、イメージがこのようにほとんど不可分であることは、ただ出来事の表現を可能にするだけでなく、もっと根本的には、それをある〈公現〉として表出することを可能にする。[68] 治癒の実践としての追憶の方式においては、諸々のイメージが多様に変化しうるし、互いに置換されもする。このプロセスにおいては、非常に複雑な関係が、意味／意味作用、そして指示作用、あるいはまた私が今、表出と呼んだことのあいだに形成される。追憶する主体について言うなら、それは原則として否定された主体である。この否定は、始原的な出来事、すなわち固有名の見かけ上の喪失から来るものである。この喪失は、知の深刻な不安定性、常識の破壊、自我、時間、世界、言語に関する根本的な不確実性につきまとわれるだけに、いっそうトラウマになる。この根本的不確実性の状態が、出来事自体の、またそれをめぐる説話や物語の客観的構造を構成している。その状態が、固定的アイデンティティを指定しようとするあらゆる目論見を不可能にするのである。黒人の小説が固有名の喪失（基準の破壊）と狂気に陥ること、つまり痙攣的な生、さらには自殺への道とのあいだに密接な関係を作り出していることは、これによってある程度、理解できる。[69]

このような脈絡において、追憶することとは、そのたびに言語のただなかで表現可能になる何かの限界を乗り越えることにほかならない。[70] それゆえ、時間、さらには肉体をめぐるいくつかの同時的な言語に依拠するようになる。例えばエイモス・チュツオーラの場合のように、それぞれの身体は常に他の身体に侵入し、そのあらゆる部分においてでないとしても、少なくともその本質的部分において共存するからである。[71] したがって、私たちは、ある追憶の方法に直面しており、自分が誰か、何が起きたかを言うにあたって、それは吃音の形をとって展開されるのだ。植民地時代以降の支配者を追憶する際にも、同じタイプの手法が用いられる。過去も未来もない時間の、あるいは破綻した一つの過去の壮麗な表出、それを絶えず蘇らせようとしたが、その意味は亀裂と散逸においてしか現れることがないのだ。[72]

この点に関して、コスィ・エフイの『ポルカ』の第一章を例に挙げてみよう。[73] 小説は、動きのない道路に面して座った話者の語りで始まる。自分のことを語るその人物の名前がわかる前に、彼の感覚が語られる。とりわけこの場合、それは視覚である。しかし、何が見えるのか。それは瓦礫の山、「扉や窓と一緒に崩れた壁のかけらと焼けてむき出しになった骨組み」[74] でしかない。これらのものの背後にあるのは廃墟であり、つまり廃墟と破壊の時間が主題なのである。したがって、ここで時間はまず肝心な出来事の痕跡を残す力能によってあらわになり、ある破壊的な出来事における炎が主要なシニフィアンの一つなのだ。時間は、したがって風景の上で生きられ、見られ、読まれるものである。追憶の前に、まず視覚がある。思い出すこと、それは文字どおりに見ることであり、過去の出来事によって、ある場所の身体に物理的に残された痕跡を見ることである。とはいえ、何らかの仕方で人間の身体と関係をもたずには、場所の身体は存在しない。生そのものが現実として認知されるには、「身体の形をとる」のでなければならない。人間の身体に関して、小説家は顔とその特徴に特別な注意を向け、「視線の中に突然入ってきた何か」[75] によって、それらが別の形をとったことを凝視することになる。彼はいちどきに女たち、男たち、動物たちの身体と顔について注意深く語ろうとするのだが、彼らは残忍な暴力の形で生に闖入してきたこの何かによって一致して凍りついている。それゆえ、種と類の区別が消えかけているのだ。こうして外観の共同性、相似性が互いを結びつける。顔そのものが仮面と密接な関係をもつようになる。「人間と動物が同じ顔つき、同じ茫然自失の仮面を共有する」[76]。

視覚は名前の前に来る、と言ったばかりだ。実は、視覚と名前は反響しながら応え合う。名前は視線に生気を吹き込むが、その逆も真なのだ。一方は他方なしにありえず、両方とも声に、身ぶりに、結局は生そのものに行き着く。だから、廃墟の時間とは、小説家によれば「生の身ぶりがもはや視線をともなわない」[77]ときなのだ。このとき、諸々の身体は硬直し、声、その響き、そのリズムは、あらゆる状態を通過する。それは震えたり、しわがれたりする。それが「喘息性の咳」になることもある。こうして「ついには（声の発する）一つ一つの単語が偽の出口である」ことに気づくこともある。というのも、声はこうして二つに裂かれ、「脈絡を失う」からである。[78]言葉はもはや「いかに現在の時間を回復し、あるいは把握するか」を知らず、言い方を変えれば、時間はもはや手にあまるものになり、「前と後と循環のあいだで動揺するうちに」消え去ってしまう。それは「生の表現の外部に」出る。[79]さらに言えば、このように生の表現の外部に時間が出てしまうということ、これこそが出来事なのだ。

『ポルカ』については、要するに、それはとりわけ身体を記憶の場と化す小説であると言うことができる。ときに身体は、特に誰にも属さないものと感じられる。数と呼んだほうがいいものに身体は属しているのだ。こうして酒場で夜の時間にアルコールと娼婦の匿名性におぼれるとき、「娘たちが往来し、馴れ馴れしげに、誰の番？　と聞く、いくらで寝るんだい？」[80]　体の熱気と息苦しさの中で、「触る者、［…］つねる者がいて［…］、平手打ちする水夫たち、そして見るだけで満足している連中」。とりわけ女の体がある。「女たちは体のエネルギーをきっちり調節できる。まず微笑、次にはバストを揺らし［…］。それからまた微笑で再開、まなざしに火がつき――いくらだい？　火がつくと、たちまち目は尻のほうに。娘は微笑をやめて足を遊ばせる」。そして、すべてはそれ、普遍化した性交でなければならないかのようだ。[81]
『ポルカ』において、身体は変装や仮装に委ねられている。それが、ある程度、身体に輝きをもたらす。花の冠、リボンをつけた大きな帽子、あらゆる種類の装身具、娘たちのむき出しの首につけた真珠の飾り、楽隊や踊り手の足首を飾る金色の鈴。しかし、この儀礼はどうしても死を想起させるものでもある。椰子の繊維で覆われた霊柩車の上には「不動の、真っ白に着飾った生ける死者」がいる。これがカーニバルのマスコットなのだ。[82]　しかし、群衆の身体には常に危険がのしかかる。「もはやどんな衣装も似合わない、やせ細ってよろめく」[83]　身体になりはててしまう危険である。もっと深刻なのは、時間からも自己からも追い出されてしまうことだ。「私たちは夜のあいだ、体の中で混乱している器官に抵抗し続けた。以前は飢えて渇いていた部分は空っぽのまま、へとへとになった胃、喉の奥まで裏返った舌、揺れる腕と、まさに崩れ落ちた肩、後ろについた目。口が突然開き、そのまま叫びもせず、げっぷが出そうで、急に内臓から込み上げ、吐き出してしまいそう、骨が次から次に、体の骨組み全体に沿って。次々と、長い骨、短い骨、平たい骨、丸く見えたり、でこぼこに見えたりする幻の骨、数珠になった椎骨が開いた口から飛び出て、ぶよぶよの皮膚がへこみ、裏返り、すっかりたるんでしまうまで、それが続く。宙づりになり、墜落しかけ、発作を起こしそうな体」[84]。『ポルカ』において、この身体の激震は、死あるいは消滅の危険とすれすれである。まさに墓場なのだ。問題は、この小説家によれば、死が必ずしも記憶を生み出すものではない、ということである。その上、「私たちが見ているこの死者同然の者たちは、どうしたら記憶を作り出すことに役立つのか。消えるたびに、人々の名前の記憶はかすかになる。まるでこれらの人生はことごとく処理済みであるかのように」[85]。こうなると「茫然自失の仮面は、すべてが取り消されること、自分の場所を前後のはざまに探す最期のイメージを反芻するしかないことを意味している」[86]。それはまた、時間が反逆しうるということでもある。時間は自分を消尽することを拒否し、人々を罠にかけ始めるのである。

身体、彫像、肖像

植民地における彫像や肖像や記念碑は、まさにこの罠の役割を果たしている。その多様性の背後で、それらは三つの事柄に関与している。何よりもまず、それらはモノである。大理石、花崗岩、ブロンズ、銅、鋼鉄など、あらゆる種類の素材から作られる。見たところ、それらはモノとして沈黙し、直立する不動の塊をそこに形作っている。そして、それらのほとんどが人間の身体あるいは動物（勝利者を乗せた馬の例）の形を示している。それらは死者を表象し、それらにおいて死は入念に細工されたモノと化している。結局、これらの死者たちは、自分の生のある瞬間において主体だったのである。まさにこの主体という資格を、彼らを表象する彫像は保存しようとする。対象性、主体性、そして可死性のこの融合なしに、彫像というものは存在しないだろう。そもそも植民地の彫像のほとんどが、時間を遡行する手段になっている。植民地の彫像や肖像は、ほとんど例外なくこの暗黙の系図を証明するもので、そのただなかで主体は死に打ち勝ち、死のほうはモノに打ち勝つのだ。このモノ自体は、同時に主体、そして死の代理とみなされているからである。

いわゆる彫像の傍らには、別のモノ、記念碑や施設などが存在する。鉄道の駅、植民地統治者の宮殿、橋、軍の基地、城砦など。フランスの植民地帝国において、これらの建造物の大部分は一九世紀ないし二〇世紀のものである。純粋に美学的な面では、この時代において、非宗教化という外観とは裏腹に、芸術の使命は相変わらず疑似宗教的様式で受け取られている。芸術は不幸な記憶や新たな恐怖から西洋を救済しなければならないと考えられているのだ。[87] そのようにして、芸術は英雄物語と合体するのである。それを目指し、祝祭や見世物の手法を独自に更新することによって、眠っていた力を呼び覚まさなければならない。植民地において、この祝祭はいささか野蛮なものになる。諸々の事業や他の下部構造（宮殿、博物館、橋、記念碑など）は、ただ新しい物神の一部になるだけではない。それらが誕生するには、しばしば墓所が冒瀆されなければならない。死んだ王たちの頭蓋骨が白日の下にさらされ、彼らの棺が壊される。墓から奪われた埋葬品を、のちには結局博物館が回収することになるとしても、亡骸とともにあったあらゆる品物（宝石、貨幣、鎖、等々）が略奪されるに違いない。[88] 死者を転覆することは被植民者たちをトランス状態に導く効果をもたらし、彼らはこうして「神々も先祖も不在の供儀」を祝福するしかなくなる。植民地の象徴的な仕組みは、この脈絡において、償還なき贈与という大いなる仕組みに変わる。このような事業と下部構造のまわりに、いわば贅沢な浪費による、ある種の交換が成立する。身体と物質が混交する野蛮な祝祭のあいだに、交換不可能とみなされていたモノ（橋、博物館、宮殿、下部構造）が粗暴な権力によって原住民の手に渡ることになる。独立宣言のずっとあとになってもまだアフリカの公共広場の前面を占めている植民者の彫像や記念碑の多様な意味に関しては、これを権力と支配の手法との関連で考えることが重要である。支配者のこれらの遺物は、この権力形態が物理的象徴的闘争によって被植民者に敵対せざるをえなかったことのしるしなのだ。周知のように、あらゆる支配が持続的であるためには、それに従う主体の身体に刻印されなければならないだけではなく、彼が居住する空間に刻印を残し、彼の想像力に消しがたい痕跡を残さなければならない。支配は、多少とも恒久的なトランス、中毒、痙攣の状態に被支配者を包み込み、その状態を維持しなければならない。彼が自分のために明晰に思考することが不可能になるように。こうすることによってのみ、支配は彼が考え、行動し、ふるまうように仕向けることができるが、あたかも彼は計り知れない魔法の罠にはまって取り返しがつかないようなのだ。隷属はまた、日々の生活習慣にも、無意識の諸構造にも刻印されなければならない。支配者は隷属する主体に取り憑かねばならず、こうして主体は、主人のシニフィアンを基準にしなければ、見、聞き、感じ、触れ、動き、話し、移動し、想像する能力を行使することができず、もはや夢想することもできないようになる。こうして主人のシニフィアンは彼に君臨し、彼はどもり、よろけるしかなくなる。[89]

植民地支配層は、この掟をほとんど破ることがなかった。日々の生活のあらゆる場面で、被植民者はいつもますます無味乾燥になる隷属の儀式作法を強いられていた。例えば、彼は身震いし、叫び、埃にまみれて震えながらひれ伏すこと、歌いながら、踊りながら、あちこちをさまよい、神の摂理のような必然性としてその支配を受け入れることを要求されることがありえた。例えば、さまざまな記念建築の完工式、記念プレートの披露式、植民者にも被植民者にも共通する記念日や祝典などが、その例である。[90] 否定的意識（主人がいなければ何もないというあの意識、すべては、ときに親同然の存在である主人のおかげであるという意識）が彼の人生のあらゆる瞬間を支配し、自由意志のあらゆる表出を無にすることが可能でなければならなかった。[91] この文脈でわかるのは、植民地におけるあらゆる彫像や記念碑とは、単に広い意味での都市の美化や生活の背景を目的とする美的な遺物ではなかった、ということである。肝心なことは、どこまでも絶対的専制の表明であり、その前提はすでに征服戦争、「和平」のための戦争が行われ、あるいは武装闘争が阻止される仕方の中に見出される。[92] それらは擬装の権力にほかならず、人種的恐怖政治の形態を彫刻によって拡張したのである。同時にそれらは破壊と欺瞞の権力のこれ見よがしの表現であり、一部始終が植民地の目論見に活力を与えるものだった。[93]

しかし、支配というものは、とりわけ精霊崇拝の手法なしにはありえない。この場合、それは精霊‐犬、精霊‐豚、精霊‐ならず者などの精霊で、過去でも現在でも、あらゆる帝国主義につきものなのだ。精霊崇拝のほうは、どこでも死者たちの招魂の手法を、降霊術や土占いを必要とするのだ。この観点に立てば、植民地の彫像と記念物は、まさしく降霊術や土占いのあの分身的世界に属している。それらは厳密に言えば、この精霊‐犬、この精霊‐豚、この精霊‐ならず者の戯画的誇張であり、植民地の人種主義と、その名における権力を盛り立ててきたのだ。次に来るすべて、ポスト・コロニーについても同じことが言える。それらは空間（アフリカ空間）の中に影や図像を構成し、プロフィルを浮かび上がらせ、人々はその空間を侵害し、軽蔑することを決してやめようとはしない。

というのも、「復活なき死」のこれらの顔面を見るならば、植民地支配者とは何であったかが容易に理解できるからだ。それは典型的な弔いの権力であり、被植民者たちの死をモノ化し、彼らの生に対してあらゆる種類の価値を否認する強い傾向があった。[94]これらの彫像のほとんどは、まさに征服の、占領の、「和平」の戦争における昔の死者たちの姿を表している。すなわち、不吉な死者たちであり、空しい異教的信仰によって守護神の位階に持ち上げられた者たちである。公共空間における不吉な死者たちの現前は、そのようにして彼らが体現した殺戮と残酷の原理がかつての被植民者の記憶に常につきまとい、彼らの想像力と生の空間を飽和させることを狙い、こうして彼らの中に奇妙な意識喪失を引き起こし、事実として（*ipso facto*）彼らが明晰に思考するのを妨げようとしている。植民地の彫像や記念碑の役割とは、したがって現在の舞台に死者たちを蘇らせることであるが、彼らは生きていたとき、しばしば剣によって黒人たちの生を痛めつけたのである。これらの彫像は死者たちの思い出の儀式として役割を果たすが、彼らの目には黒人という人類には何の価値もなく、それを理由にして彼らは何のためらいもなく、何のためでもなく、その血を流したのである。

5

奴隷のためのレクイエム

Requiem pour l'esclave

これまでの各章では、近代のあいだ中、「アフリカ」と「黒人」という二つの概念が、どのように人種主体の製造過程において利用されていたかを重視してきた。彼らの〈堕落〉は代表的な特性であり、その固有性は忌み嫌われた例外的な人類、人間の屑に属していることである。しかしながら、神話の源泉としてのアフリカと黒人は、単に手に負えない限界、常識はずれ、陽気なヒステリーを培《つちか》うものとみなされたばかりではない。

根本的には、この二つのカテゴリーは、人種の論理の頂点にあると同時に、その傍らでいつも両義性を示していたのだ。すなわち、反発と、恐ろしい魅力、倒錯的な享楽との両義性である。要するに、アフリカおよび黒人に関する事柄に多くの人々は二つの明白な力を見たのである。彫刻家がまだ触れたばかりの粘土、あるいは幻想の動物、そしていつも厳粛にして変身可能性をそなえ、不均質にして脅威的であり、連鎖爆発しかねない、といった性質である。この熱狂状態の半ば太陽、半ば月のような性格において奴隷が要石の位置を占めているのだが、この章では、それに注意を促そうとする。ちなみに、これはこの本全体の地下の部分、そのゼロ地点を構成するものでもある。ところで、資本制初期の時代の黒人奴隷の地位をよく理解するには、亡霊の形態を考え直すことが重要である。破壊による変形過程を強いられてきた可塑的主体として、黒人はまさに近代の亡霊なのだ。奴隷の形態と断絶し、新たな投企に参入し、亡霊の状態を引き受けることによってこそ、彼はこの破壊による変形に未来的意味を与えることができたのである。

奴隷貿易はといえば、それは資本制の暗黒の面と破壊の否定的活動の代表的な表出として、現象的な水準で分析されなければならない。この活動がなければ、彼には固有名さえなかった。この暗黒の経済のまっただなかにある闇の部分と亡霊の身分を解明することは、ある図像的エクリチュールに依拠することを必要とした。実はそれは絡み合った輪から成る複雑な迷路であり、眩暈させる何か、崩壊、そして散逸のあいだで絶えず動揺し、その稜や線は消失点で合流するのである。その書法、それが喚起する現実、そしてその解明に必要な範疇や概念、それらを三つのフィクション作品の中に探さなければならなかった。ソニー・ラブ＝タンシ『一つ半の生命』、エイモス・チュツオーラの『やし酒飲み』、『ブッシュ・オブ・ゴースツ』である。

多様性と超過

この暗黒の構造の中心的次元は、多様性と超過という現象に関わっている。実際、この構造の核心において、人が現実と呼ぶものは、定義上、分散的で省略的、移ろいやすく不安定、本質的に曖昧である。現実界は、いくつもの層、いくつもの広がり、いくつもの外皮から成っている。それを把握するのは決して容易ではなく、ささいな断片を通じて、さまざまな面の多様体から仮定的に始めるしかない。たとえ把握しえたとしても、それを全体として忠実に再生し、再現することは決してできない。根本的には、いつも現実界にはある超過物があって、特別な能力をそなえた男性や女性がそれに接近できるだけなのだ。

他方では、現実界が厳密な尺度や正確な計算の対象になるのは稀でしかない。計算とは、原理上、確率のゲームなのだ。たいていの場合、計算の対象になるのは偶然なのである。人は足し算し、引き算し、掛け算し、割り算する。しかし、とりわけ思い出し、呼び出し、移ろいやすい大まかな線に沿って、ジグザグに全体を思い浮かべる。曲がった線、尖った線に沿って解釈するのは、まるで占いのようなものだ。現実との遭遇は、断片的、途切れがちで一時的、不協和に満ち、いつも仮定的で、そのたびにやり直さなければならない。そもそも現実とは、それゆえ生とは、総じて見世物、芝居、作劇法でしかない。出来事とは、とりわけいつも浮き沈みしているものだ。イメージあるいは陰影は、幻想ではなく事実なのだ。その内容は常にその形式を逸脱する。想像界と現実界の区別に意味があるとして、そのあいだには、ある交換の体制が存在する。というのも、結局、一方は他方を生み出すように働くからである。互いに連動し、互いに両方向に転換し合うのである。

現実の真の核心とは、一種の貯蔵庫であり、その上、他所に位置しており、ある生成変化なのである。常に過剰があり、省略や脱落の可能性があり、このようなファクターこそが祝祭的状態を可能にする。それはダンスや音楽によって実現されることもあれば、憑依や恍惚状態によって実現されることもあろう。真実はこの貯蔵庫とこの過剰の中、この過飽和とこの脱落の中にあり、これらに到達するにはある透視力の作用を用いるしかないが、これは視覚作用それ自体と同じものではない。

透視力とは、現実のさまざまな煌《きら》めきを解明することであり、それらが事物の表面で、あるいは奥底で作動するのに従って、それらの量や質との関連において解釈することである。これらすべては根本的な神秘との関連で説明されるしかないのだが、結局それは生という神秘のことにほかならない。生とは、要するにさまざまな結び目から成るものだからこそ、一つの神秘なのだ。それは秘密でもあり、明白でもある物事のモンタージュの結果であり、偶発事の集合の結果であるが、それはあるふるまいにおいて死が痕跡を残しつつ達成する偶発事のことであって、そんなふるまいとは総括であり、出現であり、あるいは生成に似たものである。だから、死は創設するものという地位をもつのである。総括の活動として、死は単に生の終着点に位置するのではない。結局、生の神秘とは「生の中の死」、「死の中の生」であり、その絡み合いであり、これは権力、知、そして力能の名前でもある。二つの審級（生の力、死の知がもたらす力能）は切り離せない。一方が他方に作用し、また作用されるのであり、透視の働きとは、この相互作用を光と精神の明るみに向けることである。これは生の散逸と生者の乾燥化の脅威に備えるための本質的条件なのだ。したがって、生とは分裂、分割、分離からあふれ出るものなのだ。死もまた、その避けがたい明るみの中で、同じく世界の始まり——横溢、発生、出現と地続きである。

多様性を特徴とする現実、そしてまたほとんど無制限の変動する多形性能力を特徴とする一つの現実を前にして、力能とは何だろうか。どのようにしてそれは獲得され、保持されるのか。それと力およびび策略との関係はどんなものか。輪郭だけの半世界、あるいは分身たちの世界に対して変動する関係を結ぶ能力のおかげで、力能は獲得され、保持されるのだ。影たちと踊ることができる者たち、自分自身の生命力と、諸力の他の連鎖とのあいだに関係を編み上げることができる者たちは強力である。こうした力の連鎖は、可視的なものの表面の背後にある別の所や外部に潜んでいるのだ。権力を唯一の固定した形態の境界に囲い込むことは不可能である。超過するものに合流することは、権力の本性そのものだからである。あらゆる権力は、原則的に変身能力によってこそ権力なのだ。今日はライオン、明日は水牛または猪、明後日は象、豹、黒豹、あるいは亀。そういうわけで、真の権力者、そして真実の所有者とは、私たちに呼びかけるこの影の移ろいを遡ることができる者であり、私たちはこの流れと合体し、それを横断して、まさに他者になり、多数になり、絶えず動きの中にいることを目指さなければならないのだ。権力をもつとは、したがって形態を与え、受け取ることができるということである。しかし、それはまた、与えられた形態から身をほどき、同じままでありながらすべてを変え、未聞の生の形態を取り入れ、そのたびに破壊、喪失、死との新たな関係に入ることである。

権力とはまた、身体であり、実体でもある。何よりもまず、ある物神 - 身体であり、したがって医療 - 身体でもある。物神 - 身体として、それは崇拝され、養われることを必要とする。権力の身体が物神であるのは、それがある他者の身体に一体化し、できることなら、かつて力能をそなえていた死者の身体と一体化し、その力能を分身にも授けようとするからなのだ。この観点から見ると、少なくともその闇の面において、それは死骸 - 身体なのである。それはまた、装飾 - 身体であり、模様 - 身体、舞台装置 - 身体である。遺物、彩色、さまざまな調合、その他の「薬剤」は、この身体に発生の力を授ける(皮膚の切れ端、頭蓋骨や前腕の一部、爪や髪の房、昔の君主や獰猛な敵の死骸の貴重な断片)。死という資源を発生の力に変える能力を盾にして、権力は薬になる。死という資源を治癒の能力に変形し、転換するのである。生命の力と死の原理という二重の資格によって、彼は敬われると同時に恐れられる。しかし、生の原理と死の原理の関係は根本的に不安定なものである。豊饒と過剰をもたらすものとして、権力は男性的力能を十全に所有するものでなければならない。

権力が女性の交換の巨大な組織網の中心にある理由の一つは、このことである。しかし、何よりもまず、それは殺す能力をもたなければならない。根底では、それが認知されるのは、その産出の能力だけでなく、それに匹敵する侵犯の能力によるのだ。近親相姦や強姦の象徴的または現実的な実践であれ、儀式的な人肉食であれ、留保なき蕩尽の能力であれ。ときには人身御供をみずからの手にかけることが、あらゆる再生の儀式の第一条件である。別の場合は、みずからを維持するために基本的な法を犯すことができなければならない。それが家族の法であれ、あるいは殺人や瀆神に関わるすべての法であれ。つまり、身内も含めた人間の生を意のままにするという可能性である。したがって、呪われた部分、ならず者の部分、卑劣な部分をもたない権力は存在せず、それはまさに分身によって可能になる部分である。そして、この部分は人命の、ある敵の命の犠牲によってそのたびに購《あがな》われ、必要ならば、しばしば実際にあることだが、犠牲になるのは兄弟や親族なのだ。

このような状況では、構築や編成を実行し、粉飾して事を進め、いつもやり直し、即興で対処し、とりあえず居座り、次には制限を超えようとし、言わないことをやり、やってもいないことを言おうとする行動が、効果を発揮するのだ。同時にいくつものことを言い、反対のことをごちゃ混ぜにし、とりわけ変身をやってのけようとする。変身が可能なのは、自分自身に関わることなのに、何か別の力、別の自分に頼らずにいられないからである。それは自分の外に出る能力、二重化と疎遠化の能力であり、何よりも自分自身に対して疎遠になることなのだ。権力とは、さまざまな世界にさまざまな様態で同時に現前することである。この面では、それは生命そのものに似ている。そして、死を免れることができ、死者たちから戻ってきたものこそが力能である。というのも、死を免れ、死者たちのもとから戻ってくることによってのみ、人は絶対的なものの別の顔として自分を確立する能力を手に入れるからだ。したがって、権力においては、そもそも生けるものがそうなのだが、あの世から戻ってきたものに似た部分、つまり幽霊的部分がある。

　人間の形態は、定義上、可塑的である。人間主体とは、すぐれて他者に、自分とは違う誰かに、新しい人間になることができる主体である。喪失、破壊、さらには消滅に追い込まれても、そんな出来事から新たなアイデンティティを出現させることができる主体なのだ。これに象徴的構造を授けるのは動物の形態であり、その構造とは、いくつかの点で、この動物的形態の曖昧なシルエットなのである。人間の形態は、自分の中に動物の構造を抱えているだけでなく、動物の霊を抱えてもいる。[1]闇の権力は、必要なときにはある動物的存在をとらえ、動物をかくまい、それもどちらかといえば肉食動物をかくまうことを知るものなのだ。できあがった形や姿は、いつも逆説の象徴である。逆転の特別な例としての身体についても同じことが言える。身体は、存在するとすれば、根本的に無秩序と不調和につきまとわれている。身体もまた、それ自体として一つの力能であり、それを私たちは意図的に仮面で覆う。というのも、闇の力能に属する顔は、前もって覆われ、その上、歪められ、恐怖させるものという身分に還元されねばならないからだ。そこには何も人間的なものが認められてはならない。すなわち、死の石化した対象であるが、その特性は生命のまだ動く器官を含んでいるということである。仮面の顔は肉そのものの顔を複写し、生き生きした具象的な表面に変わるのである。というのも、これこそが身体の最終的定義なのだから――つまり、イメージと不均質な反映の網の目、液体的にして骨のようで影のような凝縮された密度、いつも現実からはみ出る寸前の不均衡と分裂の具体的形態。

ぼろぼろの人間

そもそも身体、肉体、肉は不可分な全体を形成している。身体は潜在的に肉から成る物質であるからこそ身体であり、その肉は食べられるものだ。「兵士はカーキ色の肉の柱のように凍りついた」とソニー・ラブ＝タンシは物語る。[2] そして、この場面を描写しているが、そのあいだ食事と犠牲は一体になっている。「〈摂理の指導者〉はナイフを〔ぼろぼろの父親の喉から〕抜き取り、彼の肉のほうに向かい［…］[3]、それを切って、同じ血だらけのナイフで食い」、やがて立ち上がり、けたたましいげっぷを出した。このくだりは、絶えず犠牲者の身体、彼の肉、彼の血、食べられる肉のあいだで進行し、単なる祭りとはまったく違うものになる。ここではまさに血を流し、傷口を広げ、傷を与えることが肝心なのだ。[4] とどのつまり、権力が安泰であるために「ときどき殺すこと」[5]は、まさに必要なことではないか。この場合、敵は〈摂理の指導者〉の前に裸で連れてこられる。「白状するんだ、でなけりゃ、おまえを生で食ってやる」[6]。生で食べることは、身体の全面的な破壊につながる。「彼は手当たり次第にぼろぼろの父親の上半身を切り刻み始めた。胸部、次には肩、首、頭をばらばらにした。たちまち乱れた髪の房が残り、苦々しい空虚の中に浮いているだけで、刻まれた切れ端が地面に蟻塚みたいな形で重なっていた。〈摂理の指導者〉はそれを踏みつけてめちゃめちゃに蹴散らし、やがて髪の房は見えない頭からすっかり剝げ落ちていた。全力で、まず片手で、次には両手で引っ張り、毛髪が抜け、勢いあまって〈摂理の指導者〉は尻もちをつき、土間に項《うなじ》をぶつけた……」[7]。

身体は新たな形をとるが、それは以前の形を破壊することによってである。「彼の足指の大部分は拷問室の中に残されたままで、唇の代わりに奇怪な肉の切れ端があるだけ、耳の代わりには乾いた血の大きな括弧の形があるだけで、目はひどく腫れ上がった顔の中に消え、二つの大きな闇の穴に二筋の黒い光を残しているだけだった。一つの生命が、もう人間の形さえない残骸になっても、まだその奥にとどまろうとするなんて、とあきれる。まったく他人の命というものは耐えがたい。他人の命はしつこい」[8]。〈摂理の指導者〉は、油や酢や、地酒でたっぷり味をつけた血のしたたる肉を口にする。彼の問いは、わめき声で表現される。とっておきの道具は食卓の刃物である。「フォークが骨に届き、苦痛に火がついては消え、また燃えては消えるのを医者は感じた。フォークがあばら骨に突き刺さり、同じ苦痛の波を刻み込んだ」[9]。

それにしても、ぼろぼろのものとは、かつて存在したが、今ではもう影もないまでに痛めつけられ、正体不明になるまで破壊された人物でなければ、自分の威厳も全人格も失ってしまった存在でなければ、いったいなんであろう。人間のぼろ、ちらほら人間の外形だけは見えるが、それはめちゃめちゃにされて人間以下にされ、その奥底に片づけられてしまうのである。それは人間の下支えであり、彼は諸器官の残りものとして識別されるだけだ。喉、血、呼吸、神経叢から脇までの腹、腸、目、瞼などとして。人間のぼろには、それでも意志がないわけではない。その中には器官しか残っていないわけではない。言葉も、台無しになった人間の最後の息も残っていて、死にかけてもまだ、肉の塊に落ちぶれること、自分の望まない死を死ぬことは拒否する。「私はこんな死を死にたくはない」[10]。

ぼろぼろのものの言葉は凍りつき、解剖が始まる。「ぼろぼろの親父は、やがて臍のところで二つに切り裂かれる」。切断されたあとの身体は、洞穴の神秘をあらわにする。臓物が光にさらされる。そして、言葉の器官、つまり口が文字どおり「蹂躙」[11]される。もはや身体というものは、固有の統一体は存在しない。もはや「下半身」と「上半身」があるだけだ。しかし、二つに裂かれても、犠牲者は拒否のしるしをわめき続ける。なおも同じ言葉をやめない。「私はこんな死を死にたくはない」。

身体を肉に変えることは、すさまじいエネルギーの消耗を要する。暴君は汗をぬぐい、休まなければならない。死をもたらすことは、たとえそのあいだに煙草を吸ったりする楽しみがあるにしても、くたびれることだ。殺し屋を激怒させるのは、被害者が強いられたまま「死を受け入れること」を頑《かたく》なに拒否し、何としても別の死を、むしろ自分自身で死ぬことを欲することだ。思いのままに自分を死なせる権力を、犠牲者は権力に対して拒んでいるのだ。「彼は自分の唇の内側を噛んでいた〔…〕、激しい怒りに彼の胸がふくらみ、縮んだ小さな両目は顔の表情に合わせてぐるぐるまわった。少しあとでは、彼はもっと落ち着いたように見え、空虚の中にぶら下がった上半身のまわりをゆっくりまわり、同情を感じかけたところで、その黒い血の泥が地面にどろどろに固まったのを見つめた」[12]。権力は死をもたらすことができる。それでも、犠牲者のほうが、それを甘んじて受け入れなければならない。というのも、本当に死ぬためには、死を与えられるだけでなく、死ぬことの形式も受け入れなければならないからである。こうして、死を与える者は、死なされる者とは反対に、自分の意志の限界に突きあたるのである。彼はいくつかの死の手段を試さなければならない。銃、剣、毒（シャンパンによる死）、死と快楽を一緒にすること、肉の世界から酒の世界に移ること、つまり陶酔のときとしての死。

闇の世界は、全面的な紛争に巻き込まれた敵対する諸力によって支配されている。それぞれの力に別の力が常に対立し、それは最初の力が束ねたものを分解することができる。権力には、自分に従う主体の内部に忍び込み、彼らを「組み立て」、彼らの身体と、とりわけ彼らの「分身」を含めて彼らを占領する能力があることが認められる。この占領が、権力を一つの力たらしめる。この力に隷属する者から「自我」を追い出すこと、この自我に取って代わること、この力があたかも自我の支配者であるかのようにふるまうことが、この力の原則なのだ。この観点から見ると、力とは影である。そして、これは、まず人が手なずけ、服従させた死者の影なのだ。権力とは死霊であり、自分に従う主体たちの頭を盗もうとする。できることなら、彼らが自分に何が起きているのか、自分が何を見て何を聞いているのか、何を言い何をしているのか、まったくわからないように。

闇に包まれた権力の意志と死者たちの意志のあいだには、アプリオリにどんな相違もない。闇の権力の存在と連続性は死者たちとの一連の取引にかかっており、権力はその死者を運ぶ船のようなもの、反対に死者たちは権力の意志を運ぶ船と化すのである。この意志は、何よりもまず、誰が自分の敵かを知ろうとする意志である。「おまえは自分の敵をかぎつけ、兄弟、親、競争相手に対して恐るべき災いの力をかき立てて彼らを負かすだろう」、これがその意志のモットーなのだ。これを実行するために、闇の権力は絶えず死者の霊たちを養っておかなければならない。霊たちはまさに野良犬で、ちっぽけな餌なんかでは飽き足らず、肉と骨の塊を要求する。この点で、闇の権力とは死霊に取り憑かれた力である。同時に、この力は権力に取り憑き、権力と契約を結んだ死者の霊の主人になろうとするのだ。

死者との契約、ある死者の占有、あるいはまた他界の霊の占有ということの問題は、広い意味において、奴隷制、人種、資本制の歴史の中心的問題である。黒人貿易の世界とは、狩猟、捕獲、採集、売買の世界と同じものである。それは粗暴な採掘や抽出のはびこる世界なのだ。人種的資本制は、巨大な墓地の等価物である。それは死者や人間の骸骨の取引の上に成り立っている。死を想起し、召喚することは、精神を捕獲され、殺された者たちの残滓や遺物を思いのままに扱えるようになることを要求する。殺された者たちの精神と影を捕獲し、服従させるこの過程は、まさに闇の権力の活動の実体なのだ。というのも、闇の権力は、死者という対象と、その対象の中にある精神が占有のしかるべき標的になったところにしか存在しないからである。この対象は、彼の頭蓋骨の少しの断片、小指の骨、骸骨のどれか一部でもいいのだ。しかし、一般に死者の骸骨は木片や、樹皮、植物、石、動物の遺骸などと合体されなければならない。死者の霊は、これらの混合物を満たし、要するにその中で生き、こうして契約が果たされ、不可視の力能が作動することになる。

奴隷と亡霊について

今はエイモス・チュツオーラの『やし酒飲み』と『ブッシュ・オブ・ゴースツ』に戻ろう。[13] 二つのきわめて重要な作品は、亡霊の形態と、影たち、現実界と主体という主題系を扱っている。影と反映については、主体あるいは人物を自分自身のイメージまたは分身に結びつけることが、その本性だと言える。自分の影に一致し、自分の反映を引き受けた人物は、いつも自分自身を変形させている。彼は消しがたい逃走線に沿って自分を投影する。「私」は、諸々の反映から成る世界と主体とのまったく曖昧な関係において、シルエットのような自分のイメージに結ばれる。象徴的効果の薄明かりの中に置かれた影の部分は、可視的世界の敷居にあるこの領域なのだ。影の部分と呼ばれてきたものを構成するさまざまな特性の中で、特に二つの特性が注目に値する。第一は、死霊を、さらにその影を召喚し、浮上させ、出現させる権力である（〈闇を見る者たち〉がそれを掌握する）。第二は、秘伝に通じた主体が掌握する権力であり、それは自己の外に出て、自分自身の観察者になり、試練としての自身の生の観察者になる力である。そこでは自分の死や葬儀という出来事さえもが観察されるのだ。秘伝に通じた主体は、彼自身の分割という見世物に立ち会い、同時に自分から分離して自分を主体化しつつ、なお客体化する、という能力を獲得する。彼は物質と光の遮蔽幕との彼方に見えるものがまさに自己であるということによって鋭い意識を獲得する。それにしても、それは彼の反映によって二重化した自己なのだ。

反映の自立的権力はといえば、それは二つのことに依拠する。まず反映がもつ可能性であり、それは感覚的現実を構成する強制を逃れる可能性である。反映とは、はかない分身であり、決して定着することがなく、それに触れることはできないだろう。人はただ自分自身に触れることができるだけだ。見ることと触れることのあいだのこの分離、接触と不可触のあいだのあの戯れ、反映するものと反映されるもののあの二重性は、反映の自立的権力の土台になっている。反映とは、接触不可能な、しかし可視的な実体なのだ。自我とその影のあいだの空隙である、この否定性。残るのは煌《きら》めきだけである。実際、影に対して光を、光に対して影を作動させる何らかの作法なしに反映はない。この戯れなしには、浮上するものも出現するものもない。広い範囲において、生の矩形を開くことを可能にするのは、光の煌めきである。ひとたびこの矩形が開かれるなら、秘儀伝授された者は、結局、裏側を覗くように世界の背後を、生の他の面を見ることができる。結局、この人物は影の太陽的な面を迎えることができる——最終的局面における現実の力能を。

影のもう一つの特性は、人を恐怖に陥れる、その権力である。この権力は不穏な現実から生じるが、現実を構成するその実質は少しも直接的な基盤をもっていないように思われる。いったいどんな基盤、どんな地理がそれを支えているのか。サビーヌ・メルシオール゠ボネは、このことに関して、西洋の伝統における鏡について論じながら答えている。「主体は、同時にこことよそにあり、混乱を招くある遍在性とある深さにおいて、ある不確実な距離において知覚される。私たちは鏡を覗く、またはむしろイメージは物質的な遮蔽幕の背後に出現するように思われる。したがって、自分自身を見つめる者は自問することができるのだ。自分は表面そのものを見ているのか、それとも表面ごしに何かを見ているのか、と」。さらに述べている、「反映は鏡の向こうに非物質的な背面世界の感覚を出現させ、視線が諸々の外観を横断するように促す」[14]と。ところが、厳密に言えば、外観を横断するとは、単に視覚と触覚の分裂を超えることではない。それはまた、身体性との関連において精神〔プシュケ〕の自立性を危険にさらすことにもなるのだ。身体の剝奪は虚構された分身の解放という憂慮すべき可能性とともに進行し、こうして分身はそれ自身の生を獲得する――それは影の不吉な活動に委ねられた生なのだ。すなわち、魔術、空想、それに占い、欲望、願望、そして自己対自己のあらゆる関係に固有の狂気の危険などである。結局、ここには幻想と想像の権力が存在する。あらゆる影の戯れは、ここに指摘したように、主体とその表象のあいだの空隙の成立に、主体と、影に反映された虚構の分身とのあいだの侵害や不和の空間に基づいている。主体とその反映は重複しうるが、その重複は決して無事には済まない。相違と二重性は、それゆえ闇の権力の、またそれが生と生者に関わる仕方の本質的な性格にとって不可欠な要素になる。

チュツオーラの作品に従って鏡を砕いてみよう。何が見えてくるだろうか。動きつつ絶えず再生する世界の光景は、襞や折り返し、風景、形象、物語、色彩、豊かな可視性、音とざわめきから成る。イマーゴの世界とも言えよう。しかし、とりわけそれは、自分ではないものとしてまかり通り、ときには現実に反して自分がなりたいものとして受け取られる諸々の存在や物でいっぱいの世界なのだ。ここには一つの地理的空間である以上に幽霊的領域があり、それは同時に幻想的次元と視覚的次元に属している。すなわち、心象とイメージ、未知の怪物、錯乱的幻想、奇怪な仮面の次元である。――自身の運動において交錯し、対立し、消滅し、再開し、惑乱する諸々のしるしとの絶え間ない交渉がある。おそらくこのことが理由で、それは総合も幾何学も受けつけないのだ。エイモス・チュツオーラが書いているように、そこには「私たちのそれも含めて、いくつもの肖像があり、そのすべてがホールの中央を占めていた。この場で見せられることになった私たち自身の肖像は、まったく私たちにそっくりで、白色に染まっていた。こんなところで自分の似姿に出会って、私たちは驚いた［…］。私たちは〈誠実な母〉に、どういうわけでこんな肖像を作ったのか、と尋ねた。それは思い出のため、と彼女は答えた。彼女が災いや苦しみから救ってやろうとした全員を知っておくために」[15]。

これはまた、不安定、消滅、過剰、尽きることのない豊饒、恒久的な警戒状態、普遍的な演劇化において、人々が経験し、創造する世界なのだ。みんなが幽霊的領域、つまり生の果ての、崖っぷちの世界に踏み込む。幽霊的領域は一つの舞台であり、絶え間なく出来事が発生するので、歴史をなすところまで固まることが決してないようだ。生は見世物のように繰り広げられ、そこで過去は未来に、未来は不確定な現在の中に見出される。そこには、ひび割れ、引き裂かれた生しかない——体のない頭たち、頭のない体たち、私たちが目覚めさせる死んだ兵たちの世界、その切られた頭が別の頭にすげ替えられる。「［こうして私たちが対面するのは］そんな頭であり、ものすごい悪臭を放つだけでなく、昼夜、あらゆる種類の騒音を発していた。私が話していようが、黙っていようが、この頭は私の知らない言葉をしゃべり続けた。私のあらゆる秘密をばらした。他の町に逃亡する計画であれ、故郷の町に旅立つ望みであれ」[16]。同じままの胴体に、別の誰かの器官がつけられ、しゃべる器官がつけられ、体が螺旋状に回転するようになり、こうして空虚の中に混乱状態が生み出され、秘密や親密性のあらゆる概念は失われた。自分自身の体と別人に属する頭との接合によって、自分がほとんど制御できない言葉を主体は発するようになる。

崖っぷちから戻ってきて、それゆえ人は動く地平に、ある現実のまったただなかに投げ出されるが、その現実の至る所が中心であり、どこにも中心はない。それに、そこでは一つ一つの出来事が別の出来事を生み出すのだ。出来事は必ずしも識別可能な起源をもたない。そのあるものは単なる記憶‐スクリーンである。別の出来事は不意に起こり、原因不明なのだ。ある出来事には始まりがあるが、必ずしも終わりがない。さらに他の出来事は中断され、ずらされ、ずっとあとになって再開され、それも別の場所、別の状況、別の方式で、必ずしも同じ手順を踏むことなく、同じ役者が演じるわけでもない。理解不可能な輪郭や形象の不確定な変化の中にあり、複雑で、しかも常に変更可能な編成配置の中にあるのだ。

闇の権力は、自分の餌食をあらゆる面から取り囲み、傷つけ、窒息させるところまで侵して締めつける。その暴力は、まず肉体的‐解剖的な性格を帯びている。身体は、あらゆる方向に切り分けられる。ばらばらにされて機能不全になり、その結果、非対称になり、手足を失い、断片はなくなり、ちらばり、歪められ、傷だらけになり、全体というものがなくなって、要するに全面的な細分化が起きる。この権力の醜悪さから出てくる二次的な幽霊的暴力がある。実際に幽霊的権力の身体には、蜜蜂、蚊、蛇、百足《むかで》、蠍、蠅など、あらゆる生物種がひしめいているのだ。[17] 糞尿、血、要するに幽霊的権力が絶えず粉砕する餌食の屑からの悪臭がそこに放たれる。幽霊の権力はまた、捕獲によっても作動する。いちばんありふれたその形態とは、肉体の捕獲なのだ。それは主体を、受刑者のように、まったく動けなくなるまで、ただ縛りつけ、黙らせる。彼はこうして麻痺させられ、自分の不能状態を見物するしかない。捕獲の他の形態は光にさらすことであり、そのむき出しなこと、どぎつさが対象を包囲し、消去し、作り直し、主体をほとんど幻覚的状態に陥れるのである。「彼が金色の光線で私の体を照らしたので、私はそれを見て自分自身が金色に変わったと思った。それほど光が私の体のまわりで煌《きら》めいていた。だから、この金色の光のせいで、彼のほうに動こうとした。しかし、彼のほうに進んだとき、銅の幽霊が銅色の光を照らし、今度は私のほうに光を向けてきた〔…〕。私の体が輝いたので、私はそれに触れることができなかった。金色の光よりも銅色の光がよかったので、金色の前を通り越して進んだら、銀色の光に妨害され、それが不意に私の体をどっぷり包み込んだ。この銀色の光は雪のように白く、私の全身を貫いた。その日、私は自分の体の中のたくさんの骨に気づいた。しかし、自分の骨を数えようとするとたちまち、この三つの幽霊が同時に三つの光を私に向けてきたので、私は前にも後にもほとんど動けなかった。それで車輪のように回転し始めた。ちょうどそのとき、私はこれらの光のすべてを、まるで同一の光のように感じていた」[18]。

この状況で、光はその輝きとその全能を、一つの光の流れと穴だらけの透明な物質になった体に反映させている。身体のこの液状化は、結果として把握と運動の機能を停止させ、骨格がずっと明瞭にわかるようになる。光はまた、影から新しい形を出現させる。予期しない仕方で色彩と輝きを結びつけることで、光は異次元の現実を作り上げる。色彩と輝きは、単に主体を変容させるのではない。それらは主体をほとんど地獄的な渦巻きの中に投げ込むのだ。主体は回転装置となる。対立する諸力の玩具となり、諸力は恐怖の叫びをあげるまで彼を引き裂くのである。捕獲の他の形態は、催眠術と魔術に属するもので、その例は太鼓と一緒の歌である。太鼓の中でも、同時にいくつも太鼓を叩いているように響くものがある。声やダンスについても同じことが起きる。ダンサーによっては、彼らの妙技の証人となる誰かを自分の中に一緒に住まわせていることがあり、そこには死霊たちさえ含まれる。その上、太鼓、歌、ダンスは真の生ける全体を形作る。これらは人を巻き込み、しかも抵抗しがたい力である。これら三つの全体が結合されて、音、リズム、身ぶりの連結を生み出すのである。これらは幽霊たちの半世界を創造し、その途上で死者たちの回帰を促す。音、リズム、身ぶりは、散種の原則に従って無限に増殖しうる。音は、とりわけ特異な展開によって、互いの上に、互いの中に巻き込まれることによって高揚の力をもち、それが翼の生えた物質に音を結びつける。しかし、これらはまたかき立て、さらには蘇らせ、直立させる力をもつのである。直立は、やがてリズムに引き継がれ、それに身ぶりが結びつく。リズムも身ぶりも、ふんだんにある。突然、死の牢獄と墓地から引きずり出された生は、ほんの一瞬だけ、音、リズム、ダンスによって癒やされる。踊る行為において、これらの生は一時的に鉄鎖の記憶を失う。平素の身ぶりを放棄し、いわば自分の身体から解放されるのだが、それはかろうじて素描されただけの形象をすっかり消し去るためで、こうして錯綜した線の複数性を通じて世界の創造を引き延ばすのだ。「「ドラム」の音が鳴り始めるとき、何百年も前の死者たちはみんな立ち上がり、自分自身を叩く「ドラム」の証人になった。「ソング」が歌い始めると、この新しい町のすべての家畜、野生動物、蛇たちは、「ソング」を自分の目で見ようとやって来た。それに「ダンス」が踊り始めると、奥地のあらゆる生きもの、精霊、山河の被造物は町にやって来て、誰が踊っているのか見ようとした。これら三つが同じ時間にそこに着いたとき、土地のあらゆる人々、墓から立ち上がったあらゆる者、動物、蛇、精霊、その他の名もない存在が、三人組と一緒に踊った。まさにこの日に、私は蛇のほうが人間よりも、他の存在よりも上手に踊ることに気づいた」[19]。

身体の中、土の下、川の中、山の上、動物と植物の世界に閉じ込められたあらゆるエネルギーが突然解放され、これらの実体はどれも、もはや同定しうる等価物も参照事項ももたない。ひるがえって、もはや何であれ、何かの参照事項などではない。それらは一つの舞台の上にあって自分自身を起源とするまとまりでしかなく、そこでは死者たちの儀式、ダンスの熱狂、太鼓による刺激、そして復活の儀礼が、まるで突然恣意性に委ねられ、ある曖昧性に、あらゆる想像可能な事物の全面的な散逸に溶け込んでしまう。まさに大地的な場面であり、それによって地下に眠っていた者が眠りから引きずり出されるのだ。

そこには喧噪もある。幽霊的暴力はまた、騒音を発する技芸でもある。それは、ほとんどいつも統制と監視の特別な活動に関わるものだ。ある騒音は、ほとんどいつも、ある他者に呼びかけ、この他者のほうは広い範囲で群集の動きをかき立てる。過剰な騒音は、聾の状態を引き起こしうる。幽霊的暴力はまた、移り気な性質をもっている。ここで移り気は単に恣意性の行使を意味するわけではない。それは二つの別々の可能性に関わるのだ。第一は、主体の不幸を笑いとばすことである。第二は、すべてを転倒させること、それぞれのものを、それと必ずしも似ていない別の多くのものに結びつけることである。要するに、元のものと直接的関係をもたない無限数のアイデンティティのただなかに、何かのアイデンティティを解消することなのだ。この観点から見れば、幽霊的暴力とは、あらゆる本質的特異性の否定に基づくのだ。例えば、その例は客人たちを前にして主人が自分の奴隷をあらゆる種類の生きものに変身させようとするときである。まず主人は彼を猿に変身させる。そうすると、彼は果樹に登って、客のために果物を摘み始める。すぐあとではライオンに、次には馬に、ラクダに、雌牛に、今度は頭に角《つの》が生えたコブウシに変えられる。最後に元の姿に戻されるのだ。[20]

生と労働について

このような世界において、奴隷はいちどきに生み出された実体としてではなく、労働に従うものとして出現する。労働そのものは、恒常的な活動である。生そのものは、一つの流れとして繰り広げられる。生の主体は、労働に従う主体である。この生のための労働において、その行動のいくつかの特徴が顕著になる。その一つは、危険や死をもたらすものを罠にかけることである。生のための労働とは、したがって死を捕獲し、それを他のものと交換することである。この捕獲のためには策略に訴えることが必要になる。有能な当事者とは、最初の一撃で敵を殺すことができなければ、もっと狡猾さを発揮するものである。罠を仕掛けたあとは、知恵や策略を発揮して、そこに他者をおびき寄せることが肝要なのだ。目的はいつも他者の体を網にかけて動けなくすることである。生のための労働の核心には明らかに身体というこの明白な物質があり、こうしてそれには多くの特徴が、数や数字が付与されるのだ。

しかし、あるがままの身体は、それに内属するいかなる意味も与えられていない。厳密に言って、生における劇的効果に関して、身体そのものは何も意味をもたない。それは一つの錯綜体、あるいは過程の集合体であり、それ自体としては内在的意味をもたない。視覚、運動性、性活動、触覚は、重要な意味などまったくもっていない。したがって、あらゆる身体性の中には、まぎれもなく物質性の一部がある。生のための労働とは、厳密には身体が絶対的物質性に陥るのを回避することであり、身体の全部が単なるモノになってしまうのを避けることなのだ。ただ一つの存在様式だけが、それを成し遂げることを可能にする。すなわち、曖昧な存在様式のことである。物事の背後で手探りしながら戯れ、自分自身と他者を前にして喜劇を演じる、という作法である。身体はここでは解剖学的現実であり、それぞれが特別な機能をもつ諸器官の寄せ集めである。したがって、それはいかなる特異性の場でもなく、結局は無条件でこう言いきってしまえるほどなのだ。「私の身体、それは私のものだ」と。確かに、それは私に属している。この所属は、しかし絶対ではない。実際、私は自分の体の部分を他人に貸すことができる。

自身の身体から自分を分離する能力は、それゆえ生のためのあらゆる労働にとっての前提である。この操作のおかげで、主体は必要ならば自分の生に借りものの輝きを与えることができる。自分の存在を偽り、隷属のしるしから解放され、神々の仮装行列に参加し、あるいは雄牛の仮面をつけて処女を誘拐することだってできる。実際、あるとき自分の身体の部分を分離することができる者は、別のときには取引が終わればそれを取り戻すこともできる。だからといって、余分になったかのような身体の部分があって、それがばらまかれたりするわけではない。ただ、同じときに自分自身の身体の全部を自分のものにしている必要がないだけだ。したがって、身体の第一の美徳とは、身体が象徴的な光輝の中にあって、その中心であることなどではない。その美徳は、感覚的表現の特権的領域として存在することでもない。それは全体的または部分的に把握された諸器官の潜在性の中にあり、それらの断片が交換可能で、一定の価格で接合したり修復したりできることだ。したがって、留意しておくべきことは、象徴的な曖昧性以上に、その道具性という面である。身体は、諸器官が己を見せつけ、機能するかぎりにおいて、生きながらえる。諸器官のこのような展開、その可塑性、多少とも自立的な力能のせいで、そこには幻想的身体しか存在しなくなっている。身体の感覚は、世界におけるこのような諸機能に、この幻想の権力に密接に結ばれている。

しかし、身体は動くことが可能でなければならない。身体はまず、動くため、歩くためにある。だからこそ、移動する主体しか存在しないのだ。移動する身体は、場所から場所へと移ってゆく。旅そのものは特定の行き先をもたなくてもいい。だから、思いのままに出たり入ったりもできる。あらかじめ行程が決まっていることもある。道はいつも望みどおりの場所に導いてくれるとは限らない。だから、重要なのは、行き先ではなく、旅の途中の通り道であり、たくさんの体験の当事者や証人になること、とりわけ不意に起きること、予想もしなかった出来事である。したがって、道そのものに、目的地よりも道程のほうに注意を向けることが肝心なのだ。つまり、重要なのは旅路である。

生のための労働において必要な別の能力とは、変身の能力である。主体はあらゆる機会に変身することができる。紛争や逆境の状況では、とりわけそうなのだ。変身の行為は特に、不安な求心的動きを通じて、絶えず自己の外に出ること、自己に先まわりすること、他者の前面に構えることである。その動きは、自己への回帰可能性が決して保証されてはいないので、なおさら恐ろしいものになる。実存がささいなことにしか結ばれていないこのような状況においては、アイデンティティは一時的な仕方でしか持続されない。というのも、自己の前に進み出ないということは、文字どおり殺される危険を冒すことなのだから。特別な存在者のうちにとどまるのは暫定的でしかない。存在者をめぐって渦巻きが、眩暈や堂々巡りと拮抗する実存のただなかで、この存在者から適切な時機に離れ、彼を隠し、反復し、分離させ、取り戻す術を知らねばならない。ここには生の諸々の状況があり、それを通じて生者は、実存しようとする飽くことのない熱望にもかかわらず、みずからの個人的特異的な形態ではなく、ある死者のアイデンティティを背負う定めなのだ。「あらゆる明白性を超えて、彼は快活だった。私という人格において、自分の死んだ父親の亡骸《なきがら》を発見したと彼は思っていた。だから、彼は決心して頭上に私をかつぐことにした［…］。彼が町に現れたとき、町中の幽霊たちはみんな、彼が汗まみれになってかついでいる荷物はいったい何かを知ろうとした［…］。死んだ親父の亡骸だ、と彼は答えた［…］。町の幽霊たちは大喜びして迎え、彼の家までついていった［…］。私たちは家に着き、彼の家族みんなが［…］私は本当に彼の死んだ父親の亡骸だと信じた。一家は恒例の葬儀を行った。［…］そのあと、誰かが大工をしている一人の幽霊に頑丈な棺を作るように頼んだ。一時間後に棺が届いた。あたりで棺のことを話しているのが聞こえ、このとき彼らが私を生きたまま埋めようとしているのがわかった。そこで私は死んだ父親とはまったく別人だと言おうとしたが、言葉が出なかった［…］。大工が作業を終えて棺を運び入れたそのとき、彼らは私をその中に入れた。彼らはそこに蠍まで入れて蓋をした［…］。あの世への旅のあいだ、私は蠍で命をつなぐはずだった。それから、彼らは家の後ろに墓を掘り、そこに私を埋めた」[21]。

父親はこうして死んだ、そして見たところ、確かに彼自身のどんな遺物も残さなかった。死者の亡骸というあの肝心な形跡の不在によって生まれたこの空虚は、現実界における大きな穴として経験される。死者の亡骸という形跡は、彼の死去というシニフィアンの構成において、まさに本質的である。この形跡なしには、死者と彼の死去は虚構の次元に登録されてしまう。というのも、亡骸こそが死の現実性に、その陰鬱な権威を与えるからである。この形跡の不在は、生きる主体にとって、自分自身の埋葬の証人になるという可能性に道を開く。この段階に達するために、彼は自分自身の発音障害から引き離され、他者の想像力の中に捕獲されなければならない。彼は抵抗するが、どうすることもできない。彼は他人と間違えられ、意に反してその物語を、とりわけ最期を背負わなければならない。彼は自分の特異性において抗議し続けているにもかかわらず。この容赦のないプロセスは墓所の中の彼の結論まで継続される。主体は、まぎれもなくそこに、彼自身にとって存在する。彼は何らかの遍在性において知覚されるのではない。それでも死者はある種の物質的スクリーンの中に登場し、それは犠牲者の固有のアイデンティティを廃棄してしまう。その犠牲者は埋葬されようとしていて、自分のものではないアイデンティティの中に溶解されてしまう。倒錯的なひらめきのおかげで、死者は生ける主体の表層を通じて物象化される、それも幽霊的形態ではまったくなく、不透明だが触知可能な、まさしく物質的な形式において。

他者の身体の媒介を通じて、演劇としては悲劇的な舞台において、死者は〈しるし〉の地位に到達するが、この舞台は主役たちのそれぞれを絶えず更新される外観の非現実性に、そしてアイデンティティの象徴的な煌《きら》めきの中に沈ませるのだ。こうして、対象（死骸）、そしてその反映（生ける主体）は重なり合う。生ける主体は自分は死者ではないと否定するが、彼はもはや自分自身に属していない。こうして、彼の署名とは代わりになることなのである。彼の眩暈するような切望、彼の抽象能力、死者の非情な悪魔は、実際、彼を占領してしまったのだ。死者の体は、正確に言えば、意に反して死者にされた者の体と同じではないのだが、死んだ男はこうして同じときに二つの場所に存在し、二つの場所で同じ人間ではない。生きたまま墓所に連れていかれる主体はといえば、同じ者であり続けながら、別の誰かになったのだ。決して彼は分割されたわけではない。厳密に言えば、彼が模倣するように強いられた誰かは、どこをとってみても彼自身の人間としての属性をそなえていない。まさにすべては外観上の半睡状態で起きる。広い意味において、死者と生者は彼らの死と彼らの生のあらゆる特性を失ったのである。彼らはこうして意に反して身体的実体に結合され、それによって各人が原始的で無差別的な基盤になる。奇妙な指名を通じて、シニフィアンはシニフィエによって、シニフィエはシニフィアンによって破壊され、粉砕され、消尽される。二つはもはや互いに他から離れることができない。

　結局、人が背負う重荷というものがあるのだ。ここでもそれは、しばしば意に反してのことである。「〔彼は〕私たちが彼の荷物を運ぶのを手伝うように懇願した。〔…〕そもそも、はちきれそうになった袋の中に何があるのか、私たちにはわからなかった。町に着くまでは荷物を下ろすことはまずできないと、彼は私たちに了解させた。荷物の重さを確かめるのを彼は拒んだ。そうすれば、この重さが私たちの能力を超えているかどうか、私たちはわかったはずだ。〔…〕結局、私が妻の助けを借りて頭上に荷物を置いたとき、ある男の死体のようだと直感した。ずいぶん重かったが、私は難なく運ぶことができた。〔…〕それでも私たちが何を運んでいるのか知るのは難しかった。実は、それは私たちがまぎれ込んだ都の王子の亡骸だった。当の王子は、私たちが偶然知り合った仲間に、何かの間違いで、農場で殺されてしまったのだ。そして、この仲間は彼の代わりに犯人になってくれる誰かを探していた。[…] この朝早くに王の命令で私たちは派手な服装をさせられ、馬に乗せられ、一週間都を行進させられたが、それはこの世で人生の最後を楽しめるように、というわけだった。七日過ぎたら、彼の息子の死の報いとして、王は私たちを殺すはずだった」[22]。

死者と生者の絡み合いの同じ関係がここでも機能しているが、唯一の例外は、生者は、まったく殺人犯ではないのに、死者の亡骸を担がなければならない、ということだ。死と責任の脈絡は荷物によって示される。荷物の運び手に強いられるのは、形を背負うことであって、殺人者という物を背負うことではない。これらすべては諸々の対比の場の内部で繰り広げられ、そこではさまざまな体験が再結合されるが、カオスの様態ではなく、むしろ持続の様態において再結合されるのである。それぞれの体験は、まず非等質な諸要素の混合から成るものだが、ただ暫定的な形態が、それ自体は破綻しながらも、この混合を凝集させるのである。こうなると、生とはほとんど並行的な瞬間と持続の連続にすぎない。だから、包括的な統一性が欠けている。いずれにしても、一つの体験から別の体験への、一つの地平から別の地平への連続的飛躍があるだけだ。実存の全構造は、生きるためには常に永続性から逃れなければならない、ということになる。というのも、永続性は不確実性をはらみ、脆弱性にさらされるからである。不安定性、中断、そして動性は、反対に逃走や脱走の可能性をもたらすのである。

しかし、逃走や脱走もまた危険をはらんでいる。「彼は私をつかまえようとして、その手が私の頭をかすめた。そのとき私は彼がいつも隠しもっているジュジュ［魔法の札］を手にしていた。彼の家を離れる前に見つけておいたのだ。それを使ったので、私は馬ではなく、頭に角《つの》の生えた雌牛に変身した。不幸にも、それを用いる前に、私は元の人間の形を取り戻すことができなくなるのを忘れていた。［…］雌牛に変身したあと、私はもっと強くなり、彼より早く駆け始めた。しかし、彼は諦めず、獰猛に私を追いかけて、ついにくたびれてしまった。結局、彼が私を諦めかけたとき、私は飢えたライオンに、それもあたりで獲物を求めて狩りをしているところに出くわした。ライオンは私の半ズボンに噛みついてきた。約二マイルの距離を駆けて、私は牛飼いにつかまえられたが、彼らはずっと前から行方不明の雌牛たちの一頭を見つけたと思ったのだ。牛飼いたちのたてる騒音に怯えて、ライオンは道を引き返した。そのとき、牛飼いは草を食《は》んでいる別の雌牛たちと私を一緒にしてしまった。彼らは私が行方不明の牛だと思った。なので、私は変身して私の人間の形を見出すことができなかった」[23]。

　結論しよう。第一に、幽霊的なパラダイムにおいて、時間には可逆性も不可逆性もない、ということである。重要なのは、経験の渦だけだ。事物と出来事は互いに巻きついている。歴史と出来事に始まりがあるとしても、それらには必ずしも終わりがない。確かに、それらが中断されることもある。しかし、一つの歴史あるいは出来事は別の歴史や出来事において継続されうるのであり、二つのあいだに必ずしも関係がなくてもよい。紛争や闘争は、それらが中断されたところで再開されうる。しかし、それらを遡って再開することができるし、あるいは新しい始まりに立ち会うこともできる。たとえ歴史と昔の出来事の関係が常に現在の上を漂っているとしても、連続性など必要と感じられることさえない。そもそも同じ出来事が異なる二つの始まりをもつことがある。この過程のあいだ、人は生と主体の喪失の段階から充実の段階に絶えず移行することができる。結果として、すべてが未完成の原理によって作動する。したがって、現在、過去、未来のあいだの関係は、もはや連続的秩序にも系譜的秩序にも属さず、むしろ多様な細い糸によって互いに結ばれた、実際上はバラバラの時間的連鎖の絡み合いに属するのだ。

第二に、幽霊的タイプの暴力という特徴をもつ文脈で主体としてふるまうことは、あらゆる状況において「諸々の断片を絶えず新しい断片化に導く」[24]ことができるということである。幽霊的領域には分裂症的主体しかありえないことがわかる。ジル・ドゥルーズとフェリックス・ガタリの言うところでは、分裂病者は、あるコードから別のコードに移動して、あらゆるコードを攪乱するのだ。「すばやい移動のうちに、提起される質問に応じながら、日々同じ説明を与えることがなく、同じ系譜を引き合いに出すこともしない。また、同じ出来事を同じ仕方で登録することもしない。オイディプス的な陳腐なコードを無理強いされても、苛立っていないときには、このコードを受け入れることさえある。ただし、受け入れるといっても、もともとこのコードが排除しようとしていたあらゆる離接を、このコードの中に詰め込む」[25]。こういう状況においては、ニーチェの表現によれば、「すべてがしかしそれ自身において分割され、また同じ存在が至る所で、あらゆる面で、あらゆる水準で、ただ異なる強度で存在し」、生き残る唯一の方法はジグザグで生きることなのだ。

第三に、幽霊的存在であるかぎり、奴隷は唯一の形態をもたず、決定的に形成された内容ももたない。そして、形態と内容は生の出来事次第で絶え間なく変化する。しかし、実存の展開は、決定的に固定されたかに見える記憶とイメージの備蓄に支えられているからこそ可能なのだ。主体は、それらを超越し、忘却し、それら以外のものに任せておくときにこそ、それらに寄りかかっている。したがって、生のための労働とは、生の諸々の転変と交渉するためにこそ人が記憶に支えられるときにこそ、そのたびに記憶から遠ざかることなのだ。生まれつつある生の雛形の状態である幽霊的主体は、そのたびに自分自身から脱出しなければならず、時間と偶然の流れに巻き込まれなければならない。主体はときには計算された効果の連鎖を通じて偶然の中に生み出されるが、こうした効果は決してあらかじめ予測される正確な要素において具体化されるわけではない。だからこそ、この予期せぬこととこの絶対的不安定性において、主体は自己を創造し、発明するのである。

おそらくこれが理由で、闇のまっただなかで主体は追憶の歌に身をまかせることができ、実にしばしば不幸の残骸の下に埋められ、こうして実存に対して陶酔や永遠の性格を与えることは阻止される。しかし、彼は喫煙によって解放され、主体の地平を制限していたあらゆるものを、ここでたちまち帳消しにする。そうして主体は果てしない光の海に投げ込まれるが、それを可能にするのは不幸の忘却なのだ。「彼は六フィートもあって煙をあげているパイプを私の口にくわえさせた。それには半トンのタバコを一度に詰めることができた。それから彼は幽霊に命じてパイプにタバコを詰めさせた。それに火がつくと、幽霊たちはみんな私のまわりで少しずつ集団になって踊り始めた。彼らは歌い、手を叩き、鈴を鳴らしていた。誰かの叩く太鼓の音で［…］みんなが陽気に飛びまわった。パイプの煙が私の口から出るたびに［…］みんなが大笑いして吹き出し、そのけたたましい笑い声は周囲二マイルまで誰にもはっきり聞こえたほどだった。そして、タバコがなくなりかけるたびに、パイプを詰める役の幽霊は大急ぎで新しいタバコを詰めてくれた［…］。このパイプを何時間もふかすうちに、強い酒でも飲んだようにタバコのガスで中毒してしまった。そのとき、私は自分の不幸をすべて忘れながら、故郷の歌を歌い始めた。幽霊の世界に踏み込んでから、不幸のせいで私はこの歌を歌えなかった。この歌を聞いて、幽霊たちはさっそく踊り始めた」[26]。

6

主体の臨床医学

Clinique du sujet

したがって、すべては「私は黒人である」という同一性の確認から始まる。この確認の行為が「いったい私は誰なのか」という私たちの問いに対する答えとなる。あるいは、私たちに対する「あなたは誰なのか」という問いの答えとなる。第二の場合は、ある〈誰何〉に対する答えになっている。二つの場合に肝心なのは、自分のアイデンティティをあらわにし、それを公にすることなのだ。しかし、アイデンティティをあらわにすることは、自分を認知することでもあり（自己認知）、自分が誰なのかを知ってそれを言うこと、さらにはそれを宣言し、かつそれを自分自身に言うことである。同一性の確認行為は、また実存の肯定でもある。「私は……である」とは、こうして私が実存することを意味するのだ。

主人とその黒人

それにしても、一人の「黒人《ニグロ》」とは、この存在者とは、いったい何か、私はその存在者の種であるということだろうか。「黒人」とは、何よりもまず一つの言葉である。一つの言葉はいつも何かを指示する。しかし、言葉はまた、固有の厚みを、固有の密度をもつ。言葉は誰かに向けられ、または誰かがそれを聞くとき、その誰かの意識に何かを呼び覚まそうとして口にされる。密度や厚さをもてばもつほど、言葉はその指示対象になるものに感覚、感情、その上、怨念さえ引き起こす。人を傷つける言葉がある。言葉のもつ傷つける能力は、言葉そのものの重みの一部になっている。「黒人」はまた、とりわけ名前であろうとする。一見して、一つ一つの名前は多かれ少なかれ包括的な用途や条件をそなえている。「黒人」とは、したがって他の誰かによって私に与えられた名前である。もともと私が選んだものではない。私が世界空間で占める立場に基づいて、この名前を相続しているだけだ。「黒人」という名を着せられたものは、この外部から由来したものに騙されはしない。

　その欺瞞の権力を体験することになっても、やはり彼は騙されはしない。この観点から見れば、「黒人」とは〈他者〉をまっすぐ見つめることができない存在なのだ。「黒人」とは、出口のない壁の下で身動きできないにもかかわらず、いつかすべてが開かれると思う存在なのだ。そこで彼は壁にぶちあたり、懇願し、またぶちあたり、存在しない扉が開くのを待つ。結局、多くの者はそれに順応し、その名前が彼に押しつけた運命の中に自分を認知するようになる。名前は誰かにつけられるためにあり、彼らはもともと自分が作ったわけではない名前を自分につけたのだ。言葉と同じく名前も、それを名乗る者によって了解され、受容されなければ実在しない。あるいは、それを名乗る者がその重さの効果を意識に実感するときにしか、名前は実在しない。絶え間ない侮辱と感じられる名前があり、単に習慣として使われる名前がある。「黒人」の名には、こんな二つの面があるのだ。結局、ある種の名前はいい気分にしてくれることもあるが、「黒人」の名は、はじめはモノ化と剥奪の手段だった。それは窒息させ、圧迫し、手足をもぎ取り、去勢する能力から力を引き出していた。この名は死に等しかった。「黒人」の名は、いつも死と、殺人と、埋没と本質的な関係があった。そして、もちろん沈黙とも関係があった。物事はぜひとも沈黙のうちに消されなければならず、黙ること、見られないことが命じられた。

忘れてはならないのは、「黒人」とはまた一つの色彩であろうとする、という点なのだ。暗闇の色。この観点からは、「黒人」とは闇において闇を生きる者、その生が闇で営まれる者である。闇こそが彼を最初に包むものであり、闇の生地に包まれて彼の肉は形成される。それが彼の紋章であり、彼の衣装なのだ。闇に住むということ、闇としてのこの生は、彼を見えないものにする。〈他者〉には彼が見えない。結局、何も見るべきものがないからだ。あるいは、見るにしても、影と暗黒しか見えず、ほとんど無なのだ。生まれる前の闇に包まれ、黒人自身には自分が見えない。こうして出口のない壁を全身で叩いても、全力で突進しても、そして存在しない扉が開かれるように要求しても、遅かれ早かれ後ろの道端にくずおれてしまうだけだ、ということがわからない[1]。厚さのない存在の薄片にすぎない彼には、やはり何も見えない。そもそも、色彩からすれば、彼のまなざしは羊膜や粘膜のまなざしにすぎない。色彩の魔術的力とはこのようなものであり、まなざしの先端に現れ、結局、兆候や運命として、あるいは権力の網目の中の瘤《こぶ》のようなものとして自己主張することになるのだ。この観点から見ると、黒人の色は、ある雰囲気のような特性をもっている。第一には、古代からの呼びかけの形として現れ、本当は何も変えることができない系譜的な遺産に送り返される。黒人は自分の色を変えることができないからである。第二には、ある外部を示し、黒人はその中に閉じ込められ、この他者に変形されるが、この他者は私にとって永遠に認識不可能である。もしくは黒人を覆い隠すヴェールが剝がれることがあるとしても、それはやはりヴェールとひきかえに、でしかない。だから、黒人の色は意味をもたない。それを捏造する一つの権力、それを支える下部構造と他の色との対照、そして結局それを名づけ、それを公理化する一つの世界に依拠して存在するだけだ。

その上、「黒人」の名は、服従的関係や絆に関わっている。結局、「黒人」は「主人」との関連においてしか存在しない。「主人」は彼の「黒人」を所有する。そして、『黒人」は彼の「主人」に所属する。すべての「黒人」は彼の「主人」から自分の形を受け取る。主人は彼の〈黒人〉に形を与え、〈黒人〉は彼の以前の形の破壊と爆発を通じて、この形を帯びるようになる。この所有、所属、爆破の弁証法の外部に、「黒人」それ自体というものは存在しない。成功を収めたあらゆる服従は、常にこの所有権、横領、自分以外の誰かへの所属という関係をともなっている。〈黒人〉と彼の主人の弁証法において、服従の二つの完成形とは鎖であり、綱なのである。その綱とは、自由ではない者の首につながれた、この種の綱なのだ。自由でない者とは、人が手をさしのべることがならず、結果として首に綱をかけて引きまわすしかない誰かのことなのだ。綱とは、とりわけ奴隷のアイデンティティの、奴隷的条件の、屈従の状態のシニフィアンなのだ。奴隷状態を経験することは、人間と動物のあいだの無差別地帯に、動物の立場を通じて人間的生が見つめられる場所に、強制的に人間が立たされるということである。つまり、人間の生が動物的生の形態をとり、もはや人間と動物を識別することができなくなり、動物に属する誰が人間より人間的なのか、人間に属する誰が動物より動物的なのか、わからなくなるまでに。

この辱《はずかし》められた名前を、とりわけマーカス・ガーヴェイ、そしてエメ・セゼールは、本質的に終わりなき対話の対象にしようとして取り上げるだろう。

人種の闘争と自己決定

奴隷制度の下でプランテーションは野蛮な秩序の本質的機構を作り上げていたが、その中で人種的暴力は三つの役割を果たしていた。第一に、それは、奴隷たちは生という名にふさわしい生に不可欠の手段を獲得することが決してできないとみなして、社会的再生産を確保する彼らの能力を弱体化しようとするものだった。この暴力性は、他方では身体的次元をもっていた。それは身体を麻痺させ、必要なら破壊しようとした。最後に、それは神経系統を攻撃し、犠牲者たちが自分自身の象徴世界を創造する能力を枯渇させようとしたのである。彼らの活力は、ほとんどの場合、生き延びようとする労苦に向けられ、自分の生活を反復という形でしか生きないように強制されていた。しかし、主人と奴隷のあいだの関係をとりわけ規定していたのは、主人だけが未来に関してもつという独占権であった。黒人であること、それゆえ奴隷であることは、自分自身の未来をまったくもたないということを意味した。〈黒人〉の未来とは、いつも彼が主人から贈与として受け取る与えられた未来であり、それがつまり解放であった。だからこそ、奴隷たちの戦いの中心には、いつも未来の問題があり、それは自分で切り開くべき未来の地平であって、そのおかげでわれわれは自己に責任をもち、また世界を前にして責任をもつ自由な主体として自己を生産することができるのである。

そういうわけで、マーカス・ガーヴェイにとって、欠如によって自己を定義するのでは、もはや十分ではなかった。副次的または派生的な同一化の形態（つまり、主人の立場からの同一化）についても同じことが言えた。破壊という否定的作業の次の段階では、〈黒人〉は別の誰かにならなければならず、自分自身の立案者にならねばならず、未来に自己を投影し、欲望に自己を備給しうる主体に変身しなければならなかった。新しい人格を誕生させ、自己の実存に何らかの一貫性を与えるために、彼は反復としてではなく、解消しがたい差異と絶対的特異性として、みずからを自己生産しなければならなかった。喪失と破棄から形成の力能が、世界の中に新たな形態を創出する生ける実体が登場しなければならなかった。ガーヴェイは欲求という観念に敏感ではあったが、欲望を欲求に還元することは差し控えた。反対に、彼は黒人の欲望の対象そのものを定義し直そうとしたのだ——それは、自分自身によって自己を統治するという欲望のことである。同時に投企でもあったこの欲望に、彼は「贖罪」という一つの名を与えた。これはアフリカ独自の投企なのだ[2]。

このような贖罪の投企を実行に移すには、世界の時間についての注意深い理解が必要だった。世界そのものは人類によって住まわれていた。人類はいくつかの人種によって構成され、それぞれの人種は純粋なものとみなされてきた。それぞれの人種が一つの領土の枠組みにおいてみずからの運命を掌握し、その上で人種は主権の全面的権利を行使するものとみなされてきた。ヨーロッパは白色人に属し、アジアは黄色人に、アフリカはアフリカ人に属していた。区別されてはいたが、各々の人種は同じ能力と可能性をそなえていた。どの人種も、本性として、他の人種に対して領主権を行使することなど認められていなかった。世界史は循環的で、あらゆる支配はかりそめのものだった。一九二〇年代のはじめに、ガーヴェイは世界の政治的再編成が進みつつあると確信していた。承認と尊厳を求めて全世界の権力を相手に戦う抑圧されてきた民衆と、支配されてきた人種の蜂起によって、この再編成は培《つちか》われていた。生のためのある競争が始まっていた。この粗暴で容赦のない過程において、組織されていない、野心に欠ける、自分自身の利益を保護し防衛する力のない民衆のための場所はほとんどなかった。自分たちを組織することができないせいで、こうした民衆は単に絶滅の危機に脅かされていた。贖罪の投企はまた、出来事の理論を要求してもいた。ガーヴェイにとって、出来事とはとりわけ本質的に未来において生成されるものとみなされており、その確かな時間は誰にも予知できないが、それは確かに切迫していた。〈黒人〉の場合、待望される目標は一つの「アフリカ帝国」の到来であり、それなしでは黒人種は世界における政治的経済的実存を享受できなかったのである。出来事は時代の潮流の中にあり、追い風に乗っていた。警戒の政治の実質は、それと共存すること、さらには出来事に備えながら、その到来を促すことだった。[3]

　したがって、ガーヴェイは、大規模な逃亡の運動ではなくても、少なくとも組織的な撤退を奨励していた。西洋が衰退する定めにあることを、彼は確信していた。技術の発展は、逆説的にも、みずからを懸命に破壊しようとする文明に道を開いていた。精神的基盤の支えをもたないので、そんな文明は長続きするはずがなかった。ガーヴェイの見方では、時代状況において〈黒人〉は大々的に脱領土化された主体であった。「〈黒人〉に関しては、国民国家的な境界など認められない」と彼は断言していた。「アフリカが自由でないかぎり、世界全体は私にとって一地方にすぎない[4]」。生のための人種間競争という深刻な特性を刻まれた世界の地政学から見れば、この脱領土化された主体は、自分自身の防衛も、祖国をもたない特別な人種としての生存も確固たるものにするのは難しかった。彼は真正の人間、つまり他のみんなと同じ人間、各人が決定する権利をもつ事柄を決定できる人間、自己、他者、自然に対して一種の権威を行使できる人間になることができなかった。そのような権威は、本来的に、かつ権利として、人間の名にふさわしい各人に属するはずなのに。それゆえ、廃墟と災厄こそが、アフリカの外部のあらゆる〈黒人〉の未来だった。

ガーヴェイにとってのアフリカは、いくつかの点で神話的かつ抽象的な実体であり、充実したシニフィエ、そして見たところ透明なシニフィアンであり続けている。――そして、そのことは逆説的にもアフリカの力になっている。ガーヴェイのテクストにおいて、アフリカと発語することは記号の実質を探し求めて諸々の形跡に踏み込むことであり、これはすなわち過去の実質、記号そのもの、そして記号の出現を促す形式といったものである。人類の歴史は人種間の闘争の歴史であった。人種は、主人の人種と奴隷の人種から成っていた。主人の人種とは、自分のために法を作ることのできる人種であり、他者に自分の法を強制することのできる人種だった。ガーヴェイの目に映ったアフリカとは、ある約束の名であり、歴史の転換の約束だったのである。奴隷の人種は、自分自身の権力装置を獲得できるなら、近い将来に再び主人の人種になることができるはずだった。この明らかな可能性が実現されるには、アメリカと西インド諸島の〈黒人〉は、自分たちが追放されてやって来た不寛容な場所から脱走し、再び本来の住処を手に入れなければならなかった。かつて彼を服従させた者たちから遠く離れた彼方で、彼はついに自分自身の力を回復し、自分の才能を開花させることができるだろう。そして、黒人アフリカ人の民族性を発展させることによって、もう他者への憎悪と復讐に自己を消耗するのはやめ、そんなことからは解放されるだろう。

人間への上昇

セゼールは生涯にわたって全力で、鋭利に、精力的かつ明晰に、明るさと暗さを混合して、詩という奇跡的な武器と、詩に匹敵する政治という高貴な武器をもって、不滅のものからも、かりそめのものからも、通り過ぎて灰燼に帰すものからも目を離すことなく闘い続けるだろう。彼は不屈の姿勢で、ある恒久性の場を作り上げようとし、こうして名前の虚構が暴かれ、真理が蘇生し、不滅の何かが出現するだろう。それによって、彼の火山のような思考は同時に妨害の、蜂起の、希望の思考となるだろう。この闘争と蜂起の思考の土台は、一方では世界の、または彼の好んだ言い方では諸文明の抑えがたい複数性の肯定であり、他方では「どこにいようと人間は人間として諸々の権利をもつ」[6]という確信だろう。この思考が証言することになるのは、差異との人間的関係に対する希望であり、それは人が衝突する名のない顔の明白性に対してなおさら要請される人間性の無条件の関係である。それはまた苛酷な暴力的契機の明白性でもあり、この暴力はその顔をむき出しにし、その名を冒瀆し、その響きを消すようにわれわれを強制するものでもある。それがやがて告発するものとは、人種主義と植民地主義であり、あの冒瀆と、あの消去の行為という二つの近代的形態であり、人間における獣性の二形態、人間と動物の結合の二形態であって、われわれの世界はその外にまだ出ることができていない。結局、この世界につきまとう恐怖は、目覚めることのない、新たな光も、太陽も、明日もない眠りの恐怖なのだ。

セゼールの強迫観念に戻ると、それは単に西インド諸島のことに限らなかった。彼はそれを「フランスの」とは言わず、「カリブの」と言うのが習慣だった。フランス革命については、彼の精神にとって、それはまったく革新的な出来事だったが、フランスは「植民地問題」、すなわち人種なき社会の可能性を棚上げにした、と述べていた。そして、フランスだけではなく、ハイチも同じだった（「自由を獲得したとはいうものの」、この国は植民地よりも悲惨だ、と彼は言っていた）。ルムンバの国コンゴにも、そこを通じてアフリカにも同じことが起きた（そこで独立は「私たちのあいだの紛争」に行き着いてしまった）。黒人のアメリカにも同じことが起きた（それに対して彼は絶えず「承認という負債」を想起させ、それを強調し続けた）。それは彼自身が絶えず繰り返したように、「近代世界における黒人の運命」であった。

彼が「黒人」と呼ぶものに対して公言した憂慮を、どうすれば真剣に受け取ることができるのか。まず、この憂慮を無化すること、それに関わる未知の事柄がはらんでいる論争的な内容を無化することを避けなければならない。これらすべてがわれわれを混乱させうることを受け入れながらも。この憂慮をわれわれは包容すべきなのだ。セゼールをアイデンティティの拘束的な発想に閉じ込めておくためではなく、まして彼の思想を人種的部族主義の形態に追いやるためでもなく、まさに難問に直面して誰も逃げることができないように。この難問を彼はみずからの問いとし、それをみんなに絶えず問い、それは今も本質的であって、答えがないままでも、私たちは植民地主義、人種、人種主義を問うことから始めなければならないのだ。最近もまだ彼はこう言っていなかっただろうか。「問題は人種主義であり、世界中での人種主義の再発である。至る所で再燃している人種主義の温床である。それこそが問題だ。それこそが、われわれの関心でなければならない。それなら、今は、われわれが警戒を解き、武装解除するときだろうか[7]」。それでは、セゼールは、近代世界において「黒人」に与えられた運命に対する憂慮を公言するとき、何を言いたいのか。「黒人」という言葉で何を言わんとしているのか。なぜ単に「人間」とは言わないのか。

人種を政治的なもの、近代性、普遍性の観念そのものの批判の出発点にするとき、セゼールは黒人の知的批判的伝統の延長線上に身を置いているが、この伝統はアフリカ‐アメリカ人にも、カリブ海英語圏やアフリカの多くの思想家にも見出されるものだ。しかし、セゼールの場合、「黒人」に対する憂慮は世界の分断にではなく、その複数性の肯定や脱閉域の必要に行き着くのだ。世界は複数であると認めること、脱閉域のために戦うことは、ヨーロッパとは世界ではなく単にその一部であると主張することである。したがって、それはセゼールが「ヨーロッパ的還元主義」と呼ぶものに歯止めをかけることであり、それによって彼が意味しているのは「この思考体系、またはむしろ卓越した栄えある文明の本能的傾向であり、それは自分の栄光そのものを悪用して、文明的なものの概念を自分自身の次元に不当に引き寄せ、周囲に空虚を生み出そうとする。別の言葉で言えば、自分だけの要請から自分自身の範疇を通じて普遍性を思考しようとする」。彼はまた、それがもたらす諸々の結果を示唆している。「人間を人間的なものから切断すること、そして人間を自殺的傲慢の中に、でなければ野蛮の合理的科学的形態の中に決定的に孤立させること」。

世界はヨーロッパに還元されるものではないと断定すること、それは特異性と差異を復権させることである。人が何を言ってきたにせよ、このことによってセゼールは実にサンゴールに近いのだ。二人とも普遍的なものの抽象的観念を拒否している。普遍的なものはいつも特異性の振幅において形を変える、ということを彼らは重視する。彼らの目には、普遍的なものとは、まさに特異性の多様性の場であり、それぞれの特異性はあるがままのものでしかなく、つまりそれを他の特異性と結合したり分離したりする何かにおいてあるだけだ。だから、どの特異性においても絶対的普遍は存在しない。普遍的なものは諸々の特異性や差異の共同体として存在するだけだ。それは共同性と分離の状態に置かれる分有にほかならない。ここで「黒人」の憂慮は、普遍的共同体の別の想像力に道を開くからこそ意味をもつ。この終わりなき戦いと植民地主義の多様な回帰の時代にあって、この種の批判は終わりには程遠い。現代の状況にあっても、それはまだ不可欠なのだ。市民権、われわれのあいだの外国人やマイノリティの存在、人間になることのヨーロッパ外の形態、神教のあいだの紛争、あるいはグローバリゼーションなどに関わるどの問題をとってみても。

別の面では、セゼールにおける人種の批判は、植民地の批判とも、またそれを支える思考の批判とも、いつも一体だった。植民地化とは根本的に何なのか。『植民地主義論』（一九五五年）の中で彼は自問している。それは「伝道でも、慈善事業でもなく、無知、病、専制を遠ざけることでもなく、神の強大化でも、法の拡張でもない」[8]。それは不正の方程式にほかならず、欲望、強欲、力の所産であり、嘘、無理強いされた条約、懲罰的な襲撃、ヨーロッパの血管に注入された毒、野蛮化であり、これらすべてによって植民者は脱文明化し、愚鈍状態に陥り、埋もれた本能、貪欲、暴力、人種的憎悪、道徳的相対主義を目覚めさせ、それを身につけてしまうのだ。そこから由来する事実は、「誰も無実なものとして植民地化を行うことはなく、誰も罰を受けずに植民地化することはできないということ、植民地化する国家、植民地化を正当化する文明とはすでに病んだ文明、道徳的に病んだ文明であり、それは結果から結果へと、裏切りから裏切りへと無抵抗のまま流され、それぞれのヒトラーにすがるということなのだ」[9]。そして、付け加えている。「自分に良心があるように見せかけるため、他者の中に獣を見つけることに慣れてしまい、他者を獣として扱うことに習熟する植民者は、客観的には自分自身を獣に変身させようとしている」[10]。セゼールを真剣に受け取ることは、今日の生活において、このような植民地主義の回帰を示すあらゆる兆候を、または現代の活動におけるその再生や反復の兆候を追及し続けることである。戦争の実行であれ、諸々の差異のマイナー化やスティグマ化の形態であれ、あるいはより直接的な修正主義の諸形態であれ、これらはポスト植民地体制の挫折のあとに開き直り、ポストのさらにあとになっても、粗暴で金銭ずく、やりたい放題のかつての政府のやり方を正当化しようとしている。これはトクヴィルが暗示していたとおりである。

結局、肝要なのは、帝国的人種主義のまっただなかにサンゴールとセゼールが復権させた「黒人」という言葉の意味について問い続けることなのだ。そもそもセゼールが晩年に、フランソワーズ・ヴェルジェスにこのように強調するしかないと考えたのは意味深い。「私は黒人であり、ずっと黒人のままだろう」[11]。彼が黒人としての存在を意識するようになるのは、一九三〇年代のはじめにパリで、レオポール・サンゴールに、そしてラングストン・ヒューズ、クロード・マッケイ、カウンティ・カレン、スターリング・ブラウン、そしてのちにはリチャード・ライト、その他のアフリカ系アメリカ人作家たちと出会ったときである。この意識化は、両大戦間に黒人思想家たちの一世代がみずからに向ける、切迫した、身を苛《さいな》む問いに促されている。この問いは、まず黒人の状況に、そして時代の可能性に関わるものだ。セゼールは次のようにそれを要約している。「この白人の世界にあって私たちは誰なのか、私たちには何を希望することが許されているのか、何をすべきなのか」[12]。「この白人の世界にあって私たちは誰なのか」という問いに、彼は曖昧さを排した答えを与えている。「私たちは黒人だ」。自身の「黒人性」をこのように断固として肯定しながら、何が理由だろうと単純化してはならない、隠蔽してはならない差異を彼は肯定している。それは筆舌に尽くしがたい、などと言いきって差異から目を背けてはならない、ということを。

それにしても、「黒人」という言葉で彼は何を言おうとしているのか。この〈返す言葉〉、またはファノンが『黒い皮膚・白い仮面』において、それは虚構でしかないと述べたこの名前は？　そして今日、この言葉で私たちは何を意味すべきなのか。彼にとって、この名は生物学的現実とも皮膚の色とも無関係で、「人間に与えられた条件の歴史的形態の一つ」を示すものである。この語はまた「自由のための執拗な戦いと屈服しない希望」の同義語である。セゼールにおいて「黒人」という用語は、それゆえ本質的な何かであり、それは人種の偶像崇拝に属するものでは絶対にない。数々の試練にさらされているので（セゼールは絶対にそれを忘れようとしない）、そしてとりわけ「排除」の暗喩になっているので、この名は、彼が「より広大な友愛」と呼び、あるいは「世界的規模のヒューマニズム」[13]と呼ぶものの追求を、最も的確に、逆説的に表現するのだ。

すなわち、この世界的規模のヒューマニズムは、未来の言葉、いつも私たちに先んじてあるもの、それゆえいつも名前も記憶もないもの、しかし決して理性を欠くわけではないものの言葉でしか語りえないヒューマニズムであり、そのようなものとしていつも根本的に差異であるがゆえに反復を免れるだろう。したがって、「黒人」という名の普遍性は、反復の側にではなく、そのような根本的な差異の側に求めるべきであり、それなしに世界の脱閉域化は不可能なのだ。この根本的差異という名において、途上にある者、旅に出ようとしている者、断絶と異質性を経験する者の形象として、「黒人」を新たに想像しなければならない。しかし、この行路と大移動の経験が意味をもつためには、アフリカに本質的な役割を与えなければならない。この経験は私たちをアフリカに回帰させ、または少なくともアフリカというこの世界の分身を通じて方向転換しなければならない。その分身の時がやって来ることを私たちは知っている。

セゼールは知っていた、アフリカの時がやって来るだろうということ、私たちはそれを予想し、それに備えなければならないということを。隣接地帯や遠い極地に、他者の現前、あらゆる居住や滞在可能性が夢でしかない禁止の状態に、アフリカが再び閉じ込められるということ——このアフリカ的生の様式は、島嶼性の呪縛に彼が抵抗することを可能にする。結局、おそらくアフリカこそが、人間には禁止を乗り越える根深い力があることを彼に理解させ、彼の思考に火山的な特性を授けたのだ。

しかし、ファノンなしに、いかにセゼールを再読しえようか。ファノンがとりわけアルジェリアにおいてその証人になった暴力、そのトラウマ的効果を医学的に引き受けようとした植民地の暴力は、日常的な人種差別や、とりわけフランス軍がアルジェリアの抵抗運動に対して用いた拷問という形をとって現れた[14]。第二次世界大戦中に彼がそのために命を失うところだったその国は、他の民衆に対して自己決定の権利を拒否し、彼らに対する野蛮な無名の戦争のあいだにナチの方法を再現し始めたのである。この戦争について、ファノンはしばしば言っていた。それは「真の大虐殺の様相[15]」、あるいは「絶滅計画[16]」の様相を呈していた、と。「最も恐るべき[17]」戦争、「植民地の圧政を打ち砕くために一つの民衆が行った最も信じがたい」[18]戦争、それがアルジェリアにおいては「血まみれの冷酷な雰囲気」[19]が席捲する起点になった。それは広い範囲で「非人間的実践の普遍化」[20]をもたらし、その結果、多くの被植民者たちは「本物の黙示録に直面している」[21]という印象を刻まれた。この死にもの狂いの闘争のあいだ、ファノンはアルジェリアの民衆の側についた。フランスは、そのときからもはや彼を一国民とはみなさない。彼は国を「裏切った」。彼は「敵」となり、死後も長いあいだそのように扱われた。

アルジェリアにおける敗北、そしてみずからの植民地帝国の喪失のあと、フランスは本土の中に閉じこもった。失語症にかかったフランスは、いわば帝国陥落後の冬に沈み込んだ[22]。植民地の過去は抑圧され、フランスは「良心」の中に居座り、ファノンを忘れ、二〇世紀の最後の四分の一を画した思想の新たな惑星的レベルの変動に、すっかり乗り損ねることになった。とりわけ植民地以後の思想と人種批判に関して[23]。しかし、世界の他の場所では、民衆の解放のために戦う諸々の運動が、この異端の目標を掲げ続けた。屈辱を受けてきた民衆の大義に委ねられたさまざまな組織が、人種的正義または新たな精神医学的実践のために闘い、ファノンによれば、いわば「絶え間ない過剰」、「追加」、さらには「把握しがたい残余」に訴えたのだが、しかし世界の主体が「恐ろしいほど時局的な何か」[24]を表明することを、それらは可能にしたのである。

階層的に分断された世界にあって、敬虔な宣言の対象となってはいるが、共通の人間的条件という観念は、実際には承認されているどころではなく、アパルトヘイト、排除、構造的放置などのさまざまな形態が植民地特有の古来の分断に取って代わっていた。その結果、ほとんどの場合、収奪による蓄積の地球レベルのプロセス、そしてますます粗暴な世界経済システムによって生み出される暴力と不正の新たな形態が普遍化し、多岐にわたる未聞の脆弱性の形態に道を開いて、自分自身の生の主体であり続けようとする多数者の能力を危うくしている。しかし、今日ファノンを読み直すことは、まず彼の投企の正確な規模を推し量り、より適切にそれを持続させるためである。というのも、もし彼の思想が「お告げの祈り」のように響くとすれば、それがまた彼の時代を不滅の響きで満たすとすれば、植民地体制の鉄則への明白な返答として、この思想が対等な不屈性と対等な行動力をそれに突きつけることを義務としていたからなのだ。彼の思想は、本質的に状況における思考であり、生きられた、継続中の、不安定な、変動する経験から生まれた。それは危険にさらされた限界体験であり、その中では、開かれた意識、思考する主体が、来たるべき生まれつつある民衆の名において、自身の歴史、自身の実存、自身の名前を作動させるのである。したがって、ファノンの論理において、思考することとは他者とともに一つの世界に向かって歩むことであるが、その世界を私たちは終わることなく、不可逆的な仕方で、闘争において、闘争によって、ともに創造していたのだ。[25] この共同世界が出現するためには、鉱物や岩石の壁を粉砕し、横断し、風化させることを目指して炸裂する砲弾のように批判が繰り広げられねばならなかった。この活力が、ファノンの思想を一つの暗喩的思考にしたのである。

大いなる喧噪

今日ファノンを読み直すことはまた、私たち自身のために、私たちの状況において、ある種の問いを再考することでもある。彼はそれらの問いを自分の時代に絶えず問い、それらはすべて各々の人間主体と民衆にとっての可能性に関わっていた。それは立ち上がり、自分自身の足で歩み、自分の仕事、自分の手、自分の顔、自分の身体によって、この世界の歴史の自分の持ち分を書く可能性であり、この世界を私たちはみんな共有し、私たちはみんなそれに対して権利をもち、それの相続人なのである。[26]ファノンにおいて実際に決して古びないものがあるとすれば、それはまさに人類における集団的な台頭のこの投企である。抑えがたい不可避の自由のこの追求は、彼の目には、生のあらゆる資源を結集することを必要としていた。それは人間主体と各々の民衆を自己をめぐる壮絶な作業に、死をかけた留保のない闘争に巻き込み、彼らはそれを自分自身の課題として引き受けねばならず、他者に委ねることはできなかった。

彼の思考のこのほとんど献身的な傾向において、蜂起、さらに叛乱の義務は一つの命令であった。それは暴力の義務と対になっていた――「暴力」はファノンの語彙において戦略的な語であり、多くの性急な、ときにぞんざいな読み方のせいで、たくさんの誤解にさらされてきた。だから、ファノンが彼の暴力の概念を展開する元になった歴史的条件に、さしあたり立ち戻ってみるのは無駄なことではない。この点で、おそらく二つのことを想起しなければならない。何よりもまず、暴力とはファノンにとって政治的でもあれば臨床的でもある概念なのだ。それは政治的性格をもつ一つの「病」の臨床的表出であると同時に再象徴化の実践でもあり、この実践には相互性の可能性が、それゆえ死という最終決定者を前にした相対的平等の可能性がかかっている。こうして、単にこうむった暴力よりも、むしろ選択された暴力を通じて、被植民者は自分自身に立ち返るのだ。彼が発見するのは「彼の生、彼の呼吸、彼の心臓の鼓動は植民者と同じものだ」ということ、あるいは「植民者の命は原住民の命よりも価値があるわけではない」[27]ということである。これによって彼は自己を再構成し、自己の資格を取り戻し、自己の生の重みと、自己の身体、自己の言葉、〈他者〉と世界に対する己の現前の形を、正当な価値に照らして新たに測ることを学ぶのだ。

したがって、概念的な面では、暴力一般と、とりわけ被植民者の暴力に関するファノンの言説は、まさに主体の臨床と患者の政治の交点で展開されている。ファノンの場合は、実際に政治と臨床は、両方ともとりわけ心的な場であるという共通点をもっている[28]。言葉によって活性化されるこれらのもともと空虚な場において問題になるのは、身体と言葉に関わる関係なのだ。どちらにおいても、主体にとって決定的な二つの出来事が等しく認められる。一方には、自己と他者に対する関係の根本的な、ほとんど不可逆的な劣化があり、それは植民地の状況によって引き起こされたものだ[29]。他方には、現実による心的外傷に直面した精神の極端な脆弱性がある。しかし、この二つの次元の関係は安定には程遠い。にもかかわらず、ファノンは臨床の政治と政治の臨床を一緒にするわけではない。彼は常に二つの極のあいだで揺れるのだ。ときには政治を臨床の一形態とみなし、あるいは臨床を政治の一形態とみなす。ときには避けて通れない臨床の性格を、同じく臨床の失敗や袋小路をも強調している。特にそこで戦争のトラウマ、あらゆるものに及ぶ破壊、植民地体制の野蛮な法によって至る所に生み出される苦痛や苦悩は、主体または患者が人間の言葉の世界に復帰する能力を脆弱にしているのだ。[30] 革命的暴力は、この両価性を爆発させる揺さぶりなのだ。しかし、ファノンが示しているのは、政治的なものの主体の地位に移行する上では鍵になる段階であるとはいえ、この暴力それ自体はその出現の熾烈な瞬間にあり、重大な心的傷害の起源にあるものだということである。解放戦争のごとき独自に主体化された暴力が、それゆえに言葉を獲得しうるにしても、それはまた言葉に鉛をかぶせ、この戦争を生き延びる人々のために沈黙、幻覚的な強迫観念、そしてトラウマを生み出すこともありうるのだ。

フランスはアルジェリアで「全面戦争」を断行し、それがアルジェリアの抵抗の側にも同じように全面的な応酬を促したと言われてきた。この戦争とその原動力の一つになっていた人種差別に対してファノンが確信していたのは、植民地体制は根本的に〈死の政治〉の力であり、大虐殺の衝動を源泉とするものだということだった。[31] そして、植民地のあらゆる状況は、まず潜在的に絶滅をもたらす暴力的状況であり、それは再生産され、永続するために一つの存在論、そして一つの遺伝学に変換可能でなければならないので、その破壊行為をただ「絶対的実践活動」[32] を通じてのみ確実にすることができたのだ。このことを確信しつつ、ファノンは暴力の三つの形態についての考察を展開した。植民者の暴力（その噴出の契機はアルジェリア戦争だった）、被植民者の解放のための暴力（その最終段階は国民的な解放戦争である）、国際関係における暴力である。彼の見方では、植民者の暴力は三重の次元を含んでいた。服従様式の制定を取り仕切ったかぎりにおいて、それは措定的暴力であり、その起源は力の中にあり、その機能は力に基づき、その時間的持続は力の作用であった。この観点から見れば、植民地化の独自性とは、元来は、そして日常的な働きにおいては、自然状態に属していることを市民的身分という外見で覆うことだったのだ。

植民者の暴力とは、次には経験的暴力であった。それは被植民者としての民衆の日常生活を網状であり分子的でもある様態に閉じ込めていた。諸々の線や結び目から成るこの網状組織は、物理的なもので、叛乱に対抗して監禁施設や収容所が盛んに作られた時期には、まさに鉄条網と化した。それは交叉網のシステムによって、表面（水平性）だけではなく高度（垂直性）を包括する空間的、位相的な見通しに添って作動してもいた。[33] そもそも掃討作戦や超法規的殺人、追放や破壊工作は、個人を標的にし、その脈動を把握し、呼吸状態まで管理しなければならなかった。[34] この分子的暴力は言語の中にまで浸透し、その重さは言葉の場面を含む生のあらゆる場面にのしかかっていた。それは特に被植民者に対する植民者の日常的ふるまいに表れていたのだ。攻撃性、人種差別、軽蔑、終わりのない屈辱的慣例、殺人的な行為――ファノンが「憎悪の政治[35]」と呼んだものである。

最後に、植民者の暴力とは現象的暴力だった。この点で、それは感覚の領域のみならず、心的かつ情動的領域を侵蝕していた。それは治療することも回復させることも難しい心的傷害の温床だった。それはあらゆる承認の弁証法を排除し、あらゆる道徳的思慮に無関心だった。あらゆる主体性の特権的な心的枠組みの一つである時間に襲いかかり、あらゆる記憶痕跡の用法を見失う危険に被植民者をさらしていたが、記憶痕跡とはまさに「喪失を、血を流す裂け目以外のものにする[36]」ことを可能にしていたのだ。この暴力の機能の一つは、被植民者の過去からあらゆる実質を奪うだけでなく、未来を閉ざすことでもある。被植民者の身体にも襲いかかり、それは彼の筋肉を収縮させ、硬直や苦痛を引き起こしていた。彼の精神も、それを免れることはできなかった。暴力が目指したのは、脳を除去することであり、それ以下でも以上でもなかったからである。被植民者の身体と意識に刻まれたこれらの傷、これらの傷害、これらの切り口を、まさにファノンは彼の実践を通じて思慮し、手当てしようとした[37]。ファノンによれば、この三重の暴力（「絶対的支配の暴力」とそれを呼ぼう）は――現実にそれは「多種多様な、反復され、蓄積する暴力[38]」から成っていたが――被植民者によって肉と血の次元で体験されていた。それは単に被植民者を強いて、みずからの生を「大気にまで染みわたる死に対する絶え間ない闘い[39]」として感受させただけではない。実際、それは彼の生の全体に「未完の死[40]」という様相を与えたのだ。しかし、とりわけそれは彼のうちに内面的な怒りを、「追いつめられた人間」、自身の目で「まさしく動物的存在[41]」の現実を凝視することを強いられた人間の怒りを噴出させていたのだ。

ファノンの全著作は、この束縛され、破壊された存在に味方する証言である。それはこの大波乱、かつてない稀有の状態、死との対面の中で持続した生の痕跡の一徹な探求であり、死それ自体は、ひたすら生の新たな形態の誕生を予告しているのだ[42]。批判者としての彼と、自分の語る出来事の演者、かつそれを自分の目で見た証人は一体となり、闘いの奥底から噴き上げる世界を聴診することに乗り出すのである。彼の言葉は、白熱するフィラメントに似て、正義のための証明となり、宣言となる。しかも、植民地状況において証言することは、何よりもまず終わりのない苦悶に沈み込んだ生の釈明をすることである。それは「アルジェリアの民衆と大地がこうむった深い傷に寄り添って一歩一歩進むこと[43]」なのだ。彼が断言していたように「一メートルごとにアルジェリアの大地に問いかけ」、「分断を測定し」、植民者の占領から生じた「散乱状態」を測定しなければならなかった[44]。「怯え、飢えて、放浪する」孤児たちや、「敵に連行され、痣《あざ》だらけになって戻ってくる夫、ぐらつく生活、無気力」の面倒を見なければならなかった。[45] このようなふるまいは、喪失や悲嘆の場所における服喪の場面に注意深く対することを要求した。そこでは、かつての嘆きに新たな行動が続いたのだ。闘いの試練に直面して、もう人々は泣くことや叫ぶことをやめ、もう前のように行動することをやめる。彼はそれを目撃する。これからは「歯を食いしばり、黙って祈る。一歩前進すれば、戦場に倒れた戦士の死を称える歓喜の叫びが湧き上がる」[46]。この苦痛と死の変容から新たな「精神共同体」が出現する。[47]

被植民者の解放的暴力

それゆえ、ファノンにとって、植民者の暴力と被植民者の暴力のあいだには異なる意味がある。まず被植民者の暴力はイデオロギー的なものではない。それは植民者の暴力のまさに対極にある。国民の解放戦争のあいだ、植民者による圧力に対して意識的に対抗する前に、その暴力は純粋な発散という形態をとって現れる。その場限りの、爬虫類的かつ発作的な暴力、殺人的なふるまいと素朴な情動、それは「追いつめられた人間」、「窮地に立ち」、「喉に刃を突きつけられ、もっと具体的には性器に電極をあてられ」[48]、混乱のうちにも「自分の命を守る覚悟があることを表明し」[49]ようとする人間のふるう暴力なのだ。

この活力に満ちた高揚とこのありふれた保存本能を、いかに充実した十全な政治的言語に変えるか。占領者の勢力が掲げる死の論理を前にして、いかにそれらを肯定的な反対の声に変えるか。いかにそれらを価値、理性、真理といった属性をそなえた解放的なふるまいにするか。被植民者の暴力についてのファノンの思索の出発点はこのようなもので、被植民者はもはやこの暴力を耐え忍ぶことがなく、この暴力はもはや彼に強いられることがなく、彼はもはや多かれ少なかれ従順な、その犠牲者などではない。反対に、これからは被植民者が植民者に贈与する暴力こそが問題であり、被植民者がそれを選ぶのだ。この贈与を、ファノンは「労働」という言葉で、さらには「暴力的実践」、「植民地主義者の最初の暴力に対する反応」という言葉で説明している[50]。この暴力は循環するエネルギーという形で生産され、それによって「血と怒りで練り上げられた漆喰[51]」の中で「各人が巨大な鎖［の］、巨大な暴力組織［の］暴力的な網目になる」。それは強制された暴力の暴力的な拒否であり、再‐象徴化の主要な契機になる[52]。この労働の目的は、生を生み出すことである。しかし、この生は「植民者の腐敗しつつある死体からしか出現し[53]」えない。したがって、まさに問題は、決して死を受け入れないこと、いつも留保も補償もなしに他者を死に服従させることを習慣にしていた者に死を贈ることなのだ。

「反‐暴力」の選択をしながら、被植民者は実に致命的な応酬の可能性に、つまり「テロルの往復[54]」に扉を開く、という事実をファノンは意識している。それでも、市民的権力と軍事的権力のあいだのあらゆる区別がなくなり、植民地社会における武器の分配の原則が根本的に変化したという極端な状況において、被植民者が生に復帰するための唯一の手段は、暴力によって死の配分様式の再定義を強要することである、と彼は考える。それがもたらす新たな交換は、にもかかわらず不平等なままである。「空からの機銃掃射または艦隊からの砲撃」は「恐怖と規模において被植民者の応答」を超えるのではないか。[55]そもそも、暴力に訴える手段は、植民者の生命と被植民者の生命のあいだの相対的均衡をおのずから回復することにはならない。「サカモディ峠で殺傷された七人のフランス人」は「グエルグール族やジエラ村の略奪、「あるいは」まさに伏兵の戦意をかき立てた群衆の虐殺」よりも、はるかに「文明化された良心の怒り」をかき立てるのではないか。[56]

何であれ被植民者の暴力に倫理的次元を与えるものは、それと治療および治癒の課題との密接な関係であり、すなわちそれはレジスタンス運動の療養所における負傷者、植民者の軍隊のやり方で死なされるところを救われた囚人たち、その後人格を破壊された拷問の犠牲者、強姦され正気を失ってしまったアルジェリアの女性たち、さらには犠牲者の恐ろしい分身に取り憑かれた拷問担当者たちのための医療だった。[57]植民者の残虐行為の手当てをすること以上に、被植民者の暴力は三つのことに関わる。まずそれは歴史によって挟撃され、耐えがたい立場に置かれた民衆に対する要請に関わるのだ。当の民衆は、いわば、みずからの自由を行使し、自分を引き受け、自分の名を名乗り、生の舞台に躍り出ること、あるいは逆に自分の自己欺瞞を引き受けることを要請される。彼は選択すること、自分の存在を危険にさらすこと、自分をむき出しにして、「自分がひた隠しにしていた備蓄や資源をまるごと投げ出すこと」[58]を要請される。それが自由にたどりつくための条件なのだ。このような危険を冒すことは、一貫して集団の力への揺るぎない信頼と、ある意志の哲学によって裏打ちされる。この意志とは、他の人間たちのあいだで同じ人間になるという意志なのだ。

しかし、暴力に関するファノンの理論は、より一般的な理論の枠組みの中で初めて意味をもつのだ。それは人類への登場という理論のことである。ファノンの思考の根源的な場面である植民地状況において、人類への登場とは、被植民者にとって、自分自身の力に基づいて、彼が人種という理由で、または服従の結果として閉じ込められてきた場所よりも高い場所に自分を移動させることである。口を封じられ、跪《ひざまず》かされ、わめくままにされた人間が自分を取り戻し、階段をよじ登り、自分と他者の高さまで這い上がる、必要ならば暴力を用いる。ファノンは、それを「絶対的実践」[59]と呼んでいた。そうしながら、彼は自分自身のために、かつ全人類のために、自分を虐待する人間たちから始めて、平等な二人の人間主体のあいだの新しい自由な対話の可能性を再開する。以前には関係とは何よりもまず一人の人間（植民者）とその対象（被植民者）を対立させることだったところに。こうして、もはや黒人も白人も存在しない。もはや人種という重荷からついに解放された一つの世界があるだけで、各々はこの一つの世界の相続人となる。

彼が一つの知を提案したとすれば、それはまさに状況における知であり、すなわち人種化と隷属の諸経験の知、非人間化という植民地状況の知、そしてそれに終止符を打つ手段の知であった。社会的秩序における人種差別構造に対面して「黒人の悲惨に手をつけること」であれ、アルジェリアの解放戦争がきっかけになった変化を説明することであれ、この知は一貫して、公然と一方に味方するものだった。それは客観性も中庸も目指していなかった。「私は客観的であろうとはしなかった。そもそも、それは嘘なのだ。客観的であることは、私にとって不可能だった」[60]と彼は公言していた。まず肝要なのは、植民地体制が傷つけ、思考不能にし、狂わせてきたすべての人々に闘争において同伴することだった。そして、それがまだ可能だった場合には治療すること、そして治癒させること。

同じく肝要なのは、生の批判と、死を免れるために要求される闘争および労働の政治とを結びつける知であった。この観点からの闘争の目的とは、生を、「絶対的暴力」を生み出すことであり、この点でその暴力は中毒を治し、社会を再構成する機能を果たすものなのだ。まさに暴力によって「植民地化された〈モノ〉は人間になり」、新たな人間、「新たな言語、新たな人類」[61]が創造される。ひるがえって、生は終わりのない闘いと結ばれる。[62]生は、厳密に言って、闘争が生み出すことになる何かである。このようなものとして、闘争は三つの次元をもっている。まず、それは破壊し、削除し、分割し、盲目にし、恐れと怒りをかき立てるものを破壊しようとする。次いで、治療することを目指し、場合によっては、権力が傷つけ、冒瀆し、拷問し、監禁し、あるいは単に狂わせた男女たちを治癒しようとする。こうして、その機能は治療の全般的過程の一部となる。最後に、その目的は、倒れた人々、「背中を撃たれた人々」[63]の墓を建てることである。この観点から見れば、それは埋葬の役割を果たすのだ。これら三つの役割を通じて、権力と生の関係がはっきり表れる。この観点からは、権力とは、生に対して、健康、病、そして死（墓に入ること）のあいだの分岐点で行使されなければ、権力ではないのだ。

ファノンが問題にする闘争は、権力が、この場合それは植民地の権力のことであるが、生の空間にあるものを身体と欲求の極端な窮乏に陥れようとする状況において繰り広げられる。この身体と欲求の極端な窮乏を、ファノンは次のような言葉で説明していた。「物質、世界、歴史に対する人間の諸関係は、植民地時代には食糧との関係なのだ」[64]。一人の被植民者にとって「生きることは価値を体現することなどではなく、世界の一様な豊かな発展の中に身を置くことでもない」と彼は断言している。生きることは、ただ単に「死なないこと」である。存在することは「生を維持すること」である。そして、付け加えている。「要するに、唯一の見込みは、ますます小さくなった胃であり、確かにますます要求するのを諦めるが、それでも満腹しなければならないのだ」。ファノンの目には、物質の力、死という物質および欲求という物質によるこの人間の支配は、厳密に言って、「生以前の」時間を形作り、いつか脱出しなければならない「大いなる闇」を形作っている[65]。生以前の時間とは、その支配下にあって被植民者が自分の生に意味を与えることなど問題外で、せいぜい「自分の死に意味を与える」[66]にすぎない、という事実によって認められるだけだ。この「大いなる闇からの脱出」を、ファノンはあらゆる名詞で言い換えている。「解放」、「再生」、「回復」、「交代」、「登場」、「出現」、「絶対的無秩序」、あるいはまた「常に、日夜、歩き続けること」、「新しい人間を立ち上がらせること」、「別の何かを見出すこと」、まるごと「血と怒りの漆喰」から生じた新たな主体――ほとんど定義不可能な一つの主体、いつも借りがあって、法、分割、損傷に抗う逸脱のようなもの。

だからこそ、ファノンにとって、生の批判は、苦痛、恐怖、欲求、労働、そして法の批判と――そして、とりわけ人種に関する法の批判と一体になっていた。それは奴隷を存在させ、思考を押しつぶし、身体も、同じく神経系統も消耗させる法のことである。生の批判は、同じく尺度と価値の批判とも一体で、このことは平等と普遍性の政治の前提条件であった。しかし、真実と理性の別名にほかならないこの平等と普遍性の政治は、「正面に存在する人間」であることを願望し、要求するという条件、この人間が「身体以上のものである」ことを受け入れるという条件が満たされて初めて可能だったのだ。[67] 今日ファノンを再読することは、したがってまず彼の生、彼の仕事、彼の言葉を歴史の中で復元することの学習なのだ。その歴史は彼が生まれるのを目撃し、彼は闘争と批判を通じて、その歴史を変えようとしたのだ。一方で、それは彼の大きな問いをわれわれの時代の言語に翻訳することである。それらの問いは、彼を強いて立ち上がらせ、自分の出自から離脱させ、他者たちや仲間たちとともに新しい道を歩ませ、被植民者はみずからの力、みずからの創意、不屈の意志によって、この道を切り開かなければならなかった。闘争と批判のこの目覚ましい結合こそ現代の状況に蘇らせるべきものだとすれば、私たちはファノンとともに、ファノンに反して思考するしかない。彼とわれわれの一部とのあいだにある差異とは、彼にとって思考することはまず自分から離脱することだったからである。それは、みずからの生を秤にかけることなのだ。

要するに、われわれの世界はもはや正確には彼の世界ではない、それでもまだ！ 結局は新たな疑似的植民地戦争が再び盛んに発生している。占領の諸形態は、数々の拷問、収容キャンプ、そして秘密監獄、軍事支配、叛乱対策、遠隔地の資源の略奪などの混合に変容している。住民の自己決定という問題は、おそらく舞台を変えたとはいえ、ファノンの時代と同じく根本的な意味で問われ続けている。囲い、壁、それ自体ますます武装化されている境界の周囲で細分化される世界にあって、女性がヴェールをはずすことへの怒りがますます激化し、多くの類型化された人種別カテゴリーを理由に移住の権利がますます制限されており、ファノンが世界の脱閉域を目指してあげた声は、確かに広い反響を見出している。その上、地球のあらゆるところで新しい闘いの形態が組織されているのが目につくのだ。デジタル時代に固有の、細胞状の、水平的、側面的な形態である。

その他の面で私たちがファノンに負うものがあるとすれば、まさにあらゆる人間には、飼い馴らせない、根本的に馴致しがたい何か、どんな形であれ、支配が消すことも、包むことも、抑えることもできない何か、とにかく全面的には抑えられない何かがある、という思想である。植民地の状況においてこの何かが噴出する様相をファノンは把握しようとしたが、実を言えば、その状況はもはや私たちの状況ではない。たとえその分身である制度的人種差別が、われわれの怪獣であり続けているにしても。だからこそ、彼の著作は、あらゆる被抑圧者にとって、一種の燃料であり、火器だったのだ。

栄光の影

この武器は、ネルソン・マンデラにおいて、まさに象徴的な形をとる。アパルトヘイトは、植民地支配と人種をめぐる弾圧のありふれた形態などではなく、逆に普通とは程遠い男女の階級の登場を促した。彼らは恐れを知らず、未曽有の犠牲を払ってアパルトヘイトの廃止を速めることになった。中でもマンデラが有名になったのは、彼の一生が十字路に来るたびに、ときには情勢の圧力で、またしばしば意志的に、予期せぬ道を歩みえたからである。彼の人生は、いくつかの言葉に要約されるだろう。常に警戒を怠らず、最初から見張り番であり、彼の復帰は予想外でもあれば奇跡的でもあり、ますます神話化を強めるだけだろう。神話が生まれたのは、単に聖なるものへの願望と秘密への渇望のせいだけではない。神話はまず死と隣り合って生まれたのであり、死とは出発と離脱の最初の形なのだ。

マンデラは、かなり早くからそれを経験するだろう。他の人々が宗教に改心するように彼がナショナリズムに改心するとき、また金鉱の町ヨハネスブルグが彼自身の運命に出会う決定的な舞台になるときのことである。こうして、実に長く苦しみに満ちた受難の道が始まる。それは剝奪、繰り返される逮捕、時をわきまえぬ虐待、法廷へのたび重なる出頭、拷問の首枷をはめられた周期的な監禁、それにともなう屈辱的な儀式、多かれ少なかれ延長される地下生活の時期、昼と夜の世界の逆転、多かれ少なかれ功を奏した変装、破壊された家族生活、占拠されては無人になった隠れ家などであり、闘争中の追いつめられた男、絶えず出発に備える逃亡者を導くのは、今や次の日があり、復帰の日があるという確信だけなのだ[68]。

彼は数々の大きな危険を冒した。力強く生き抜いた彼自身の生命をかけて、まるでそのたびにすべてを再開しなければならないように、毎回が最後であるかのように。しかし、他の多くの人々の生命とともに。すんでのところで彼は死刑を免れた。それは一九六四年のことで、彼は仲間の被告人たちと一緒に処刑されるところだった。「私たちはその可能性を予想していた。死なければならないなら、少しは栄光に包まれて死にたい。私たちの処刑が私たちの民衆と組織への最後の捧げものになるとわかれば気分がいい」。この聖体の秘跡に似た想像は、しかしあらゆる殉教の願望を免れている。ルーベン・ウム・ニオベから、パトリス・ルムンバ、アミルカール・カブラルを経て、マーティン・ルーサー・キング、さらに他のすべての殉教者たちと違って、彼は死神の鎌を免れるだろう。そして、牢獄の中でこそ、彼は強制労働と追放の限界で、この生の欲望を真に体験するだろう。監獄は極限的な試練の場となったが、それは幽閉の試練、最も単純な表出に人間を切りつめる試練なのだ。この極端な窮乏の場所で、マンデラは棺を抱くことを強いられた生者のように独房で生きることを学ぶだろう[69]。

　狂気とすれすれの孤独の長く苛酷な時期に、彼は本質的なことを、沈黙と細部の中に埋もれているものを再発見するだろう。すべてが彼に再び語りかけるだろう。行き先も知れず駆けまわる蟻、死んではまた息を吹き返し、コンクリートのただなかに庭園の幻を見させる埋もれた種子、大きな音を立てて閉まる重たい金属の扉と監視塔の灰色の光景、何でもないモノの破片、過ぎ去るとは思えない同じ陰鬱な日々の沈黙、どこまでも引き延ばされる時間、昼のゆるやかさ、冬の夜の冷気、何かわからないものに魘《うな》されるミミズクのように絶望に呻《うめ》く風。言葉はまったく稀になり、壁の外の世界のささやきはもう聞こえない。奈落の底だったロベン島、それ以来、苦痛に彫り刻まれた彼の顔、石英に照り返す日光によって皺だらけになったあの目、もうそこには見えない涙、幽霊の影と化した顔の上のぼろぼろの屍衣、そして肺のまわり、足指の上、靴の代わりになった物乞いの包み、それらに見える監獄の跡、しかし何よりもまず陽気な輝かしい微笑、まっすぐ不遜に立つ姿勢、再び世界を抱きしめ、嵐を吹かせようと握りしめた拳。

　ほとんどすべてを剝奪されても、生き残った人々を決して譲り渡すまいとして、彼はどこまでも闘うだろう。看守たちが是が非でも引き離し、最後の戦利品のように見せつけようとする人々のために。ほとんどすべてを剝奪され、無一物で生きるところまで追いつめられても、彼はすべてを倹約すること、世俗生活の事柄に関しては深い無関心を培《つちか》うことを身につけるだろう。事実上の囚人であり、二つ半の壁のあいだに監禁されても、彼は誰の奴隷でもない。骨肉からの黒人であり、こうしてマンデラは敗北をぎりぎりのところまで生きるだろう。彼は生の闇、地獄の間際に踏み込むことになるが、結局ごく単純な観念を目指し、つまりいかに人種から、それを口実にする支配から自由に生きるかを目指したのだ。彼の選択は、彼を崖っぷちに連れていくだろう。彼は世界を熱狂させるだろう。闇の世界から生きて帰った者、老いて、もう夢見ることのない世紀の黄昏に噴出する力として。

したがって、一九世紀の労働者運動、さらには女性運動とまったく同じように、われわれの近代は、かつて奴隷たちのものであった廃絶の欲望に取り憑かれることになる。二〇世紀はじめには、脱植民地化の数々の大規模な闘争が、この夢を延長するのだ。これらは、すでに起源から惑星的な次元をもっていた。その意味は、決して単に局地的ではなく、常に普遍的だった。一国や、限定された国土のうちに局地的な当事者を結集した場合さえも、そのたびに連帯の出発点で、これらは惑星的、超国家的なスケールで形成されていた。このような闘争こそが、以前にはある人種の特性にとどまっていた諸権利の拡張や普遍化を、そのたびに可能にしたのである。

民主主義と人種の詩学

したがって、私たちは人種が過去のことになり、記憶、正義、和解の問題が実体のないものになった時代に生きているとは、とうてい言えないのだ。それでもセゼール以降の時代について語ることができるのだろうか。できるに違いないのだ。ある親密さをもって「黒人」というシニフィアンを選ぶのは、一人悦に入るためでなく、それからより確かに離別するためにそれを撹乱することを目指すからである。より確かにそれを払いのけ、各人の天賦の威厳を、人間共同体の、同じ一つの人類の、人間の本質的相似性と親近性の観念そのものを、より確かに再肯定することを目指すからなのだ。この禁欲の仕事の根本的な源泉は、アフリカ－アメリカ人と南アフリカ人の政治的、宗教的、文化的伝統の最良の部分に見出される。その例は、例えば奴隷の子孫たちの預言的宗教や、芸術的創造の仕事の際立ったユートピア的役割である。というのも、歴史が長いこと侮蔑と屈辱の歴史であった共同体にとって、宗教的芸術的創造は、しばしば非人間化や死の脅威に対する最終的な防壁を代表してきたからである。この二重の創造は、政治的実践に深く関わってきた。結局、それはいつも政治的実践を形而上的美的なもので包み込んできたのであり、芸術と宗教の役割の一つは、まさにかつてあった、そして今もある世界から脱け出る希望を維持すること、生の中に蘇生すること、祝祭を再開することだからである。

この場合、芸術作品は決して単に現実を表象し、説明し、あるいは物語ることを第一の役割にしてきたわけではない。元の形式や外観を撹乱しながら同時に模倣するという特性をそなえていたのだ。具象的な形態として、それは確かに原型と似た関係を保っていた。しかし、同時にそれは、この原型そのものを絶えず作り直し、変形し、それから遠ざかり、とりわけそれを祓いのけたのである。事実、黒人の美的伝統の大部分においては、芸術作品はこの「お祓い」の作業が行われるところにしか存在することはなく、視覚的作用、触覚的作用、感覚的世界は世界の分身を啓示しようとする同一の運動において結集されていた。こうして一つの作品の時間とは、桎梏も罪責も退け、許容された規則からも解放された日常生活なのである。

だから、そこに芸術的創造の特性というものがあるとすれば、創造行為の源泉には演じられた暴力、模倣された瀆聖や侵犯の行為がいつも再発見されるからであり、かつてあった、そして今あるがままの世界から個人と共同体を脱出させてくれることを人々は願っているのだ。隠され、あるいは忘れられたエネルギーのあの解放の希望、可視不可視の力能の転覆が起きることへの期待、存在と事物の叛乱というこの隠された夢、まさにこれこそが古典的黒人芸術の人類学的政治的根拠なのだ。その中核にあるのは身体、つまり諸権力の運動の本質的な争点、これらの権力を暴露する特別な機会、あらゆる人間共同体を創設する負債の特別な象徴であり、期せずして私たちはそれを相続しており、決してそれをすべて清算することなどできないのだ。

この負債の問題、それは生の別の名である。その理由は、芸術的創造の中心的目標は、あるいはその素材の精神は、いつも生の批判であり、死に抗する諸々の働きについての思索だったからである。さらに確認しなければならないのは、決してそれは抽象における生の批判などではなく、いつも生きと生きとあり、生命のうちにとどまり、生き延びるため、要するに人間的生活を営むための闘いを、とりわけ美的な、したがって政治的な問題に変える諸条件の思索である、という点なのだ。だからこそ、彫刻、音楽、ダンスであれ、口承文学、あるいは神々の崇拝であれ、肝心なのは、いつも眠っていた力能を呼び起こすこと、祝祭を継続すること、あの両義性の特権的な流路、そして贅沢、偶然、浪費、性的活動のかりそめの劇場、未来の歴史のあの暗喩を継続することだったのだ。だから、この芸術には伝統的な要素などまったくなかった。それがいつも社会的秩序の極端な脆弱性を表現せざるをえなかったからだとしても。したがって、それは絶えず神話を再発見し、伝統を方向転換させてきた芸術であり、伝統を定着させ、追認するように見える行為そのものにおいて伝統を掘り崩している。だから、それはいつも、とりわけ冒瀆、犠牲、そして濫費の芸術であり、実存の普遍的な脱構築を目指して新たな呪物を増殖する芸術だったのだ。まさに遊戯、娯楽、見世物、変身の原理を用いることによって。人種の根本的批判が民主主義にもたらすことができるのは、このようなユートピア的、形而上学的、しかも美的な代補であろう。

　そもそも解放の実践《プラクシス》としての闘争は、キリスト教において、いつも想像力の源泉の一部を見出してきた。ここで問題になるキリスト教は、まず〈教会〉そのものではない。最初に教義の統制機関として、まさに空虚が開く場所に定着するものではないのだ。問題は、神についてのある種の言説でもない。その役割とは、しばしば「人間が自分自身の欲望と一致することの不能性」[70]を翻訳することだったのだが。奴隷たちとその子孫はキリスト教を真実の出来事と解し、それは常に開けつつあり、到来しつつある真実、つまり未来性の地平における一種の奇妙な分裂のさなかにある出来事なのだ。彼らはそれを原理の宣言として受け取り、そのおかげで「何かがやって来た。ある出来事が起きた。舌がまわるようになった。これから私たちは自分の目で見て、自分の耳で聞いて、自分自身の言葉で、あらゆる国々に向かって証言することができる」。この出来事は同時に到来でもある。それは一瞬間、一現在に対して同時に合図を送る一つの「ここ」、一つの「あそこ」、一つの「今」であり、とりわけヨベル〔安息〕の年の可能性であり、いわば時の充溢であり、地球の全民衆がついに無限な何ものかのまわりに集結するとき、こうして何も制限するものがなくなるときなのだ。

しかし、キリスト教には、受肉、そして磔刑と復活（犠牲と救済）という三つのモチーフがあって、それはアフリカの起源に対する批判に深く関わってくる。[71] 一八八二年にピリポと宦官の物語について考察しながら、エドワード・W・ブライデンは、のちに黒人種が直面することになる試練の予兆をキリストの苦しみの中に見ていた。救いの神は、蛮行、剝奪、暴力に服従する黒人の身体に受肉することによって、ある賭けをするのだ。この賭けは、まだ未来に属する開かれた意味をめぐる賭けなのだ。彼の目には、十字架の出来事は神と苦しむ人類の絆という発想を啓示している。絆とは正義、無償、無条件の承認の絆である。キリストの暴力的な死とその復活という二つの契機においては、人間の条件のある変容の絶対的な特異性が開示され、黒人種はその変容に召喚されている。救済にふさわしいものであるためには、黒人種は信仰、信念、互恵の共同体にならなければならない。[72]

例えばマーティン・ルーサー・キングにとって、磔刑を通じて神は自分の絶対的破綻に直面する人間の真実を獲得する。[73] ひるがえって、これから人間と神は、互いにおいて、互いに代わって、自分の名を名乗るのである。否定的なものを存在に転換することで、キリストは死そのものを解体する。アフリカ－アメリカ人のキリスト教を苛《さいな》む問いは、キリストは本当に黒人の代わりに死んでくれるのか、という問いである。本当にキリストは、黒人が死の前に呼ばれることを避けさせ、死から解放してくれるのか。あるいはむしろ、彼は人種差別の十字架のもとで送られた名もない一生の凡庸な特性を断ち切るほどの深い意味を黒人の死に授けるのか。それゆえ、キリストにおいて、死は最も根本的に代えがたいことではなくなるのか。〈十字架〉の試練の最終的意味は、まさにこのようなもの、パウロが一度ならず語る「狂気」と「醜聞」なのだ。キリストの声明は、次の数語に要約される。「これより私は私の死の具体的体験から引き離されてもいい。他者のために死ぬこと（まったき贈与）は、もはや不可能性の領域に属していない。もはや死は置き換え不可能ではない。絶対的相互性と精神の栄光においては、もはや生の果てしない生成、救済と悲劇の絶対的な和解しかない」。この展望において、死すことの最終的真実は、復活の中に、つまり生の果てしない可能性の中にある。死者たちの復活、死者たちの生への回帰または再起という問題。死が生を滅ぼしたところで生を再び横溢させることによって、こうしたことすべての問題が、いわゆる教会制度を超越するキリスト教の力を構成するのだ。他者へのまったき贈与の目論見を通じて、キリストの形象が黒人の政治神学にとって実際に中核的な場を占めている理由の一つは、そのことなのだ。他者のための、他者のもとでの、他者の証言におけるこの現前は、贈与、供物、無償の政治の別名でないとすれば、いったい何だろうか。

要するに、黒人たちは何の権利のために戦い続けねばならないのか。すべては彼らの居場所、彼らが生きる歴史的脈絡、また彼らに課される客観的条件にかかっている。同じく、すべては、まず歴史的マイノリティとして存在することを強いられる人種的集団の性格にかかっている。その現存は否定されるべくもないが、それが国民国家に全面的に所属するかどうかは曖昧なままなのだ（合衆国の場合）。あるいは黒人は、人々があるがままに見ることも、認めることも、聞くこともしないことを選択しているマイノリティとして存在する（フランスの場合）。あるいは、政治的権力を行使するが、相対的に経済的権力を奪われている人口上のマジョリティとして存在する（南アフリカの場合）。しかし、場所、時代、脈絡がどうあれ、これらの闘争の地平は同じままである。要するに、われわれにとって共通のこの世界に、いかにして当然の権利をもって所属するか。いかにして「無一物」の地位から「権利者」の地位に移るのか。この世界の構成とその配分に、いかに関与するか。人種の不平等、異なる人類のあいだの選別という陰鬱な観念と訣別しないかぎり、人が「持ち分の公平性」と呼びうるもの――つまり権利と責任性のためのアフリカ出身の人々の闘いは、正当な闘いであり続ける。しかし、それは他者と自分を分断することを目的にするのではなく、人類そのものとの連帯において闘われるべきなのだ。闘いによって、われわれはこの人類の多様な顔たちを和解させようとするのだ。「持ち分の公平性」の原理、人類の根本的統一性の原理に基づく共通世界の企画は、普遍的なものである。この未来世界は、望みさえすれば、その兆しを（確かにそれは脆弱なものだが）現在の中にすでに読み取ることができる。しばしば否定されているとはいえ、そもそも人種の名における排除、差別、選別は、われわれの民主主義においてさえ不平等、権利の不在、現代的支配の構造的ファクターであり続けている。そもそも奴隷制と植民地体制などなかったかのように、またはこの悲惨な時代の遺物が全部片づいたかのようにふるまうことはできないのだ。実例として、ヨーロッパの「要塞」への変容や、今世紀はじめに旧大陸が設けた外国人排除のための法制度は、人間の異なる種のあいだの選別というイデオロギーの中に根を下ろし、何とかしてそれを隠蔽しようと努めてもいる。

したがって、私たちの時代の生と想像力において人種差別が消滅していないかぎり、〈人種の彼方の世界〉の到来のために闘い続けなければならないだろう。しかし、その世界に到達するためには、ここでそれぞれがテーブルに招かれるように、なおも人種差別と差異のイデオロギーに対する厳しい政治的倫理的批判に努めなければならない。他者性の祝福は、それがわれわれの時代の喫緊の問題に、分有、公共、外界への解放という問題に開かれてこそ、意味をもつのだ。歴史の重みは、そこにあるだろう。それをよりよく担い、その任務をよりよく分担することを学ばなければならない。これから私たちが生み出すものだけでなく、私たちが相続するものと共存していくことは宿命なのだ。人類の異なるタイプのあいだの選別という観念に支配された時代の精神から私たちはまだ完全に抜けきれていないのだから、過去とともに、過去に逆らって、過去が未来に開かれるように努めなければならない。その未来は、まったく平等な尊厳において分かちうるものでなければならないのだ。過去の批判から始まるある未来の創出という問題、その未来は正義、尊厳、共同性の、ある観念と切り離せない。ここにしか道はない。

この道において、新たな「地に呪われたる者」とは、権利をもつ権利を拒まれた者たち、動いてはならないと決めつけられた者たち、収容所、臨時滞在センター、われわれの法的警察的空間の至る所にある数々の留置場所など、あらゆる種類の監禁施設で生きる羽目になる者たちである。それは弾圧された者、移送された者、追放された者、不法滞在者、その他「身分証明のない者」であり、――侵入者、そして人類の残りかすであり、われわれは一刻も早く彼らを片づけてしまいたいのだ。われわれの生活、われわれの健康、われわれの平和を彼らは根本的に害するので、彼らとわれわれのあいだには救いに値することなど皆無と思えるから、というわけだ。新たな「地に呪われたる者」とは、管理と選別の苛酷な作業の結果であり、その人種主義的根拠は言わずと知れている。

正義とは身内に属するものでしかなく、平等ではない人種と民族が存在するという観念が存続するかぎり、奴隷制と植民地体制が「文明」の動かせない事実であると信じられているかぎり、修復という課題がヨーロッパによる世界中の拡張と蛮行の歴史的犠牲者によって、いつまでも喚起されるだろう。この脈絡では、二重の手続きが必要になる。一方では、人間を犠牲にするあらゆる規定から離脱しなければならない。他方では、「穏やかな良心」とも責任の放棄とも訣別しなければならない。この二つの条件において初めて、正義の要求に基づく新たな政治学と倫理学を実現することができよう。要するに、アフリカ人であることは、まず自由人であること、あるいはフランツ・ファノンが絶えず公言していたように「他の人間のあいだの一人の人間」[74]であることなのだ。あらゆる点で自由であり、それゆえ自己を発明することのできる人間。真のアイデンティティの政治とは、絶えずこの自己発明の諸能力を養い、実現し、また実現し直すことである。アフリカ中心主義とは、自分自身に釈明すれば足りるという状態を願うアフリカ出身の人々の願望の、実体化された別の表現なのだ。まさに世界とは、何よりもまず自己関係の一様式なのだ。しかし、〈他者〉との関係を通過しない自己関係というものはない。〈他者〉とは結び合わされた差異であり、相似なのだ。私たちが想像しなければならないのは人間的なものの政治であり、それは根本として相似するものの政治であるが、これはまさに私たちがそのとき共有するものが諸々の差異である、という文脈においてのことである。逆説的にも、その差異こそを私たちは共有しなければならない。それは修復を必要とする、つまり正義と責任をめぐる私たちの想念が拡大されていかなければならない。

エピローグ

たった一つの世界しかない

人種という主体の誕生、つまり〈黒人〉の誕生は、資本主義の歴史と切り離せない。資本主義の始原的動力は二重の欲動であり、一方ではあらゆる形の禁止を無制限に侵犯する欲動、他方では手段と目的のあらゆる区別を廃止する欲動である。その暗い栄光において、最初の人種主体としての黒人奴隷は、この二つの欲動の産物であり、歯止めのない暴力と救いのない脆弱性の可能性そのものの明白な実例である。

捕獲の権能、支配の権能、そして一極集中の権能として資本主義は、全世界の資源を活用するために、いつも人種的補助手段を必要とした。それがまさに過去に起きたことであり、それは今日も続いている。今こそ資本主義は自分自身の中心を再び植民地化し始め、世界が黒人になることの見通しは、かつてないほどあらわになっている。

地球的規模に広がる暴力の拡張の論理は、もはや世界のどの地域も容赦せず、生産力の価値下落につながる大規模な作戦が進行中で、これにも容赦がない。

人類から離脱するのでないかぎり、修復、補償、正義を避けて通ることはできないだろう。修復、補償、正義は、人類の中への集団的登場の条件なのだ。到来するに違いない事態の思考は、必然的に、生、生の保持、犠牲を免れるべきものについての思考である。必然的に、それはまた循環の中の思考、横断の思考、世界‐思考であろう。

世界の問題、――世界とは何か、そのさまざまな部分のあいだの諸関係、その諸々の資源の広がり、それらが誰のものであるか、いかにそこに住むか、それを動かすもの、または脅かすもの、それはどこに行くか、その諸々の境界と限界、そのありうる終末――骨・肉・精神から成る人間存在が〈黒人〉のしるしの下で、すなわち人間‐商品、人間‐金属、人間‐貨幣のしるしの下で出現したときから、その問題はわれわれとともにあるだろう。結局、それは将来もわれわれの問題であることだろう。そして、世界と言うことが人間と言うことに等しく、その逆も真ならば、少なくともそれは私たちの問題であり続けるだろう。

というのも、実際にたった一つの世界しかないからである。それは無数の部分で構成された一つの〈全体〉なのだ。万人によって、全世界によって。

この多数の切子面をもつ生ける総体に、エドゥアール・グリッサンは一つの名を与えた。「全‐世界〔*Tout-Monde*〕」。人類の概念そのものの公現的にして世界教会的な次元を強調するようにして。この概念がなければ、世界それ自体は物という性格をもつだけであり、何も意味しない。

したがって、世界にその名を与えるのは人類全体なのだ。その名を世界に与えることによって、人類は世界に自分を委ね、少なくとも宇宙の他の諸力に照らして、それから自分自身の特異な、しかし脆弱な、傷つきやすい部分的な立場の確認を受け取るのだ。諸力とは、動物と植物、モノ、分子、神々、技術、素材、揺れる大地、燃え上がる火山、風と嵐、洪水、爆発して燃焼する太陽である。したがって、世界は命名、委譲、互助と相互性によってしか存在しない。

しかし、人類全体が自分自身を世界の中に委ね、そこから自分自身の存在の確認を、同じくその脆弱性の確認を受け取るなら、そのとき人間の世界と非人間の世界の差異は、もはや外的秩序の差異ではない。非人間の世界と対立することによって、人間は自分自身に対立するのだ。というのも、結局、私たちが生物の総体と結ぶ関係においてこそ、私たちとは誰かという真理が最終的に姿を現すからである。

古代のアフリカにおいて、人類というものの公現の明らかなしるしは、人が大地に蒔く種、死に絶え、蘇生し、樹木や果実とともに生命を生み出す種であった。種と生命の婚礼を大いに祝福するためにこそ、言葉と言語活動、対象《モノ》と技術、祭礼と儀式、美術品、その上、社会的政治的制度を、古代アフリカ人は発明したのだ。種《たね》は脆弱で敵対的な環境の中に生命を生み出さねばならず、そのただなかに人類は労働と休息を見出さねばならず、またその環境を保護することもしなければならなかった。この環境は事あるごとに修復される必要があった。土着的な知の大部分は、この終わりのない修復作業に役立つものでしかなかった。自然がそれ自体で力であることは了解済みだった。自然を細工し、変形し、管理することは、自然の同意がなければできないことだった。要するに、変形と再生というこの二重の課題は宇宙論的な組み立てに関わり、その役割は、世界を共有する他の生物と人間の関係の地平を事あるごとに堅固にすることであった。

他の生物と世界を共有すること、これはまさに負債を意味したのだ。それはまた、人間にとっても、人間以外のものにとっても、とりわけ持続性の鍵であった。この人間的、人間外的な交換、相互性、相互扶助の中に、お互いの豊かな土壌があった。

土壌について、エドゥアール・グリッサンは、ただ物質の屑のように語りはしなかった。死んだように見える実体または要素、損なわれたように見える部分、源泉から剝げ落ちて洪水が押し流してしまう残骸のようには。彼は、それを大河の岸辺、列島の真ん中、大海の底、渓谷の周囲や崖の下に堆積した泥土ともみなしていた。至る所、そしてとりわけこれらの不毛な無人の場所において、予期しない変転によって汚物の山から生、労働、言語の未聞の形態が出現するのだ。

われわれの世界の持続性は、歴史の裏側から、われわれの近代の奴隷と食人的構造から考えられねばならなかった。それは黒人交易の時期に開始され、何世紀ものあいだそれを食いものにしてきた近代なのだ。グリッサンが強調していたのは、このことだった。この食人的構造から出現する世界は、大海の底に埋もれ、少しずつ骨格をなし、肉をつける無数の人骨でできている。それは無数の残骸や手足、散乱していたが、やがて結合される言葉の破片から成り、それらから奇跡のように、人間とその動物性が出会うところに言語が再構築される。諸々の存在と、見たところ生命のないモノたち――無味乾燥な経済によって灰燼に帰した死んだ人間、世界を欠いたまま身体と生を取引する経済――世界の持続性は、それらを蘇生させるわれわれの能力にかかっている。

それゆえ、人類がまさに生の備蓄と呼ぶべきものの構築という課題に取り組まないかぎり、世界は持続しないだろう。もし絶滅することの拒否が私たちを歴史的存在にし、世界が世界であることを可能にするのなら、そのとき持続するという私たちの使命が実現されるためには、生の欲望こそが政治と文化の新たな思考の礎石にならねばならない。

かつてのドゴン族にとって、この終わりなき修復作業には、肉と種《たね》の弁証法という名分があった。社会制度の役割とは、人間存在の死に抗して戦うこと、そして劣悪化を、つまり腐敗のうちに衰退するのを阻止することだった。仮面とは、死に抗して自己を守ろうとする生者の決意の特別な象徴だったのだ。亡骸《なきがら》の似姿であり、滅ぶべき身体の身代わりであるというその機能は、死者たちを記念することだけではなかった。それはまた、身体（滅ぶべき外皮）の変容の証であり、世界とその非腐敗性の栄光の証でもあった。それゆえ、修復の作業がわれわれに促しているのは、腐敗することのない不滅の形態としての生という観念に復帰することなのだ。

このような条件において、人々は境界を設け、壁と囲いを建設し、分割し、分類し、階層化し、人類から他の男女を切り離そうとして、彼らを貶《おとし》めることになり、蔑《さげす》み、彼らは自分たちに似ていない者、決して和解しえない者とされる。ところが、たった一つの世界しかなく、これに対して私たちはみんな権利をもっているのだ。この世界は私たちみんなに等しく属し、たとえそこに暮らす様式は同じでなく、それゆえまさに諸々の文化と生活様式が現実に複数性としてあるにしても、私たちみんながこの世界の共同相続者なのである。そのことを強調しても、いまだ諸々の民族と国家の出会いを規定している暴力やシニシズムを追い払うことには決してならない。これはただ直接的な避けがたい与件を喚起するだけであり、その起源はおそらく近代のはじめにある。すなわち、文化、民族、国家の混交、交錯の不可逆的なプロセスに。

たった一つの世界しかない、少なくとも現在では。そして、この世界が存在するすべてである。結果として私たちに共通のものとは、各人がそれ自身で対等の権利をもつ人間であるという感情または欲望なのだ。この人間性における充実の欲望は、私たちみんなが共有する何かである。その上、これからますます私たちにとって共通のこととは、遠くの近さなのだ。私たちがそれを欲するにせよ、欲しないにせよ、それはこの世界を共有しているという事実である。存在するすべてであり、私たちがもつすべてである、この世界を。

私たちに共通のこの世界を建設するためには、歴史において空想と物化のプロセスにさらされてきた男女たちに、彼らから奪われた人間性の持ち分を回復する必要があるだろう。この展望において、修復の概念は、経済的範疇である以上に、彼らからもぎ取られた部分の再編成のプロセス、破壊されてきた絆の修復、相互性の働きの再開に関わり、それなしに彼らが人間の中に登場することはかなわない。

それゆえ、回復と修復は、世界のある共通意識の構築、すなわちある普遍的正義の達成の可能性そのものの核心に属する。回復と修復という二つの概念は、本質的人間性の持ち分というものがあって、各々の人格がその受託者である、という思想に基づいている。この譲れない持ち分は、われわれの一人一人に属している。それによって、われわれは客観的に、互いに区別され、しかも似た者同士なのだ。回復と修復の倫理は、結果として他人の持ち分と呼びうるものの承認をともない、それは私の持ち分ではなく、にもかかわらず私は、願う願わないにかかわらず、その保証人なのだ。この他者の持ち分、それを奪うことは、自己の、正義の、法の、ついには人間性そのものの観念に対して、あるいは普遍性の企画に対して重大な結果をもたらすことになる。普遍性というものが、まさに最終的な到達目標であるとすれば。

そもそも修復がなされねばならない、歴史が諸々の損害や傷害をもたらしたからには。私たち人類の大部分にとって、歴史の過程とは他者の死、――緩やかな死、窒息死、即死、委譲された死に慣れてしまう過程であった。他者の死へのこの順応、何も分かち合うものがないと決めつけられた男たち女たちの死、人種または差異を口実にした、命の生ける源泉の剝奪のあのさまざまな形態、これらすべてが想像力と文化にも、社会的経済的関係にも、実に深い傷跡を残してきた。これらの損害や傷害は共同体の形成を阻んでいる。実は公共の建設は、共同体の再発明と切っても切り離せないのだ。

したがって、普遍的共同体の問題は、定義上、〈開かれたもの〉の生息域、〈開かれたもの〉に向かう配慮という言葉で提起されるだろう――これはまず、囲い込むこと、いわば自分たちの近親者の中に閉じこもったままでいることを目指すやり方とはまったく異なる。この脱近縁の形態は、差異の真逆でもある。差異とは、多くの場合、欲望の構築の結果なのだ。それはまた、空想、分類、分割、排除の作業の結果でもある――それは権力の作業であり、次には日常生活のふるまいにおいて、排除された者自身によってさえ内面化され、再生産されるのだ。しばしば差異の欲望は、まさに人が最も深刻に排除の経験を生きるところに現れる。この条件において、差異の宣言は承認と内属の欲望の倒立した表現なのだ。

しかし、実際に差異が欲望（さらに欲求）において構成されるとき、その欲望は必ずしも権力の欲望ではない。それはまた、保護され、容赦され、危険から守られたいという欲望でもありうる。他方で、差異の欲望は必ずしも共同性の企画の反対でもない。実際、植民地支配を耐え忍んだ人々、または歴史の一時期に人間性の持ち分を奪われた人々にとって、この人間性の持ち分の回復は、しばしば差異の宣言を通過するのだ。しかし、近代の黒人の批判の一部に見られるように、差異の宣言はもっと広大な企画の一契機にすぎない——来たるべき世界の企画、私たちの前方の世界の企画、その到達点は普遍的であり、人種という重荷から、怨念から、人種差別のあらゆる状況が呼び覚ます復讐の欲望から、ついに解き放たれた世界なのだ。

訳者あとがき

1

この本は二〇一三年にフランス語で刊行されたAchille Mbembe, *Critique de la raison nègre* (La Découverte, Paris) の日本語訳である。題名は『黒人理性批判』としたが、原題に従って『ニグロ理性批判』とすべきかどうかについては一考の余地があった。英訳の表題は *Critique of Black Reason* (Duke University Press, Durham, 2017) となっており、著者自身が了解したタイトルに違いないが、訳者のローレント・デュボイス (Laurent Dubois) は、これについて序文の中でコメントしている。フランス語のnègreは「特に意味の容量が大きく変動しやすく、使用や誤用に満ちて多層的で、いわばその意味自体をめぐって何世紀にもわたる闘争にさらされてきた」。nègre（ネーグル、名詞・形容詞）は、少なくともblack（黒人・黒人の）、blackness, black（黒・黒い）、ときにblack man（黒人の男）を意味する。ところが、英語におけるnegroは、もはやほとんど古語のようになり、蔑称とみなされて使われなくなっている。確かにフランス語nègreにも蔑称的ニュアンスはあるが、「黒人芸術（art nègre)」、「黒人音楽（musique nègre)」のように慣用化しているケースもあり、黒人自身がむしろ肯定的に用いるようになってもいる。つまり、英語のニグロは、フランス語ネーグルの意味の振り幅を必ずしもよく表現しない。これらのことを勘案した上で、タイトルを *Critique of Black Reason* と訳すことにした、と英訳者は説明している。このような見方を参考にしながら、日本語訳のタイトルも『黒人理性批判』とすることにした。

この本の著者アシル・ムベンベは、一九五七年カメルーンに生まれ、一九六〇年に独立したカメルーンで大学修士までの教育を受けたあと、フランス・パリに滞在し、カメルーンの独立運動についての博士論文を書いた。その後はアメリカ合衆国やセネガルの大学に所属しながら研究を続けたが、二〇〇一年からは南アフリカ・ヨハネスブルグのウィットウォーターズランド大学、社会経済研究所の研究主任になるなどして、アフリカをめぐる国際関係史に関する批判的研究で目覚ましい役割を果たすようになった。アフリカ－フランス間の対話や、エコロジーを含む地球規模の改革運動についても積極的に関与しているようだ。専攻分野は歴史学、政治学ということになろうけれど、それらをはるかに超える横断的な著作活動を続けている。彼の著書を何冊か読めば、哲学、文学にも造詣が深く、学術的な視野を脱領土化する独特の思考と文体をもつ思想家であることが感じられるはずである。

2

この本の序論には「世界が黒人になること（Le devenir-nègre du monde）」という見出しがついてい

る。どうやら「黒人になること」は、すでに世界が「黒人であること」（現実）、「黒人になりつつあること」（生成変化）、「黒人になるであろうということ」（未来）、そして「黒人になるべきである」ということ（倫理）への警告と呼びかけを含んでいる。もちろん、それは「たった一つしかない世界」に対する警告であり、呼びかけなのだ。

「黒人」の歴史は、奴隷制、植民地の過去と、どうしても切り離せない。そして、「黒人になること」は、奴隷制、植民地が単に過ぎ去った局地的な事態ではないことを示している。それは新たな奴隷制や植民地、そして人種差別が形を変えて席捲しうるということであり、現に構造的、潜在的にそうなっている世界的状況のことでもある。奴隷制、植民地の犠牲、不幸、苦痛、弾圧、収奪、疎外、残酷の歴史でもあった〈黒人〉の記憶が必然的に世界で共有されざるをえない、という可能性が浮かび上がる。それは同情や共感や理解の範囲を超えて広がる、ある普遍的、原理的な転換の可能性でもある。

かつて西洋近代が誇らしく標榜しえた理性、自由、自我、平等、人権のような価値が、その裏面では、どれほどの暴力、犠牲、災厄をともなっていたか、そのような歴史の裏面をめぐる批判や反省は、ある時間差をともないながらも縷々と持続されてきた。近代の裏面とは、言わずと知れた帝国主義、戦争、植民地、人種差別、強制収容所の拡張の世界史である。啓蒙時代の最盛期は、最も盛んに奴隷貿易が行われた時期と重なっていた。一九世紀フランスの人道主義を代表したかのような『ああ無情』の作家ヴィクトル・ユゴーが次のように植民を奨励する生々しい言葉を書いていたのは衝撃的だ。本書におけるその引用を、ここに長々と繰り返しておかねばならない。

アフリカは世界に対して、こんなにも運動や循環の停止を強いているので、世界の活動を妨げている、そして人類の進歩は地球の麻痺した五分の一をこれ以上長く放ってはおけないのです［…］。老いたアフリカを文明に順応させること、これこそが問題です。ヨーロッパは、これを解決するでしょう。さあ、諸々の民族よ、この大地を奪取せよ。それを獲得するがいい。それは誰のものか、誰のものでもない！　神に属するこの大地を獲得するがいい。神は人間に大地を与える。神はアフリカをヨーロッパに贈る。獲得しなさい！　［…］あなたのあふれる力をこのアフリカに注ぎ、同時にあなたの社会の問題を解決しなさい。あなたの労働者を所有者に変えなさい［…］。さあ、道路を作り、港を作り、都市を作り、拡大し、開発し、増殖させなさい。そして、司祭たちや王たちからますます解放されたこの地上において、神の精神は平和によって、人間の精神は自由によって確かめられんことを。（第2章「幻想の井戸」）

人類史は、さまざまな形での階層化、差別化、分断の歴史でもあるが、植民地における、あれほど大々的な組織化や商品化やモノ化をともなう強制と排除の暴力は前例がなかったに違いない。『黒人理性批判』のはじめの三章「人種主体」、「幻想の井戸」、「差異と自己決定」は、すでに厖大な歴史的研究の蓄積を読み解きながら、いかに西洋が「人種」の概念を制作しつつ、黒人とアフリカの「幻想」を増殖させ、何よりも資本主義の支配と拡張にとって不可欠な収奪の装置として「人種差別」を固定し、「洗練」していったかを述べている。そこで同化と排除の実践は絶えず両輪になっていた。

それにしても、序論でムベンベが「人種」の概念の「眩暈するような組み立て」として、まず強調しているのは、過去ではなく、二一世紀の文脈なのだ。

「第三（二一世紀のはじめ）〔の契機〕は、地球規模の市場の拡大、新自由主義に庇護される世界の私企業化、金融経済の増大する紛糾、帝国主義後の軍事共同体、そして電子デジタル技術などの時期である」。

「もはや、いわゆる労働者は存在しない。労働の放浪民しかいないのだ」。

「この新しい人間、市場と負債の主体……」。

「これに加えて、非対称的な捕獲、強奪、収奪、そして戦争は、世界の新たなバルカン半島化、そしてゾーニングの実践を強化しながら進行している――このことは経済的なものと生物学的なもののかつてない共犯関係を意味する」。

「あるいはむしろ、人類が代替可能な存在になるにつれて、人種差別は砂に埋もれ、粉々になり、断片となり、「種」についてのある新しい言語の間隙そのものにおいて再構成されると理解すべきだろうか」。

一九世紀、「奴隷制」の終焉は決して人種差別の終焉をもたらしはしなかった。奴隷解放によって、かつての奴隷は、さらに容赦のない形で資本主義にじかに巻き込まれ、恒常的な搾取と差別の対象になった。やがてそれは二一世紀の、「新自由主義」と総括されうるような世界システムの一部に組み込まれている。差別や隔離も、ミクロなレベルに至る恒常的な情報管理によって、「人種」よりもはるかに綿密な指標によって、出自、適性、能力、嗜好、思想、そしてゲノムにまで及びうる生物学的特性……などによって実現されるようになっている。この本で、かつて奴隷制とともにあった大西洋貿易、植民地、抵抗運動、独立戦争の歴史は、現代世界の新たな政治経済のシステムをにらみながら読み直されているのだ。といっても、この読み直しの作業は、現在と未来のさらなる読解の序曲でもあり、至る所で続行中のはずである。

3

第1章「人種主体」でムベンベがまず強調しているのは、〈黒人〉をめぐるあらゆる言説が、まず西洋の植民者によるおびただしい言語的生産によって形成され、覆われてきたことである。「言説の対象および認識対象としてアフリカと黒人は、すでに近代のはじめから名前の理論、そしてまた記号や表象の規定と機能を深刻な危機に陥れてきた。存在と外観、真実と虚偽、理性と非理性、その上、言語と生の関係についても同じことが起きたのだ」。それは単に、おびただしい嘘と幻想が現実を覆い隠していた、ということ以上の根本的な傾向であり、一見厳格に見える植民地体制とその政治経済の機構さえも、そのような言語と言説に規定され、連動し、「危機」をはらんでいたということである。「黒人理性」は、「理性の欠如」という神話も含めて、このような圧倒的な「言説」の体制から浮かび上がるものである。先のユゴーの誇大妄想に似たアフリカ観は、こうして西洋の野心にとってはまぎれもない「真実」として定着することになった。

「それ〔言葉〕は、まなざしに事物を与えるものとみなされる。ただし、あまりにも明白な可視性において与えられるので、この可視性は言葉が言うべきこと、生が見せるべきことを隠してしまう」。言葉は「薄い闇の層によって、外観と真実、仮面と顔を分離する」のである。言葉がある輝きのうちに見せることは、あたかも鏡の裏箔の黒地の上に現れるかのようであり、背後にあるものを隠す。黒人、植民地、アフリカをめぐる膨大な記号や言語は、そのような闇を抱える輝き、空《うつ》ろな太陽、輝く空虚(「太陽のくぼみ」)である、とムベンベは指摘している。このあたりの考察は、精神分析を踏まえながらもそれを突き抜け、差別の歴史的構造を、さらに力動的な鏡像的仕組みとして分析しているのが印象的だ。彼はここで、西洋の現代思想が西洋自体の権力装置を分析するために必要としてきた言説や意味の理論も積極的に援用している。

「黒人理性」は、西洋の言説を通じて形成されながらも、それによって与えられ、強いられたものを奪取し、抵抗や解放や自立の過程で独自の主体性と批判的思考を形成していった(「第二のエクリチュール」、「自己同一性の宣言」)。そして、とりわけ「ネグリチュード」として、「黒人の中に、ためらいなく大地と生命の源を見出」すような思想形成が文学芸術や諸々の学においてさかんに行われてきたのだ。

一方で、ムベンベは奴隷制、植民地以前の時代のアフリカ、そして奴隷解放以前のアメリカにさえも「混合の原則に従って相互に入り組んだ組織網の論理」を至る所に見ている。大西洋、カリブ海の植民地で進行した「クレオール化」について、彼は次のような指摘をする。「前代未聞のクレオール化の過程が始動し、宗教、言語、技術、文化にわたる強力な取引をもたらす。資本主義初期の黒人の意識は、少なからずこの運動と循環の力学から生じる。この観点から見れば、それは旅や移動の伝統の産物であり、想像力の脱国家の論理に支えられている。想像力の脱国家という過程は二〇世紀中葉まで続き、黒人の大規模な解放の動きのほとんどがそこに含まれている」。

そして、植民地以前のアフリカにおけるイスラム教世界のアイデンティティ形成についても、彼はこう述べているのだ。「国境について交渉する諸機関は、アイデンティティについて交渉し、隊商による商取引を取り締まり、垂直的かつ側面的な同盟関係を強化し、ときには戦争さえ実行する機関と同じものである。その上、戦争、移動性、商業は、多くの場合、関連し合っており、とりわけ戦争と商業がイスラム教の布教と一体になっている場合があるのだ。〔…〕このような脈絡において、真のアイデンティティとは必ずしも一つの場所に固定されるものではない。それは可動的な幾何学をともなうゆえに、それ自体が交通のさなかにある諸空間の移動をめぐって交渉するアイデンティティなのである」。

もともと「諸空間の移動をめぐって交渉する」ものでありえたアフリカと黒人のアイデンティティ形成は、絶えず剥奪されては変形され、回復されては革新されるようなものだったと言うのだ。大航海時代とアメリカ形成の世界史は、その前にも、そのあいだにも進行していたおびただしい交通や交渉の組織網の世界史を見えないものにしてきた。それに光をあてることが、歴史家ムベンベの強いモチーフになっている。例えば、第3章末の「諸々の世界の交通」の分析に注目されたい。

4

第4章「小さな秘密」、第5章「奴隷のためのレクイエム」まで読み進むと、本書の探求は社会科学的考察とは少し異なる次元に入っていると感じられる。前のパートはおおむね植民地における支配・隷属の関係を軸にした社会、経済、政治の研究であり、従来の厖大な研究成果の鋭利な読解であり、二一世紀はじめの観点を果敢に織り込んだ批判的研究であった。しばしば植民者の言説や幻想の批判的研究に頁がさかれていた。しかし、その「批判」は「美学的、前衛的、無政府主義的な性格をもつ反植民地的批判は、それが転覆しようとするこれらの神話と植民地に関する紋切型の大部分を引き継いでいる」という自己批判とともにあり、この思考は「アイデンティティ」の追求さえも、たちまち「アイデンティティ」の批判につながるという両義性を引き受けざるをえないのだ。

なぜ「秘密」について語るのか。「記憶、追憶、または忘却において重要なことは、それゆえ真実よりも、象徴作用とその流通、偏差、虚偽、伝達の困難、ささいな失策、過誤など、要するに証言への抵抗なのである。表象の強力な複合体として、記憶、追憶、そして忘却は、厳密に言えば兆候的行為なのである」。必然的に被植民者は多くの秘密を抱えることになる。搾取され、弾圧され、排除され、拷問される者たちは、そもそも語ることを禁じられ、主張することも告白することも許されない。精神科医でもあったフランツ・ファノンは、植民地に固有の症候でもある多くの実例に立ち会いながら、必然的にその秘密の部分を証言し、解読することになった。

植民地の支配者は、そこを無制限の享楽の場としながら、それを隠蔽することで、もう一つの秘密の空間を構成する。何よりも植民地における商品と市場は、植民者にも被植民者にも多くの幻惑をもたらし、新たな欲望（「商品のエロティシズム」）を生み出して、それがまた支配や統制の支えとなっている。表向き、むき出し、公式の支配・被支配の関係の網は、そのような秘密の力学（「情念的経済」）の次元に裏打ちされている。それは大々的なリビドー的経済の組織でもあった。絶対的放埒、途方もない欲望と享楽の勢力、即座の消費、欲望による原住民の隷属、ある心理的加工のメカニズム、死の欲望、「想像的仕掛けの大々的なあやつり糸」、「象徴界なき想像界」……。

さらには植民地の「時間」を分析すること。主体性の具体的で親密な構造としての「小さな秘密」は、歴史でも記憶でもなく、「時間」の考察を要求する。被植民者は、ただ「黒人」と名づけられ、固有名を喪失し、いわば記憶と主体（性）を剝奪され、破壊されてきたが、それは時間の剝奪、破壊でもあった。「時間は際限なく変化し、その形態は常に不確実である。したがって、それは常に人間の経験の非等質で、不規則で、断片的な領域を表象している」。アフリカ文学は、しばしばそのような「時間」の表現であり、時間構造の修復を課題にしてきたようなのだ。自己、アイデンティティ、時間の喪失がもたらす「根本的不確実性」を扱う文学は、もはや幻想文学などとは程遠い。エイモス・チュツオーラの作品では、現実と幻想の区別などなく、現在という確固とした座標がなく、死と生、この世とあの世の区別もなく、自己は他者に、他者は自己に絶えず変身し、まるで因果関係などないかのように、出来事が絶え間なく連鎖する。作家たちの描き出した、もはや何が起きても不思議ではない、不思議を超越した超現実以上の超幻想的な世界が、植民地世界のどんな現実へのどんな反応であり抵抗であったかを、ムベンベはしたたかに読み解いている。「過去も未来もない時間の、あるいは破綻した一つの過去の壮麗な表出、それを絶えず蘇らせようとしたが、その意味は亀裂と散逸においてしか現れることがない」。しかし、それは単に植民地に荒れ狂う暴力のトラウマの表現にとどまるはずがない。そこに描かれた「痙攣的な生」や「自殺への道」からは、もはやアイデンティティの修復や再構成ではない別の構想が浮かび上がるのだ。

アフリカ、そして世界中の植民地、プランテーションの歴史を想起することは「奴隷のためのレクイエム」なしにはありえない。アフリカで拉致され、大西洋を横断する船の「貨物」となり、生き延びてアメリカに着き、奴隷となった無数の黒人について、それまでは歴史記述、歴史的分析として書かれていたこの本は、アフリカ文学における小説の語りを焦点にして、幻覚・夢想・捕獲の力、亡霊の状態、呪われた部分、仮面と闇の力能、モノ化される身体、モノ化を拒否する変身能力、身体から分離すること、影たちと踊ること、死が常に新生の資源となるめまぐるしい能力、等々を発見している。植民地では、植民者の暴力・権力と、それと結託する土着の支配者たちのグロテスクな暴力・権力が荒れ狂い、日常がほとんど奇怪な幻想的なもの、超現実的なものになりうる。過酷な歴史的現実は、死者、死体、死霊の壮大なダンスによる想像的宇宙の中に導かれ、再生され、修復されるかのようだ。学術研究によっては容易に把握しきれない「秘密」とともに、これらの転換や変身の力能を解読することによって、すでに説得的な社会科学的分析を、より深い感覚的、身体的な次元にまでムベンベは浸透させている。

5

最後の第6章「主体の臨床医学」（そして「エピローグ」）は、エメ・セゼール、とりわけフランツ・ファノン、マーカス・ガーヴェイ、ネルソン・マンデラ、エドゥアール・グリッサンなどの思想の凝縮された読解で結ばれている。『黒人理性批判』は、第一の西洋による支配・形成（捏造）の批判から、さらに第二の黒人自身による抵抗とともにあったアイデンティティ形成に対しても明確な批判を向け、さらにそれを切開しようとする。「「黒人」に対する憂慮は世界の分断にではなく、その複数性の肯定や脱閉域の必要に行き着く」というセゼールの言葉を指針とするその批判は、ここで一つしかない「全‐世界」（エドゥアール・グリッサン）に向かう。もちろん、それは統合された世界、あるいは世界政府のことではない。何よりもまず「脱閉域化」を目指すが、全世界を越境する資本の政治とは別の方向に向かうしかない。

普遍的なものはいつも特異性の振幅において形を変える、ということを彼らは重視する。彼らの目には、普遍的なものとは、まさに特異性の多様性の場であり、それぞれの特異性はあるがままのものでしかなく、つまりそれを他の特異性と結合したり分離したりする何かにおいてあるだけだ。だから、どの特異性においても絶対的普遍は存在しない。普遍的なものは諸々の特異性や差異の共同体として存在するだけだ。それは共同性と分離の状態に置かれる分有にほかならない。

「黒人」という名の普遍性は、反復の側にではなく、そのような根本的な差異の側に求めるべきであり、それなしに世界の脱閉域化は不可能なのだ。この根本的差異という名において、途上にある者、旅に出ようとしている者、断絶と異質性を経験する者の形象として、「黒人」を新たに想像しなければならない。しかし、この行路と大移動の経験が意味をもつためには、アフリカに本質的な役割を与えなければならない。この経験は私たちをアフリカに回帰させ、または少なくともアフリカというこの世界の分身を通じて方向転換しなければならない。その分身の時がやって来ることを私たちは知っている。

そして、この章の最後の数頁では、キリスト教の役割について言及されていることが印象深い。リベリアで活躍し、「汎アフリカ主義の父」と呼ばれるようになったエドワード・W・ブライデンは、「のちに黒人種が直面することになる試練の予兆をキリストの苦しみの中に見ていた。救いの神は、蛮行、剝奪、暴力に服従する黒人の身体に受肉することによって、ある賭けをするのだ。この賭けは、まだ未来に属する開かれた意味をめぐる賭けなのだ。彼の目には、十字架の出来事は神と苦しむ人類の絆という発想を啓示している」。キング牧師の活動も、キリストは本当に〈黒人〉の代わりに死んで、〈黒人〉を死から救うことができるのか、という問いを強い動機にしていたことをムベンベは想起させている。「キリストの形象が黒人の政治神学にとって実際に中核的な場を占めている理由の一つは、そのことなのだ。他者のための、他者のもとでの、他者の証言におけるこの現前は、贈与、供物、無償の政治の別名でないとすれば、いったい何だろうか」。

世界がキリストになること、それはアフリカとアメリカの先住民たちの無数の犠牲、おそらく史上最大の長期にわたる大虐殺、無数のキリストの死ゆえであって、キリスト教を口実とし武器にしてきた植民者、虐殺者たちの、歴史的ペテンとしてのキリストのことではない。ムベンベが言及する、教会とは無関係のもう一つのキリスト教の形象、もう一つの「政治神学」を私たちは共有しないとしても、もはやキリストの名は必要ではないとしても、そこからも回復と修復の倫理、公共・共同体の再発明の促しはやって来る。それなしには、この世界はまだ生き延びているとしても、もはや死に体で生き延びているにすぎないことを見ぬふりをしたまま、死に続けるしかないのだろう。アフリカからやって来る可能性が何か、この本には尊重すべき示唆が含まれている。二〇二〇年に刊行された著書 *Brutalisme* (La Découverte, Paris) の考察の対象は、もはや特定の地域に限られず、現代と未来の地球にまで広がって普遍化する暴力、弾圧、管理、監視、差別である。しかし、暗い展望だけでなく、そのような暴力の、いわば「矢面に立ってきた」アフリカからこそ修復と克服のための政治が作り出される希望についてもムベンベは力強く語っている。

6

植民地の創設は、単なる局地的な部族や異民族の縄張り争いのようなものではありえない。それはまず圧倒的な軍事的警察的暴力によって、一つの民衆全体を監禁し、収容するような脅迫的な暴力によって組織的に強制されるしかないものだ。日本による朝鮮統治の歴史と記憶はアフリカやカリブの植民地で起きたこととは比較にならない、とさっそく反応する声もあがるだろう。しかし、比較にならないと即断する前に、まず綿密な比較をしてみるべきなのだ。とりわけ植民地の創設と維持には不可欠な巨大な暴力と強制の組織を想像してみなければならない。フランツ・ファノンの『革命の社会学』は、フランスが統治したアルジェリアで何が起きたか、事実上フランスの植民地であったアルジェリアでの戦争がどんな暴力を噴出させたかを、歴史研究、ドキュメンタリー、人類学的精神分析的記述を合体させ、怜悧で強靭な文体で書き尽くした驚異的な記録だ。この本だけでなくファノンの全業績に新たな光をあてたことも、『黒人理性批判』の重要な貢献に違いない。

*

蛇足ながら、この本を訳すことになった私的な事情に触れておきたい。訳者は、アフリカや旧植民地の政治・文化・歴史を専門的に研究したことがない。むしろ、フランス語の思想文学の翻訳や読解の作業をしながら、それに並走する批評的な思索を続けてきた。『黒人理性批判』という本を知ったのは、ブラジルの哲学者ペーター・パル・ペルバルトがサンパウロで主宰している出版社n-1のリストを通じてである。n-1は、ガタリとドゥルーズの著作や、それに関連する思想書のほか、ブラジルで今も喫緊の問題である先住民の情況や性的マイノリティに関する書物を、かなり大胆な造本とともに次々送り出してきた。その中にポルトガル語に翻訳された『黒人理性批判』が入っていたのがきっかけで原著を読むことになり、それは近年の読書の中でも、ずっと気にかかる例外的な一冊として印象に残っていた。しかし、すぐには翻訳することを考えなかった。ドゥルーズ、アルトー、ベケットの翻訳を重ねてきた者にとっては、かなり飛躍でもあり、訳者としてふさわしい専門家が他にいて、すでに英訳はもちろん世界中に翻訳されてもいたので、当然日本語訳も進んでいるだろうと思っていた。

数年前にフランスのメディアの記事の中で、ムベンベが自分の読書歴について語っている長いインタビューに出会った。最初に挙げていたのは、ミシェル・レリスの『幻のアフリカ』だった。社会科学の専門家としての力量や見識にとどまらない、柔軟な思考スタイルに強い印象を受けたのだ。その印象を保ちながら『黒人理性批判』を精読して、この本を翻訳出版する可能性を探ってみることにしたところ、日本語訳の権利へのアプローチはまだなく、講談社（選書メチエ）での出版企画が成立することになった。

出身国カメルーンの独立の過程の研究から出発しながら、フランス現代の批判的思想や、ポストコロニアリズム研究の多様な成果も惜しみなく共有して、世界的なスケールで「回復（修復）の倫理」とともに未来を構想するムベンベは、二〇二一年にモンペリエで開催されたアフリカ－フランス・サミットのためにマクロン大統領から指名されて、数々の討論の場を企画し、その準備のために長文の報告書・提案書を書くという重責を担うことになった。そのような政治的立場に立つことでさまざまな評価も批判も浴びているようだが、彼の思想の評価は何よりもまずこの本を読むことから始めたほうがいい。

ムベンベの批判的思考は、ますます閉鎖的、退行的になっているように見える日本のナルシシズム的政治文化と、ぜひとも対照して読む意味があるはずだ。この国は、かつて強力、暴虐な植民地支配者であり、今もさまざまな植民者的、片や被植民者的立場にもあり続けている。戦争と植民地支配によって他国にも自国にもおびただしい犠牲者を出してきたが、その記憶よりも忘却を原理とした体制と思考停止を今も改めていない。「日本理性」を根本的に省察するためにも、「黒人理性批判」は一つの強力な内視鏡になりうる。

この本の企画から訳文の細部に至るまで、周到な配慮をいただいた講談社の互盛央さんに感謝する。互さんともう長らく続けてきた共同作業は、彼自身の著作から受けた触発とともに、得がたい励ましである。

宇野邦一

58 Frantz FANON, *L'An V..., op. cit.*, p. 261〔ファノン『革命の社会学』前掲、5 頁〕.

59 Frantz FANON, *Les Damnés..., op. cit.*, p. 489〔ファノン『地に呪われたる者』前掲、86 頁〕.

60 Frantz FANON, *Peau noire..., op. cit.*, p. 131〔ファノン『黒い皮膚・白い仮面』前掲、109 頁〕.

61 Frantz FANON, *Les Damnés..., op. cit.*, p. 452〔ファノン『地に呪われたる者』前掲、37 頁〕.

62 *Ibid.*, p. 495〔同書、92 頁〕.

63 Frantz FANON, « Pourquoi nous employons la violence », *loc. cit.*, p. 417〔ファノン「補遺　なぜわれわれは暴力を行使するか」前掲、157 頁〕.

64 Frantz FANON, *Les Damnés..., op. cit.*, p. 671〔ファノン『地に呪われたる者』前掲、306 頁〕. 続く引用は同じ頁から。

65 *Ibid.*, p. 673〔同書、308 頁〕.

66 Frantz FANON, « Pourquoi nous employons la violence », *loc. cit.*, p. 415〔ファノン「補遺　なぜわれわれは暴力を行使するか」前掲、154 頁〕.

67 Frantz FANON, *Pour la révolution africaine, op. cit.*, p. 703〔ファノン『アフリカ革命に向けて』前掲、22 頁〕.

68 Nelson MANDELA, *Conversations with Myself*, Macmillan, Londres, 2010〔ネルソン・マンデラ『ネルソン・マンデラ　私自身との対話』長田雅子訳、明石書店、2012 年〕.

69 以下を参照。Sarah NUTTALL et Achille MBEMBE, « Mandela's Mortality », in Rita BARNARD (dir.), *The Cambridge Companion to Nelson Mandela*, Cambridge University Press, Cambridge, 2014.

70 Jacques LACAN, « La psychanalyse est-elle constituante pour une éthique qui serait celle que notre temps nécessite? », *Psychoanalyse*, n° 4, 1986, p. 163-187.

71 以下を参照。James BALDWIN, *The Cross of Redemption. Uncollected Writings*, Pantheon, New York, 2010.

72 Edward W. BLYDEN, *Christianity, Islam and the Negro Race, op. cit.*, p. 174-197.

73 Martin Luther KING, « Lettre de la geôle de Birmingham », in *Je fais un rêve*, Bayard, Montrouge, 2008.

74 Frantz FANON, *Peau noire..., op. cit.*, p. 155〔ファノン『黒い皮膚・白い仮面』前掲、132 頁〕.

掲、90 頁〕）。

36　Olivier DOUVILLE, « Y a-t-il une actualité clinique de Fanon? », *loc. cit.*

37　「私たちは植民地支配の嵐によって私たちの民衆が受けた数々の、ときには消しがたい傷を長いあいだ手当てしなければならないだろう」（Frantz FANON, *Les Damnés..., op. cit.*, p. 625〔ファノン『地に呪われたる者』前掲、243 頁〕）。

38　Frantz FANON, *L'An V..., op. cit.*, p. 414〔ファノン『革命の社会学』前掲、153 頁〕.

39　*Ibid.*, p. 361〔同書、98 頁〕.

40　*Ibid.*〔同書、99 頁〕

41　*Ibid.*, p. 414〔同書、153 頁〕. 以下も参照。Frantz FANON, « Pourquoi nous employons la violence », *loc. cit.*, p. 413-418〔ファノン「補遺　なぜわれわれは暴力を行使するか」前掲、152-158 頁〕.

42　Matthieu RENAULT, « Vie et mort dans la pensée de Frantz Fanon », *Cahiers Sens public*, n° 10, 2009, p. 133-145. www.sens-public.org で閲覧可能。

43　Frantz FANON, *L'An V..., op. cit.*, p. 351〔ファノン『革命の社会学』前掲、89 頁〕.

44　*Ibid.*〔同頁〕

45　*Ibid.*〔同頁〕

46　*Ibid.*, p. 349-350〔同書、88 頁〕.

47　*Ibid.*, p. 351〔同書、90 頁〕.

48　Frantz FANON, *Les Damnés..., op. cit.*, p. 468〔ファノン『地に呪われたる者』前掲、58-59 頁〕.

49　Frantz FANON, « Pourquoi nous employons la violence », *loc. cit.*, p. 415〔ファノン「補遺　なぜわれわれは暴力を行使するか」前掲、154 頁〕.

50　Frantz FANON, *Les Damnés..., op. cit.*, p. 495〔ファノン『地に呪われたる者』前掲、92 頁〕.

51　*Ibid.*〔同頁〕

52　Bernard DORAY, *La Dignité. Les debouts de l'utopie*, La Dispute, Paris, 2006.

53　Frantz FANON, *Les Damnés..., op. cit.*, p. 495〔ファノン『地に呪われたる者』前掲、92 頁〕.

54　*Ibid.*, p. 492〔同書、90 頁〕.

55　*Ibid.*〔同頁〕

56　*Ibid.*〔同頁〕

57　*Ibid.*, 第 5 章。

23　Achille MBEMBE, « Provincializing France? », *Public Culture*, vol. 23, n° 1, 2011, p. 85-119.

24　Miguel MELLINO, « Frantz Fanon, un classique pour le présent », *Il Manifesto*, 19 mai 2011. www.paperblog.fr で閲覧可能。

25　「私たちは立ち上がったし、今は前進している。誰が私たちを元の隷属状態に戻すことができようか」（Frantz FANON, *L'An V...*, *op. cit.*, p. 269〔ファノン『革命の社会学』前掲、14 頁〕）。

26　「私は人間である、そして私が見直さなくてはならないのは世界の過去全体なのだ」（Frantz FANON, *Peau noire...*, *op. cit.*, p. 56〔ファノン『黒い皮膚・白い仮面』前掲、18 頁〕）。

27　Bernard DORAY, « ...De notre histoire, de notre temps. À propos de Frantz Fanon, portrait d'Alice Cherki », *Sud / Nord*, n° 14, 2001, p. 145-166.

28　Claudine RAZANAJAO et Jacques POSTEL, « La vie et l'œuvre psychiatrique de Frantz Fanon », *L'Information psychiatrique*, vol. 51, n° 10, décembre 1975, p. 1053-1073.

29　ファノンにおける愛の政治のパラドックスと可能性については、以下を参照。Matthieu RENAULT, « "Corps à corps". Frantz Fanon's Erotics of National Liberation », *Journal of French and Francophone Philosophy*, vol. 19, n° 1, 2011, p. 49-55.

30　Olivier DOUVILLE, « Y a-t-il une actualité clinique de Fanon? », *L'Évolution psychiatrique*, vol. 71, n° 4, 2006, p. 709.

31　Frantz FANON, *L'An V...*, *op. cit.*, p. 266〔ファノン『革命の社会学』前掲、10-11 頁〕. 以下も参照。« Pourquoi nous employons la violence », *loc. cit.*, p. 413 et suiv.〔ファノン「補遺　なぜわれわれは暴力を行使するか」前掲、152 頁以下〕

32　Frantz FANON, *Les Damnés...*, *op. cit.*, p. 489〔ファノン『地に呪われたる者』前掲、86 頁〕.

33　*Ibid.*, p. 494〔同書、319 頁、1「暴力」注（七）〕.

34　「占領されたのは土地ではない。［…］植民地体制は［…］個人の中心そのものに居座り、そこで掃討、自分自身の追放、合理的に継続される毀損の一貫した活動をもくろんだ。［…］否定されたのは、国全体、その歴史、その毎日の脈動だったのだ［…］。このような状況では、個人の呼吸は、観察され、横領された呼吸である。それは闘争のさなかの呼吸なのだ」（Frantz FANON, « Les femmes dans la révolution », Annexe de *L'An V...*, *op. cit.*, p. 300〔フランツ・ファノン「付」、『革命の社会学』前掲、41-42 頁〕）。

35　*Ibid.*, p. 414〔同書、153 頁〕. ときにはまた「憎悪の円環」（Frantz FANON, *Les Damnés...*, *op. cit.*, p. 492「ファノン『地に呪われたる者』前

4 *Ibid.*, p. 37.

5 *Ibid.*, p. 53.

6 Aimé CÉSAIRE et Françoise VERGÈS, *Nègre je suis, nègre je resterai. Entretiens*, Albin Michel, Paris, 2005, p. 69〔エメ・セゼール『ニグロとして生きる――エメ・セゼールとの対話』立花英裕・中村隆之訳、法政大学出版局（サピエンティア）、2011 年、67 頁〕.

7 Aimé CÉSAIRE, « Discours sur la négritude », 26 février 1987, Université internationale de Floride. www.blog.crdp-versailles.fr で閲覧可能。次の二つの引用は同じ演説からのものである。

8 Aimé CÉSAIRE, *Discours sur le colonialisme, op. cit.*, p. 8〔セゼール『植民地主義論』前掲、133 頁〕.

9 *Ibid.*, p. 15-16〔同書、142 頁〕. 西洋がヒトラーを許さない理由は「罪それ自体、人類に対する罪ではなく、人間を辱めたこと自体でもない。それは白人に対する罪であり、ヨーロッパに植民地主義の手順を適用したことなのだ。今までそれはアルジェリアのアラブ人、インドの苦力《クーリー》、アフリカの黒人にしか適用されたことがなかったのだ」〔同書、138 頁〕とセゼールは強調している。

10 *Ibid.*, p. 18〔同書、145 頁〕.

11 Aimé CÉSAIRE et Françoise VERGÈS, *Nègre je suis, nègre je resterai, op. cit.*〔セゼール『ニグロとして生きる』前掲〕

12 次の引用もすべて、Aimé CÉSAIRE, « Discours sur la négritude », *loc. cit.* に拠る。

13 Aimé CÉSAIRE, *Discours sur le colonialisme, op. cit.*, p. 54〔セゼール『植民地主義論』前掲、192 頁〕.

14 Frantz FANON, *Les Damnés…, op. cit.*〔ファノン『地に呪われたる者』前掲〕, 第 5 章を参照。

15 *Ibid.*, p. 627〔同書、245 頁〕.

16 *Ibid.*, p. 493〔同書、318 頁、1「暴力」注（七）〕.

17 *Ibid.*〔同所〕

18 Frantz FANON, *L'An V…, op. cit.*, p. 261〔ファノン『革命の社会学』前掲、5 頁〕.

19 Frantz FANON, *Les Damnés…, op. cit.*, p. 627〔ファノン『地に呪われたる者』前掲、245 頁〕.

20 *Ibid.*〔同頁〕

21 *Ibid.*〔同頁〕

22 Ann Laura STOLER, « Colonial Aphasia. Race and Disabled Histories in France », *Public Culture*, vol. 23, nº 1, 2011, p. 121-156.

13 Amos TUTUOLA, *The Palm-Wine Drinkard and My Life in the Bush of Ghosts,* Grove Press, New York, 1994. この二つの作品は1994年版には併せて収録された。本章の引用頁はこれに拠るが、訳文は私自身による意訳である。『やし酒飲み〔*The Palm-Wine Drinkard*〕』は1953年に、すぐレーモン・クノーによってフランス語訳された（Amos TUTUOLA, *L'ivrogne dans la brousse,* Gallimard, Paris, 1953）。

14 Sabine MELCHIOR-BONNET, *Histoire du miroir,* Imago, Paris, 1994, p. 113-114〔サビーヌ・メルシオール＝ボネ『鏡の文化史』竹中のぞみ訳、法政大学出版局（りぶらりあ選書）、2003年、114-115頁〕.

15 Amos TUTUOLA, *The Palm-Wine Drinkard and My Life in the Bush of Ghosts, op. cit.,* p. 248-249〔チュツオーラ『やし酒飲み』前掲、87頁〕.

16 *Ibid.,* p. 108-109〔エイモス・チュツオーラ『ブッシュ・オブ・ゴースツ』橋本福夫訳、筑摩書房（ちくま文庫）、1990年、129頁〕.

17 *Ibid.,* p. 29〔同書、23頁〕.

18 *Ibid.,* p. 25-26〔同書、17-18頁〕.

19 *Ibid.,* p. 263-264〔チュツオーラ『やし酒飲み』前掲、110-111頁〕.

20 *Ibid.,* p. 36〔チュツオーラ『ブッシュ・オブ・ゴースツ』前掲、32-33頁〕.

21 *Ibid.,* p. 91-92〔同書、103-105頁〕.

22 *Ibid.,* p. 272〔チュツオーラ『やし酒飲み』前掲、122-125頁〕.

23 *Ibid.,* p. 42〔チュツオーラ『ブッシュ・オブ・ゴースツ』前掲、40-41頁〕.

24 Gilles DELEUZE et Félix GUATTARI, *Capitalisme et schizophrénie,* vol. 1: *L'anti-Œdipe,* Minuit, Paris, 1972, p. 13〔ジル・ドゥルーズ＋フェリックス・ガタリ『アンチ・オイディプス——資本主義と分裂症』全2冊、宇野邦一訳、河出書房新社（河出文庫）、2006年、（上）24頁〕.

25 *Ibid.,* p. 21-22〔同書、（上）38-39頁〕.

26 Amos TUTUOLA, *The Palm-Wine Drinkard and My Life in the Bush of Ghosts, op. cit.,* p. 74-75〔チュツオーラ『ブッシュ・オブ・ゴースツ』前掲、80-81頁〕.

6　主体の臨床医学

1 以下を参照。LAZARE, *Au pied du mur sans porte,* Les Solitaires Intempestifs, Besançon, 2013, p. 11-12.

2 以下を参照。Marcus GARVEY, *Philosophy and Opinions of Marcus Garvey, op. cit.*

3 *Ibid.,* p. 10-14.

89 Achille MBEMBE, « La « chose » et ses doubles dans la caricature camerounaise », *Cahiers d'études africaines,* vol. 36, nº 141-142, 1996, p. 143-170.

90 Odile GOERG (dir.), *Fêtes urbaines en Afrique. Espaces, identités et pouvoirs,* Karthala, Paris, 1999, p. 201-207.

91 Achille MBEMBE, *La naissance du maquis dans le Sud-Cameroun (1920-1960), op. cit.*

92 René PÉLISSIER, *Les guerres grises. Résistance et révoltes en Angola, 1845-1941,* Pélissier, Orgeval, 1978; *La colonie du Minotaure. Nationalismes et révoltes en Angola 1926-1961,* Pélissier, Orgeval, 1979; *Les campagnes coloniales du Portugal 1844-1941,* Pygmalion, Paris, 2004; David ANDERSON, *Histories of the Hanged. The Dirty War in Kenya and the End of the Empire,* W. W. Norton, New York, 2005.

93 この恐怖政治の理論化については、以下を参照。Alexis DE TOCQUEVILLE, *De la colonie en Algérie, op. cit.*

94 Nasser HUSSAIN, *The Jurisprudence of Emergency. Colonialism and the Rule of Law,* University of Michigan Press, Ann Arbor, 2003; Sidi Mohammed BARKAT, *Le corps d'exception. Les artifices du pouvoir colonial et la destruction de la vie,* Amsterdam, Paris, 2005.

5 奴隷のためのレクイエム

1 Gilles DELEUZE, *Francis Bacon. Logique de la sensation,* Seuil, Paris, 2002 [1981]〔ジル・ドゥルーズ『フランシス・ベーコン 感覚の論理学』(新装版)、宇野邦一訳、河出書房新社、2022 年〕, 第 4 章。

2 Sony LABOU TANSI, *La vie et demie, op. cit.,* p. 11〔ラブ＝タンシ『一つ半の生命』前掲、7 頁〕.

3 *Ibid.,* p. 12〔同書、8 頁〕.

4 *Ibid.,* p. 12-13〔同書、8-9 頁〕.

5 Gérard GUILLERAULT, *Le miroir et la psyché, op. cit.,* p. 142.

6 Sony LABOU TANSI, *La vie et demie, op. cit.,* p. 37〔ラブ＝タンシ『一つ半の生命』前掲、39 頁〕.

7 *Ibid.,* p. 16〔同書、13 頁〕.

8 *Ibid.,* p. 36-37〔同書、39 頁〕.

9 *Ibid.,* p. 37〔同書、40 頁〕.

10 *Ibid.,* p. 13〔同書、9 頁〕.

11 *Ibid.,* p. 14〔同書、11 頁〕.

12 *Ibid.,* p. 14-15〔同頁〕.

66 Amos TUTUOLA, *L'ivrogne dans la brousse, op. cit.*〔チュツオーラ『やし酒飲み』前掲〕

67 Ahmadou KOUROUMA, *Allah n'est pas obligé,* Seuil, Paris, 2000〔アマドゥ・クルマ『アラーの神にもいわれはない――ある西アフリカ少年兵の物語』真島一郎訳、人文書院、2003 年〕.

68 Sony LABOU TANSI, *Les sept solitudes de Lorsa Lopez,* Seuil, Paris, 1985.

69 Cheikh HAMIDOU KANE, *L'aventure ambiguë, op. cit.*

70 例として以下を参照。Yvonne VERA, *Papillon brûle,* Fayard, Paris, 2002. 他にも、Sony LABOU TANSI, *Le commencement des douleurs, op. cit.*〔ラブ＝タンシ『苦悩の始まり』前掲〕そして、*L'Autre Monde. Écrits inédits,* Éditions Revue Noire, Paris, 1997.

71 Achille MBEMBE, « Politiques de la vie et violence spéculaire dans la fiction d'Amos Tutuola », *Cahiers d'études africaines,* n° 172, 2003, p. 791-826.

72 Alain MABANCKOU, *Verre cassé,* Seuil, Paris, 2005.

73 Kossi EFOUI, *La Polka,* Seuil, Paris, 1998.

74 *Ibid.,* p. 9.

75 *Ibid.*

76 *Ibid.*

77 *Ibid.,* p. 10.

78 *Ibid.,* p. 11.

79 *Ibid.,* p. 12.

80 *Ibid.,* p. 38. 続く引用は同じ頁から。

81 *Ibid.,* p. 54 および p. 111.

82 *Ibid.,* p. 58.

83 *Ibid.*

84 *Ibid.,* p. 59.

85 *Ibid.,* p. 64.

86 *Ibid.,* p. 65.

87 Laurence BERTRAND DORLÉAC, *L'ordre sauvage. Violence, dépense et sacré dans l'art des années, 1950-1960,* Gallimard, Paris, 2004.

88 Didier NATIVEL et Françoise RAISON-JOURDE, « Rapt des morts et exhibition monarchique. Les contradictions de la République colonisatrice à Madagascar », in Jean-Pierre CHRÉTIEN et Jean-Louis TRIAUD (dir.), *Histoire d'Afrique. Les enjeux de mémoire,* Karthala, Paris, 1999, p. 173-195. 同じ論集の以下のテクストも参照。Odile GOERG, « Le site du Palais du gouverneur à Conakry. Pouvoirs, symboles et mutations de sens », p. 389-404

51 Alexis DE TOCQUEVILLE, *De la colonie en Algérie, op. cit.*, p. 46.

52 *Ibid.*, p. 74-75.

53 William PIETZ, *Le fétiche. Généalogie d'un problème*, Kargo & L'Éclat, Paris, 2005, p. 105.

54 Luc DE HEUSCH, *Le sacrifice dans les religions africaines*, Gallimard, Paris, 1986〔リュック・ド・ウーシュ『アフリカの供犠』浜本満・浜本まり子訳、みすず書房、1998年〕(特に「供犠の舞台における王」に関する章). 同じ著者の次の本も参照。*Le roi de Kongo et les monstres sacrés*, Gallimard, Paris, 2000.

55 Joseph C. MILLER, *Way of Death, op. cit.*

56 この表現については、以下を参照。Gérard GUILLERAULT, *Le miroir et la psyché. Dolto, Lacan et le stade du miroir*, Gallimard, Paris, 2003, p. 142.

57 Maurice MERLEAU-PONTY, *Phénoménologie de la perception*, Gallimard, Paris, 1945, p. 469〔M・メルロ＝ポンティ『知覚の現象学 2』竹内芳郎・木田元・宮本忠雄訳、みすず書房、1974年、305頁〕.

58 Sigmund FREUD, *L'inquiétante étrangeté*, PUF, Paris, 2009 [1919], p. 91〔「不気味なもの」藤野寛訳、『フロイト全集』第17巻、岩波書店、2006年、27頁〕.

59 記憶の他のヴェクトルの例として、カトリーヌ・コクリ＝ヴィドロヴィッチは聖なる森、イスラム教の聖人の墓、モスク、さらにはある種の仮面やダンスも挙げている。以下を参照。Catherine COQUERY-VIDROVITCH, « Lieux de mémoire et occidentalisation », in Jean-Pierre CHRÉTIEN et Jean-Louis TRIAUD (dir.), *Histoire d'Afrique. Les enjeux de mémoire*, Karthala, Paris, 1999, p. 378-379.

60 Sami TCHAK, *Place des fêtes*, Seuil, Paris, 2001.

61 Ahmadou KOUROUMA, *En attendant le vote des bêtes sauvages*, Seuil, Paris, 1998.

62 Amos TUTUOLA, *L'ivrogne dans la brousse*, Gallimard, Paris, 2006〔エイモス・チュツオーラ『やし酒飲み』土屋哲訳、岩波書店（岩波文庫）、2012年〕.

63 特に以下を参照。Sony LABOU TANSI, *La vie et demie*, Seuil, Paris, 1979〔ソニー・ラブ＝タンシ『一つ半の生命』樋口裕一訳、新評論、1992年〕; *Les yeux du volcan*, Seuil, Paris, 1988; *L'état honteux*, Seuil, Paris, 1981; *Le commencement des douleurs*, Seuil, Paris, 1995〔ソニー・ラブ＝タンシ『苦悩の始まり』樋口裕一・北川正訳、新評論、2000年〕.

64 Mia COUTO, *Les baleines de Quissico*, Albin Michel, Paris, 1996.

65 Sony LABOU TANSI, *L'anté-peuple*, Seuil, Paris, 1983.

30　Alexis DE TOCQUEVILLE, *De la colonie en Algérie, op. cit.*, p. 39.

31　*Ibid.*

32　主体化の経験としての植民地化については、以下を参照。Jean-François BAYART, *Le Gouvernement du monde, op. cit.*, p. 197-250. 同じく、John L. COMAROFF et Jean COMAROFF, *Of Revelation and Revolution*, vol. 2, *op. cit.*（特に第３〜８章）

33　Friedrich NIETZSCHE, *La naissance de la tragédie*, Gallimard, Paris, 1977, p. 34〔『悲劇の誕生』塩屋竹男訳、『ニーチェ全集』第２巻、筑摩書房（ちくま学芸文庫）、1993 年、41 頁〕.

34　Frantz FANON, *Les Damnés…, op. cit.*, p. 459〔ファノン『地に呪われたる者』前掲、46 頁〕.

35　Frantz FANON, *Peau noire…, op. cit.*, p. 49〔ファノン『黒い皮膚・白い仮面』前掲、8 頁〕.

36　*Ibid.*, p. 153〔同書、129 頁〕.

37　*Ibid.*, p. 154〔同書、130 頁〕.

38　*Ibid.*〔同書、131 頁〕

39　*Ibid.*, p. 155. 次の引用も同じ頁による〔同書、131-132 頁〕。

40　Frantz FANON, *Les Damnés…, op. cit.*, p. 457〔ファノン『地に呪われたる者』前掲、43 頁〕.

41　Frantz FANON, *Peau noire…, op. cit.*〔ファノン『黒い皮膚・白い仮面』前掲〕（異人種間の性についての章）

42　Maurice MERLEAU-PONTY, *Le visible et l'invisible, suivi de notes de travail*, Gallimard, Paris, 1964, p. 17〔M・メルロ＝ポンティ『見えるものと見えないもの』（新装版）、滝浦静雄・木田元訳、みすず書房、2017 年、11 頁〕.

43　Friedrich NIETZSCHE, *La volonté de puissance*, tome II, Gallimard, coll. « Tel », Paris, 1995, p. 219〔『遺された断想（1884 年秋〜 85 年秋）』麻生建訳、『ニーチェ全集』第Ⅱ期第 8 巻、白水社、1983 年、480 頁〕.

44　Frantz FANON, *Peau noire…, op. cit.*, p. 193〔ファノン『黒い皮膚・白い仮面』前掲、181 頁〕.

45　*Ibid.*, p. 192〔同書、180 頁〕.

46　*Ibid.*, p. 196〔同書、183 頁〕.

47　*Ibid.*, p. 200〔同書、187 頁〕.

48　Alexis DE TOCQUEVILLE, *De la colonie en Algérie, op. cit.*, p. 38.

49　*Ibid.*, p. 40.

50　Ferdinand OYONO, *Une vie de boy*, Julliard, Paris, 1960; Mongo BETI, *Perpétue et l'habitude du malheur*, Buchet / Chastel, Paris, 1974 *de la globalisation,* Fayard, Paris, 2005, p. 208; Françoise VERGÈS, *Abolir l'esclavage. Une utopie coloniale, les ambiguïtés d'une politique humanitaire,* Albin Michel, Paris, 2001.

16 Frantz FANON, *Peau noire..., op. cit.*〔ファノン『黒い皮膚・白い仮面』前掲〕

17 Saidiya V. HARTMAN, *Scenes of Subjection. Terror, Slavery, and Self-Making in Nineteenth-Century America,* Oxford University Press, Oxford, 1997; Todd L. SAVITT, *Medicine and Slavery. The Diseases and Health Care of Blacks in Antebellum Virginia,* University of Illinois Press, Urbana, 2002.

18 Megan VAUGHAN, *Curing Their Ills. Colonial Power and African Illness,* Polity Press, Cambridge, 1991; Nancy Rose HUNT, *A Colonial Lexicon of Birth Ritual, Medicalization, and Mobility in the Congo,* Duke University Press, Durham, 1999.

19 Achille MBEMBE, *De la postcolonie. Essai sur l'imagination politique dans l'Afrique contemporaine,* Karthala, Paris, 2000（第4章）.

20 Hannah ARENDT, *Les origines du totalitarisme,* tome 2, *op. cit.*〔アーレント『全体主義の起原 2』前掲〕以下も参照。Olivier LE COUR GRANDMAISON, *Coloniser, exterminer. Sur la guerre et l'état colonial,* Fayard, Paris, 2005.

21 Frantz FANON, *Pour la révolution africaine, op. cit.,* p. 747〔ファノン『アフリカ革命に向けて』前掲、63頁〕.

22 Frantz FANON, *L'An V..., op. cit.,* p. 333〔ファノン『革命の社会学』前掲、72頁〕.

23 Frantz FANON, *Les Damnés..., op. cit.,* p. 468〔ファノン『地に呪われたる者』前掲、58-59頁〕.

24 以下を参照。Frantz FANON, *L'An V..., op. cit.*〔ファノン『革命の社会学』前掲〕（特に「医学と植民地主義」の章）

25 Frantz FANON, *Pour la révolution africaine, op. cit.,* p. 748〔ファノン『アフリカ革命に向けて』前掲、64頁〕.

26 Frantz FANON, *Les Damnés..., op. cit.,* p. 452〔ファノン『地に呪われたる者』前掲、36頁〕.

27 *Ibid.,* p. 625〔同書、244頁〕.

28 *Ibid.,* p. 626〔同頁〕.

29 例えば、カメルーンの民族主義運動の指導者ルーベン・オム・ニオベ〔Ruben Um Nyobè〕の殺害の話。以下を参照。Achille MBEMBE, *La naissance du maquis dans le Sud-Cameroun (1920-1960). Histoire des usages de la raison en colonie,* Karthala, Paris, 1996, p. 13-17. 次も参照。Ludo DE WITTE, *L'assassinat de Lumumba,* Karthala, Paris, 2000, p. 223-278.

ツ・ファノン『地に呪われたる者』（新装版）、鈴木道彦・浦野衣子訳、みすず書房、2015年、57頁〕.

8 Frantz FANON, *Peau noire..., op. cit.*, p. 53〔ファノン『黒い皮膚・白い仮面』前掲、14頁〕以下。

9 この点をめぐって、ファノンは語っている。「それが人間に出会う至る所で、自分自身のすべての街角で、世界のあらゆる片隅で人間を虐殺しておきながら、飽くことなく人間について語るこのヨーロッパについて」。さらに付け加えている。「人間について飽くことなく語り、人間のことだけを憂慮していると公言するこのヨーロッパ、その精神の勝利のいちいちを人類がどれほどの苦しみで償ってきたか、私たちは知っている」（Frantz FANON, *Les Damnés..., op. cit.*, p. 673-674〔ファノン『地に呪われたる者』前掲、308-309頁〕）。

10 Georges BATAILLE, *La part maudite, précédé de La notion de dépense*, Minuit, Paris, 1967〔ジョルジュ・バタイユ『呪われた部分——全般経済学試論・蕩尽』酒井健訳、筑摩書房（ちくま学芸文庫）、2018年〕; Hannah ARENDT, *Les origines du totalitarisme*, tome 2, *op. cit.*〔アーレント『全体主義の起原2』前掲〕（特に「人種と官僚制」についての章）; Ernst JÜNGER, *L'État universel, suivi de La Mobilisation totale, op. cit.*〔「総動員」は『ユンガー政治評論選』川合全弘編訳、月曜社、2016年に邦訳がある〕; Emmanuel LEVINAS, *Quelques réflexions sur la philosophie de l'hitlérisme*, Payot & Rivages, Paris, 1997〔エマニュエル・レヴィナス「ヒトラー主義哲学に関する若干の考察」、『レヴィナス・コレクション』合田正人編訳、筑摩書房（ちくま学芸文庫）、1999年〕.

11 Guy ROSOLATO, *Le sacrifice. Repères psychanalytiques*, PUF, Paris, 1987, p. 30.

12 Frantz FANON, *Les Damnés..., op. cit.*, p. 454〔ファノン『地に呪われたる者』前掲、39頁〕.

13 「共同体」のこの不可能性を、ファノンは次のように表現している。「植民地体制は思考機械ではなく、理性をそなえた身体でもない。それは自然状態の暴力であり、より大きな暴力を前にしたときしか服従することはない」。さらには「被植民者にとって、生は植民者の腐敗する死体からしか出現することはない」（Frantz FANON, *Les Damnés..., op. cit.*, p. 470 および p. 495〔ファノン『地に呪われたる者』前掲、62頁および92頁〕）。

14 Frantz FANON, *Peau noire..., op. cit.*, p. 240〔ファノン『黒い皮膚・白い仮面』前掲、237頁〕. 同じく次も読むこと。『地に呪われたる者』の第5章、『革命の社会学』の第4章。

15 Jean-François BAYART, *Le Gouvernement du monde. Une critique politique*

La crise du Muntu, op. cit., p. 152-172.
51 *Ibid.*, p. 152.
52 *Ibid.*, p. 153.
53 *Ibid.*, p. 156.
54 *Ibid.*, p. 158.
55 V. Y. MUDIMBE, *The Invention of Africa. Gnosis, Philosophy, and the Order of Knowledge*, Indiana University Press, Bloomington, 1988. そして、*The Idea of Africa*, Indiana University Press, Bloomington, 1994.
56 Kwame Anthony APPIAH, *In My Father's House, op. cit.*, p. 284 以下。のちの研究において、アッピアはナショナリスト的立場の狭さを糾弾し、二重の祖先伝来の可能性を重視して、自由主義的世界主義を提唱している。以下を読むこと。Kwame Anthony APPIAH, « Cosmopolitan Patriots », *Critical Inquiry*, vol. 23, n° 3, 1997, p. 617-639.
57 Oscar BIMWENYI-KWESHI, *Discours théologique négro-africain. Problème des fondements*, Présence africaine, Paris, 1981.
58 John L. COMAROFF et Jean COMAROFF, *Of Revelation and Revolution*, vol. 2: *The Dialectics of Modernity on a South African Frontier*, University of Chicago Press, Chicago, 1997.

4 小さな秘密

1 Jean-Pierre VERNANT, *Figures, idoles, masques*, Julliard, Paris, 1990, p. 29.
2 Frantz FANON, *Pour la révolution africaine. Écrits politiques*, in *Œuvres, op. cit.*, p. 760〔フランツ・ファノン『アフリカ革命に向けて』(新装版)、北山晴一訳、みすず書房、2008 年、77 頁〕.
3 Michel FOUCAULT, *« Il faut défendre la société », op. cit.*, p. 51〔フーコー『社会は防衛しなければならない』前掲、62 頁〕. フーコーによれば、「人種」という用語は安定した生物学的意味をもたない。それは、ときに歴史的‐政治的分断を、ときに出自、言語、宗教をめぐる諸々の差異を示すが、とりわけ戦争の暴力を通じてのみ確立されるタイプの関係を示す、ということを理解しなければならない（*Ibid.*, p. 67〔同書、78-79 頁〕)。
4 Frantz FANON, « Pourquoi nous employons la violence », Annexe de *L'An V de la révolution algérienne*, in *Œuvres, op. cit.*, p. 413〔フランツ・ファノン「補遺　なぜわれわれは暴力を行使するか」、『革命の社会学』(新装版)、宮ヶ谷徳三・花輪莞爾・海老坂武訳、みすず書房、2008 年、152 頁〕.
5 *Ibid.*, p. 414〔同書、153 頁〕.
6 *Ibid.*〔同頁〕
7 Frantz FANON, *Les Damnés de la terre*, in *Œuvres, op. cit.*, p. 467〔フラン

ウィリアム・E・B・デュボイス〔William E. B. Du Bois〕のテクストに対する次の批判を参照。Kwame Anthony APPIAH, *In My Father's House. Africa in the Philosophy of Culture*, Methuen, Londres, 1992（第1、2章）. また、同じ著者の以下の論文も参照。« Racism and Moral Pollution », *Philosophical Forum*, vol. 18, n° 2-3, 1986, p. 185-202.

40 Léopold Sédar SENGHOR, *Liberté I. Négritude et humanisme*, Seuil, Paris, 1964; *Liberté III. Négritude et civilisation de l'universel*, Seuil, Paris, 1977.

41 Georg Wilhelm Friedrich HEGEL, *La raison dans l'histoire*, *op. cit.*〔ヘーゲル『歴史哲学講義』上、長谷川宏訳、岩波書店（岩波文庫）、1994年、「序論」〕

42 フランス語圏においては特にシェイク・アンタ・ジョップ〔Cheikh Anta Diop〕の著作を、英語圏においては以下のアフリカ中心性の主張を参照。Molefi Kete ASANTE, *Afrocentricity*, Africa World Press, Trenton, N. J., 1988.

43 特に以下の著作を参照。Théophile OBENGA, *L'Afrique dans l'Antiquité. Égypte pharaonique – Afrique noire*, Présence africaine, Paris, 1973.

44 逆説的にも、南アフリカにおける白人植民者の人種差別的な文書には、人種と地理の同一視をめぐって同じ衝動、同じ欲望が見て取れる。詳細は以下を参照。John M. COETZEE, *White Writing. On the Culture of Letters in South Africa*, Yale University Press, New Haven, 1988. サラ・ガートルード・ミリン〔Sarah Gertrude Millin〕、ポーリン・スミス〔Pauline Smith〕、そしてC・M・ヴァン・デン・ヒーヴァー〔Christiaan Maurits van den Heever〕に関する数章を参照。

45 彼らは「祖先の大地に回帰し、平穏に暮らさなければならない」とブライデンは要約している（Edward W. BLYDEN, *Christianity, Islam and the Negro Race*, *op. cit.*, p. 124）。

46 人種的神話としてのアフリカは、ウィリアム・E・B・デュボイスやシェイク・アンタ・ジョップの著作にも見出される。さらには、以下も参照。Wole SOYINKA, *Myth, Literature and the African World*, Cambridge University Press, Cambridge, 1976〔ウォレ・ショインカ『神話・文学・アフリカ世界』松田忠徳訳、彩流社、1992年〕.

47 Joseph C. MILLER, *Way of Death*, *op. cit.*

48 Alex CRUMMELL, *Africa and America. Addresses and Discourses*, Negro Universities Press, New York, 1969 [1891], p. 14.

49 *Ibid.*, p. 14-36.

50 以下に語る内容について、私たちはエブッスィ・ブラガによる「伝統」の考察から大いに触発されている。以下を参照。Fabicn EBOUSSI BOULAGA,

28　この他者性の仕組みの最も完成された制度的形態はアパルトヘイトの体制であり、その中で序列性は生物学的次元のものになっている。その裏面は間接的な掟なのだ。以下を参照。Lucy P. MAIR, *Native Policies in Africa,* Routledge, Londres, 1936; Frederick D. LUGARD, *The Dual Mandate in British Tropical Africa,* W. Blackwood & Sons, Londres, 1980.

29　以下の論集のテクストを参照。Henry S. WILSON, *Origins of West African Nationalism,* Macmillan / St. Martin's Press, Londres / New York, 1969.

30　例えば、以下を参照。Nicolas DE CONDORCET, « Réflexions sur l'esclavage des nègres » [1781], in *Œuvres de Condorcet,* tome 7, Firmin Didot frères, Paris, 1847, p. 79.

31　以下を参照。Edward W. BLYDEN, *Christianity, Islam and the Negro Race, op. cit.* そして、同じ著者の *Liberia's Offering,* New York, 1862.

32　例えば、以下の論集を参照。Aquino DE BRAGANÇA et Immanuel WALLERSTEIN (dir.), *The African Liberation Reader,* 3 volumes, Zed Press, Londres, 1982.

33　以下を参照。Immanuel KANT, *Anthropology from a Pragmatic Point of View,* Southern Illinois University Press, Carbondale, 1978〔『実用的見地における人間学』渋谷治美訳、『カント全集』第 15 巻、岩波書店、2003 年〕.

34　この点については、以下を参照。Pierre GUIRAL et Émile TEMIME (dir.), *L'Idée de race dans la pensée politique française contemporaine,* Éditions du CNRS, Paris, 1977.

35　この主題の重要性については、以下を参照。Frantz FANON, *Peau noire..., op. cit.*〔ファノン『黒い皮膚・白い仮面』前掲〕; Aimé CÉSAIRE, *Discours sur le colonialisme, op. cit.*〔セゼール『植民地主義論』前掲〕また、広い意味では、レオポール・セダール・サンゴール〔Léopold Sédar Senghor〕の詩作品を参照。

36　William E. B. DU BOIS, *The World and Africa. An Inquiry into the Part Which Africa Has Played in World History,* International Publishers, New York, 1946.

37　このことについては、Frantz FANON, *Peau noire..., op. cit.*〔ファノン『黒い皮膚・白い仮面』前掲〕の最後のパートを参照。

38　以下の主張を参照。Léopold Sédar SENGHOR, « Negritude. A Humanism of the Twentieth Century », in Patrick WILLIAMS et Laura CHRISMAN (dir.), *Colonial Discourse and Post-Colonial Theory. A Reader,* Harvester Wheatsheaf, New York, 1994, p. 27-35.

39　この点については、アレクサンダー・クラメル〔Alexander Crummell〕と

7 *Ibid.*, p. 67〔同書、81 頁〕.
8 *Ibid.*, p. 68〔同書、82 頁〕.
9 Alexis DE TOCQUEVILLE, *De la démocratie en Amérique,* tome 1, Flammarion, Paris, 1981, p. 427〔トクヴィル『アメリカのデモクラシー』第1巻、松本礼二訳、岩波書店（岩波文庫）、2005 年、（下）266 頁〕.
10 *Ibid.*, p. 427〔同書、266-267 頁〕.
11 *Ibid.*, p. 428〔同書、267 頁〕.
12 *Ibid.*〔同書、267-268 頁〕
13 *Ibid.*〔同書、268 頁〕
14 *Ibid.*, p. 454〔同書、298 頁〕.
15 *Ibid.*, p. 455〔同書、300 頁〕.
16 *Ibid.*〔同頁〕
17 *Ibid.*, p. 457〔同書、303 頁〕.
18 *Ibid.*〔同頁〕
19 *Ibid.*, p. 458〔同書、304 頁〕.
20 *Ibid.*, p. 467〔同書、316 頁〕.
21 *Ibid.*, p. 472〔同書、323 頁〕.
22 *Ibid.*〔同頁〕
23 *Ibid.*, p. 477〔同書、330 頁〕.
24 *Ibid.*〔同書、331 頁〕
25 主体の理想的統一性としての、その統一性、その同一性、その真実の承認の場としての身体の中心性については、以下を参照。Umberto GALIMBERTI, *Les raisons du corps,* Grasset / Mollat, Paris / Bordeaux, 1998.
26 この点とそれに先行する事情については、とりわけ以下を参照。Pierre PLUCHON, *Nègres et juifs au XVIIIe siècle. Le racisme au siècle des Lumières,* Tallandier, Paris, 1984; MONTESQUIEU, *De l'esprit des lois,* tome 1, Garnier, Paris, 1979〔モンテスキュー『法の精神』全 3 冊、野田良之・稲本洋之助・上原行雄・田中治男・三辺博之・横田地弘訳、岩波書店（岩波文庫）、1989 年〕; VOLTAIRE, « Essai sur les mœurs et l'esprit des nations, et sur les principaux faits de l'histoire depuis Charlemagne jusqu'à Louis XIII », in *Œuvres complètes de Voltaire,* tome 16, Imprimerie de la Société littéraire-typographique, Paris, 1784〔ヴォルテール『歴史哲学』前掲〕; Emmanuel KANT, *Observations sur le sentiment du beau et du sublime,* Vrin, Paris, 1988〔『美と崇高の感情にかんする観察』久保光志訳、『カント全集』第 2 巻、岩波書店、2000 年〕.
27 Thomas R. METCALF, *Ideologies of the Raj,* Cambridge University Press, Cambridge, 1995.

81 Paul LOUIS, *Le Colonialisme,* Société Nouvelle de Librairie et d'Édition, Paris, 1905; Paul VIGNÉ D'OCTON, *Les crimes coloniaux de la troisième république,* vol. 1: *La sueur du burnous,* Éditions de la "Guerre sociale", Paris, 1911.

3 差異と自己決定

1 このことを疎外と故郷喪失という語彙で提示することによって、フランス語圏の批判はおそらく最も適切にこの「自己の外部化」の過程を概念化してきた。特に以下を参照。Aimé CÉSAIRE, *Discours sur le colonialisme,* Présence africaine, Paris, 1955〔セゼール『植民地主義論』、『帰郷ノート 植民地主義論』前掲〕; Frantz FANON, *Peau noire..., op. cit.*〔ファノン『黒い皮膚・白い仮面』前掲〕; Cheikh HAMIDOU KANE, *L'aventure ambiguë,* Julliard, Paris, 1961; Fabien EBOUSSI BOULAGA, *La crise du Muntu, op. cit.* また、同じ著者の *Christianisme sans fétiche. Révélation et domination,* Présence africaine, Paris, 1981.

2 このことは、特に英語圏のマルクス主義的政治経済学研究にあてはまる。これらのうち、ナショナリズム的、従属主義的主張に基づいているものもある。例として、以下を参照。Walter RODNEY, *How Europe Underdeveloped Africa,* Howard University Press, Washington, D. C., 1981〔ウォルター・ロドネー『世界資本主義とアフリカ――ヨーロッパはいかにアフリカを低開発化したか』(第2版)、北沢正雄訳、柘植書房、1979年〕; Samir AMIN, *Le développement inégal. Essai sur les formations sociales du capitalisme périphérique,* Minuit, Paris, 1973〔サミール・アミン『不均等発展――周辺資本主義の社会構成体に関する試論』西川潤訳、東洋経済新報社、1983年〕.

3 偽造と「歴史的真実を再構成すること」の必要性に関しては、例えばナショナリストの歴史家たちの研究を参照すること。Joseph KI-ZERBO, *Histoire de l'Afrique noire, d'hier à demain,* Hatier, Paris, 1972; Cheikh Anta DIOP, *Antériorité des civilisations nègres, op. cit.*

4 「社会的な死」としての奴隷制度の問題点については、以下を参照。Orlando PATTERSON, *Slavery and Social Death. A Comparative Study,* Harvard University Press, Cambridge, Mass., 1982〔オルランド・パターソン『世界の奴隷制の歴史』奥田暁子訳、明石書店(世界人権問題叢書)、2001年〕.

5 Michel FOUCAULT, « Leçon du 24 janvier 1979 », in *Naissance de la biopolitique, op. cit.,* p. 65〔フーコー『生政治の誕生』前掲、78頁〕.

6 *Ibid.*〔同頁〕

1988 [1841], p. 38. アルジェリアにおけるフランスの進出の初期について語っている。

64 Jean-Baptiste LABAT, *Nouvelle relation de l'Afrique occidentale,* vol. 1, G. Cavalier, Paris, 1728. これは以下に引用されている。Andrew CURRAN, « Imaginer l'Afrique au siècle des Lumières », *Cromohs,* n° 10, 2005, p. 1-14.

65 Victor HUGO, « Discours sur l'Afrique », in *Œuvres complètes,* vol. 4, Actes et Paroles IV, Laffont, coll. « Bouquins », Paris, 1985, p. 1010.

66 *Ibid.*

67 以下を参照。Harold WILLIAMS (dir.), *The Poems of Jonathan Swift,* vol. 2, Clarendon Press, Oxford, 1958, p. 645-646.

68 Michel COURNOT, *Martinique,* Gallimard, Paris, 1949, p. 13.

69 *Ibid.*

70 Olfert DAPPER, *Description de l'Afrique,* W. Waesberge, Amsterdam, 1686, p. 5.

71 以下を参照。Stanley ENGERMAN, Seymour DRESCHER et Robert PAQUETTE (dir.), *Slavery,* Oxford University Press, Oxford, 2001, p. 184.

72 以下の研究を参照。Marcel DORIGNY et Bernard GAINOT, *La Société des Amis des Noirs, 1788-1799. Contribution à l'histoire de l'abolition de l'esclavage,* Éditions UNESCO, Paris, 1998.

73 Yves BENOT, *La révolution française et la fin des colonies, 1789-1794,* La Découverte, Paris, 2004.

74 この主題については、以下を参照。Roxann WHEELER, *The Complexion of Race. Categories of Difference in Eighteenth-Century British Culture,* University of Pennsylvania Press, Philadelphia, 2000, p. 256.

75 VOLTAIRE, *Œuvres complètes de Voltaire,* vol. 11, Garnier Frères, Paris, 1878, p. 6〔ヴォルテール『歴史哲学――『諸国民の風俗と精神について』序論』安斎和雄訳、法政大学出版局、2011 年、8 頁〕.

76 Victor HUGO, « Discours sur l'Afrique », *loc. cit.*

77 *1885. Le tournant colonial de la république,* La Découverte, Paris, 2006, p. 60-61.

78 Henri BRUNSCHWIG, *Mythes et réalités de l'impérialisme colonial français, 1871-1914,* Armand Colin, Paris, 1960, p. 173-184; Charles Robert AGERON, *L'anticolonialisme en France de 1871 à 1914,* PUF, Paris, 1973.

79 Harvey GOLDBERG, *The Life of Jean Jaurès,* University of Wisconsin Press, Madison, 1968, p. 202-203.

80 Pierre MILLE et Félicien CHALLAYE, *Les deux Congo. Devant la Belgique et devant la France,* Cahiers de la Quinzaine, Paris, 1906.

occidentale enseignée aux enfants de France », in Catherine COQUERY-VIDROVITCH (dir.), *L'Afrique occidentale au temps des français. Colonisateurs et colonisés (c. 1860-1960),* La Découverte, coll. « Textes à l'appui », Paris, 1992, p. 49-56.

49 1925年7月9日、下院における声明。

50 トゥールーズ大学文学部におけるジャン・ジョレス教授の講演。植民地および外国にフランス語を流布させるための国立組織アリアンス・フランセーズの冊子（Imprimerie Pezous, Albi, 1884, p. 9）。

51 例えば、以下を参照。Émile FOURNIER-FABRE, *Le choc suprême, ou, La mêlée des races,* G. Flicker, Paris, 1921. あるいはまた、Maurice MURET, *Le crépuscule des nations blanches,* Payot, Paris, 1925.

52 Paul LEROY-BEAULIEU, *De la colonisation chez les peuples modernes,* Guillaumin, Paris, 1874, p. 605-606.

53 Alexandre MÉRIGNHAC, *Précis de législation et d'économie coloniales,* Sirey, Paris, 1912, p. 205.

54 以下を参照。Sue PEABODY and Tyler STOVALL, *The Color of Liberty. Histories of Race in France, op. cit.*

55 Christopher L. MILLER, *The French Atlantic Triangle. Literature and Culture of the Slave Trade,* Duke University Press, Durham, 2008.

56 以下を参照。Ulrike SCHNEEBAUER, *Le Personnage de l'esclave dans la littérature francophone contemporaine à travers trois œuvres de Maryse Condé, Mahi Binebine et Aimé Césaire, mémoire de magistère de philosophie,* Université de Vienne, 2009.

57 以下を参照。Petrine ARCHER-STRAW, *Negrophilia. Avant-Garde Paris and Black Culture in the 1920s,* Thames & Hudson, New York, 2000.

58 George E. BROOKS, « Artists' Depictions of Senegalese Signares. Insights Concerning French Racist and Sexist Attitudes in the Nineteenth Century », *Genève-Afrique,* vol. 18, n° 1, 1980, p. 75-89.

59 Sylvie CHALAYE, *Du Noir au nègre. L'image du Noir au théâtre (1550-1960),* L'Harmattan, Paris, 1998.

60 Elvire Jean-Jacques MAUROUARD, *Les beautés noires de Baudelaire,* Karthala, Paris, 2005.

61 François-René DE CHATEAUBRIAND, *Les Natchez,* Éditions G. Chinard, p. 398-399.

62 Phyllis ROSE, *Joséphine Baker. Une Américaine à Paris,* Fayard, Paris, 1990.

63 Alexis DE TOCQUEVILLE, *De la colonie en Algérie,* Complexe, Bruxelles,

ーレント『全体主義の起原 2』前掲、102 頁〕.

33 *Ibid.*, p. 110〔同書、116 頁〕.

34 *Ibid.*, p. 117〔同書、125 頁〕.

35 Carl SCHMITT, *Le nomos de la terre, op. cit.*, p. 94-95〔シュミット『大地のノモス』前掲、89-90 頁〕.

36 以下を参照。*Léviathan* および *Béhémoth* (in Thomas HOBBES, *Œuvres*, vol. 6, Vrin, Paris, 2004 et vol. 9, 1990)〔トマス・ホッブズ『リヴァイアサン』全 2 冊、加藤節訳、筑摩書房（ちくま学芸文庫）、2022 年および『ビヒモス』山田園子訳、岩波書店（岩波文庫）、2014 年〕.

37 Carl SCHMITT, *Le nomos de la terre, op. cit.*, p. 78〔シュミット『大地のノモス』前掲、61-62 頁〕.

38 *Ibid.*, p. 78-79〔同書、62 頁〕.

39 *Ibid.*, p. 199〔同書、248 頁〕.

40 次の著作を参照。Carole REYNAUD-PALIGOT, *La république raciale, paradigme racial et idéologie républicaine (1860-1930)*, PUF, Paris, 2006. そして、*Races, racisme et antiracisme dans les années 1930*, PUF, Paris, 2007.

41 Judith SURKIS, *Sexing the Citizen. Morality and Masculinity in France, 1870-1920*, Cornell University Press, Ithaca, NY, 2006.

42 Christopher M. ANDREW et Alexander S. KANYA-FORSTNER, « The French 'Colonial Party'. Its Composition, Aims and Influence, 1885-1914 », *The Historical Journal*, vol. 14, n° 1, 1971, p. 99-128; Raoul GIRARDET, *L'idée coloniale en France de 1871 à 1962*, La Table ronde, Paris, 1972.

43 Charles RICHET, *La sélection humaine*, Félix Alcan, Paris, 1919.

44 Sean QUINLAN, « Colonial Bodies, Hygiene and Abolitionist Politics in Eighteenth-Century France », *History Workshop Journal*, n° 42, 1996, p. 106-125.

45 William H. SCHNEIDER, *Quality and Quantity. The Quest for Biological Regeneration in Twentieth-Century France*, Cambridge University Press, Cambridge, 2001.

46 Jean PLUYETTE, *La doctrine des races et la sélection de l'immigration en France*, Pierre Bossuet, Paris, 1930; Arsène DUMONT, *Dépopulation et civilisation. Étude démographique*, Lecrosnier et Babé, Paris, 1890; Paul LEROY-BEAULIEU, *La question de la population*, Félix Alcan, Paris, 1913.

47 Denis M. PROVENCHER et Luke L. EILDERTS, « The Nation according to Lavisse. Teaching Masculinity and Male Citizenship in Third-Republic France », *French Cultural Studies*, vol. 18, n° 1, 2007, p. 31-57.

48 以下を参照。Hélène D'ALMEIDA TOPOR, « L'histoire de l'Afrique

Blackwell, Oxford, 1998, p. 111-128.

19 Raymond ROUSSEL, *Nouvelles impressions d'Afrique*, Pauvert, Paris, 1963〔レーモン・ルーセル『アフリカの印象』岡谷公二訳、平凡社（平凡社ライブラリー）、2007 年〕.

20 誰よりもヘーゲルがそのことをよく要約している。Georg Wilhelm Friedrich HEGEL, *La raison dans l'histoire*, Hachette, Paris, 2012〔ヘーゲル『歴史哲学講義』序論の部分にあたる〕.

21 Michel LEIRIS, *L'Afrique fantôme*, Gallimard, Paris, 1990, p. 225〔ミシェル・レリス『幻のアフリカ』岡谷公二・田中淳一・高橋達明訳、平凡社（平凡社ライブラリー）、2010 年、417 頁〕.

22 Michel LEIRIS, *Miroir de l'Afrique*, Gallimard, coll. « Quarto », Paris, 1996, p. 230.

23 Gilles DELEUZE, *Logique du sens*, Minuit, Paris, 1969, p. 23〔ジル・ドゥルーズ『意味の論理学』全 2 冊、小泉義之訳、河出書房新社（河出文庫）、2007 年、（上）36 頁〕.

24 Michel FOUCAULT, *Raymond Roussel*, Gallimard, Paris, 1963, p. 205-206〔ミシェル・フーコー『レーモン・ルーセル』豊崎光一訳、法政大学出版局（叢書・ウニベルシタス）、1975 年、227-229 頁〕.

25 Gilles DELEUZE, *Logique du sens*, *op. cit.*, p. 41〔ドゥルーズ『意味の論理学』前掲、（上）63 頁〕.

26 Michel FOUCAULT, *Raymond Roussel*, *op. cit.*, p. 208〔フーコー『レーモン・ルーセル』前掲、231 頁〕.

27 Frantz FANON, *Peau noire...*, *op. cit.*〔ファノン『黒い皮膚・白い仮面』前掲〕, 第 1 章を参照。

28 Jean-Pierre VERNANT, « Figuration de l'invisible et catégorie psychologique du double. Le kolossos », in *Œuvres. Religions, rationalités, politique*, Seuil, Paris, 2007, p. 534.

29 以下の特に第 6 章を参照。Hannah ARENDT, *Les origines du totalitarisme*, tome 2: *L'impérialisme*, Fayard, Paris, 1982〔ハンナ・アーレント『全体主義の起原 2　帝国主義』（新版）、大島通義・大島かおり訳、みすず書房、2017 年〕.

30 *Ibid.*, p. 111〔同書、120 頁〕.

31 Carl SCHMITT, *Le nomos de la terre. Dans le droit des gens du Jus publicum europaeum*, PUF, Paris, 2001, p. 88〔カール・シュミット『大地のノモス――ヨーロッパ公法という国際法における』新田邦夫訳、慈学社出版、2007 年、77 頁〕.

32 Hannah ARENDT, *Les origines du totalitarisme*, tome 2, *op. cit.*, p. 99〔ア

3 Frantz FANON, *Peau noire..., op. cit.*, p. 156〔ファノン『黒い皮膚・白い仮面』前掲、134 頁〕.

4 Ian BAUCOM, *Specters of the Atlantic. Finance Capital, Slavery, and the Philosophy of History,* Duke University Press, Durham, 2005.

5 以下を参照。Georges HARDY, *L'art nègre. L'art animiste des noirs d'Afrique,* Henri Laurens, Paris, 1927.

6 William RUBIN (dir.), *Le primitivisme dans l'art du 20e siècle. Les artistes modernes devant l'art tribal,* Flammarion, Paris, 1992.

7 André BRETON, *Entretiens, 1913-1952,* Gallimard, Paris, 1973 [1952], p. 237.

8 Jean-Claude BLACHÈRE, *Le Modèle nègre. Aspects littéraires du mythe primitiviste au XXe siècle chez Apollinaire, Cendrars, Tzara, nouvelles éditions africaines,* Dakar, New Delhi, 1981.

9 例えば、以下を参照。Filippo Tommaso MARINETTI, *Mafarka le futuriste. Roman africain,* E. Sansot, Paris, 1909; Clément PANSAERS, *Le pan pan au cul du nu nègre,* Éditions Alde, coll. « A. I. O. », Bruxelles, 1920.

10 以下を参照。Carole REYNAUD-PALIGOT, *Parcours politique des surréalistes, 1919-1969,* CNRS Éditions, Paris, 1995.

11 Lucien LÉVY-BRUHL, *Les fonctions mentales dans les sociétés inférieures,* Félix Alcan, Paris, 1910. 同じ著者の次の本も参照。*La mentalité primitive,* PUF, Paris, 1922. そして、*L'âme primitive,* PUF, Paris, 1928.

12 Joseph-Arthur DE GOBINEAU, *Essai sur l'inégalité des races humaines,* in *Œuvres complètes,* tome 1, Gallimard, « Bibliothèque de la Pléiade », Paris, 1983 [1853-55], p. 623 et p. 1146.

13 *Ibid.*, p. 472-473.

14 *Ibid.*, p. 473-474.

15 以下を参照。Roger SHATTUCK, *The Banquet Years. The Origins of the Avant-Garde in France, 1885 to World War I,* Vintage Books, New York, 1968〔ロジャー・シャタック『祝宴の時代——ベル・エポックと「アヴァンギャルド」の誕生』木下哲夫訳、白水社、2015 年〕.

16 Aimé CÉSAIRE, « Les Armes miraculeuses », in *Œuvres complètes,* vol. 1, Désormeaux, Fort-de-France, 1976, p. 107 および p. 88-89.

17 Frantz FANON, *Peau noire..., op. cit.*, p. 153 および p. 155〔ファノン『黒い皮膚・白い仮面』前掲、129 頁および 131 頁〕.

18 この過程における矛盾、そして女性の役割について、以下を読むこと。Angela Y. DAVIS, « Reflections on the Black Woman's Role in the Community of Slaves », in Joy JAMES (dir.), *The Angela Y. Davis Reader,*

88　これについて、以下を読むこと。John ERNEST, *Liberation Historiography, op. cit.*（特に第 1、4 章）

89　以下にそれが説明されている。Frederick DOUGLASS, « My Bondage and My Freedom », in *Autobiographies*, Library of America, New York, 1994 [1855], p. 149. 同じく以下を読むこと。Hortense J. SPILLERS, « Mama's Baby, Papa's Maybe. An American Grammar Book », in *Black, White, and in Color. Essays on American Literature and Culture*, University of Chicago Press, Chicago, 2003. そして、以下に総括されている。Nancy BENTLEY, « The Fourth Dimension. Kinlessness and African American Narrative », *Critical Inquiry*, vol. 35, n° 2, 2009, p. 270-292.

90　Aimé CÉSAIRE, *Cahier d'un retour au pays natal*, Présence africaine, Paris, 2008 [1939]〔エメ・セゼール『帰郷ノート』、『帰郷ノート　植民地主義論』砂野幸稔訳、平凡社（平凡社ライブラリー）、2004 年〕.

91　特に以下を参照。Marcus GARVEY, *Philosophy and Opinions of Marcus Garvey. Or, Africa for the Africans*, Majority Press, Dover, Mass., 1986 [1923-25].

92　この主題系は 19 世紀の主要なテクストの大部分に現れるが、特に以下を参照。Edward W. BLYDEN, *Christianity, Islam and the Negro Race*, Black Classic Press, Baltimore, 1994 [1888].

93　Jean-Luc NANCY, *La communauté désœuvrée*, Christian Bourgois, Paris, 1986, p. 39〔ジャン＝リュック・ナンシー『無為の共同体――哲学を問い直す分有の思考』西谷修・安原伸一朗訳、以文社、2001 年、26 頁〕.

94　Georges BATAILLE, *Œuvres complètes*, tome XII: *Articles 2. 1950-1961*, Gallimard, Paris, 1988, p. 98〔『ジョルジュ・バタイユ著作集』第 14 巻「社会科学論集 1　戦争／政治／実存」山本功訳、二見書房、1972 年、82 頁〕.

2　幻想の井戸

1　Frédéric GODEFROY, *Dictionnaire de l'ancienne langue française et de tous ses dialectes du IXe au XVe siècle*, vol. 10, H. Champion, Paris, 1902; *Dictionnaire de Trévoux*, édition de 1728; Simone DELESALLE et Lucette VALENSI, « Le mot « nègre » dans les dictionnaires français d'Ancien Régime. Histoire et lexicographie », *Langue française*, n° 15, septembre 1972, p. 79-104.

2　以下における指摘を参照。PLINE L'ANCIEN, *Histoire naturelle*, vol. 6-2, Les Belles Lettres, Paris, 1980〔『プリニウスの博物誌』（縮刷第 2 版）、第 I 巻、中野定雄・中野里美・中野美代訳、雄山閣、2021 年〕; AL-MAS'UDI, *Les prairies d'or*, vol. 1, Imprimerie impériale, Paris, 1861.

Press, Cambridge, Mass., 2009.

77 Frantz FANON, *Peau noire..., op. cit.*, p. 250〔ファノン『黒い皮膚・白い仮面』前掲、247-249 頁〕.

78 Fabien EBOUSSI-BOULAGA, *La crise du Muntu. Authenticité africaine et philosophie*, Présence africaine, Paris, 1977, p. 184.

79 Brent Hayes EDWARDS, *The Practice of Diaspora. Literature, Translation, and the Rise of Black Internationalism*, Harvard University Press, Cambridge, Mass., 2003; Roderick D. BUSH, *The End of White World Supremacy. Black Internationalism and the Problem of the Color Line*, Temple University Press, Philadelphia, 2009.

80 Paul GILROY, *L'Atlantique noir. Modernité et double conscience*, Amsterdam, Paris, 2007 [1992]〔ギルロイ『ブラック・アトランティック』前掲〕.

81 例えば、以下を参照。Bill SCHWARZ (dir.), *West Indian Intellectuals in Britain*, Manchester University Press, Manchester, 2003.

82 Peter LINEBAUGH et Marcus REDIKER, *The Many-Headed Hydra. Sailors, Slaves, Commoners, and the Hidden History of the Revolutionary Atlantic*, Beacon Press, Boston, 2001; Claude MCKAY, *Banjo. A Story without a Plot*, Harper & Brothers, New York, 1929; Robin D. G. KELLEY, *Freedom Dreams. The Black Radical Imagination*, Beacon Press, New York, 2002〔ロビン・D・G・ケリー『フリーダム・ドリームス――アメリカ黒人文化運動の歴史的想像力』高廣凡子・篠原雅武訳、人文書院、2011 年〕.

83 Cedric J. ROBINSON, *Black Marxism. The Making of the Black Radical Tradition*, University of North Carolina Press, Chapel Hill, 2000.

84 ミシェル・フーコーが国家について述べていたことを参照。Michel FOUCAULT, *Naissance de la biopolitique. Cours au Collège de France (1978-1979)*, Gallimard / Seuil, Paris, 2004, p. 79〔ミシェル・フーコー『生政治の誕生――コレージュ・ド・フランス講義 1978-1979 年度』（『ミシェル・フーコー講義集成』第 8 巻）、慎改康之訳、筑摩書房、2008 年、93-94 頁〕.

85 Frantz FANON, *Peau noire..., op. cit.*〔ファノン『黒い皮膚・白い仮面』前掲〕

86 Michel FOUCAULT, *« Il faut défendre la société ». Cours au Collège de France (1975-1976)*, Gallimard / Seuil, Paris, 1997, p. 227-228〔ミシェル・フーコー『社会は防衛しなければならない――コレージュ・ド・フランス講義 1975-1976 年度』（『ミシェル・フーコー講義集成』第 6 巻）、石田英敬・小野正嗣訳、筑摩書房、2007 年、253-255 頁〕.

87 Éric VOGEL, *Race et communauté*, Vrin, Paris, 2007.

は、例えば次を参照。Cheikh Anta DIOP, *Nations nègres et culture, op. cit.*

73 Alain LOCKE, « The Negro Spirituals », in Alain LOCKE (dir.), *The New Negro*, Atheneum, New York, 1968; William E. B. DU BOIS, *The Souls of Black Folk*, Library of America, New York, 1990 [1903]〔W・E・B・デュボイス『黒人のたましい』木島始・鮫島重俊・黄寅秀訳、岩波書店（岩波文庫）、1992 年〕; Samuel A. FLOYD JR., *The Power of Black Music. Interpreting Its History from Africa to the United States*, Oxford University Press, New York, 1995; Paul GILROY, *The Black Atlantic. Modernity and Double Consciousness*, Harvard University Press, Cambridge, Mass., 1992〔ポール・ギルロイ『ブラック・アトランティック――近代性と二重意識』上野俊哉・毛利嘉孝・鈴木慎一郎訳、月曜社、2006 年〕; *Darker than Blue. On the Moral Economies of Black Atlantic Culture*, Belknap Press of Harvard University Press, Cambridge, Mass., 2010. 同じく以下も参照。Paul Allen ANDERSON, *Deep River. Music and Memory in Harlem Renaissance Thought*, Duke University Press, Durham, 2001.

74 この点に関して、以下を参照。David WALKER, *Walker's Appeal, in Four Articles. Together with a Preamble, to the Coloured Citizens of the World, but in Particular, and Very Expressly, to Those of the United States of America*, Boston, 1830; James W. C. PENNINGTON, *A Text Book of the Origin and History, &c. &c. of the Colored People*, L. Skinner, Hartford, 1841; Robert Benjamin LEWIS, *Light and Truth. Collected from the Bible and Ancient and Modern History, Containing the Universal History of the Colored and the Indian Race, from the Creation of the World to the Present Time*, Committee of colored gentlemen, Boston, 1844. そして、Maria W. STEWART, *Productions of Mrs. Maria W. Stewart*, 1835, in Sue E. HOUCHINS (dir.), *Spiritual Narratives*, Oxford University Press, New York, 1988.

75 John R. OLDFIELD (dir.), *Civilization & Black Progress. Selected Writings of Alexander Crummell on the South*, University Press of Virginia, Charlottesville, 1995.

76 この恐怖のいくつかの面が、以下で詳細に分析されている。William E. B. DU BOIS, *Black Reconstruction. An Essay toward a History of the Part Which Black Folk Played in the Attempt to Reconstruct Democracy in America, 1860-1880*, Atheneum, New York, 1992 [1935]. 同じく以下を参照。Steven HAHN, *A Nation Under Our Feet. Black Political Struggles in the Rural South from Slavery to the Great Migration*, Belknap Press of Harvard University Press, Cambridge, Mass., 2003; Crystal N. FEIMSTER, *Southern Horrors. Women and the Politics of Rape and Lynching*, Harvard University

Oxford University Press, Oxford, 2007; Clare CORBOULD, *Becoming African Americans. Black Public Life in Harlem, 1919-1939*, Harvard University Press, Cambridge, Mass., 2009.

64 Alexander CRUMMELL, *The Future of Africa. Being Addresses, Sermons, etc., etc., Delivered in the Republic of Liberia*, Charles Scribner, New York, 1862, 特に第2、7章。

65 Friedrich NIETZSCHE, *Considérations inactuelles, I et II*, Gallimard, Paris, 1990 [1873-76], p. 96〔『反時代的考察』小倉志祥訳、『ニーチェ全集』第4巻、筑摩書房（ちくま学芸文庫）、1993年、125頁〕.

66 Mary A. SHADD, *A Plea for Emigration, or, Notes of Canada West, in Its Moral, Social, and Political Aspect. With Suggestions Respecting Mexico, West Indies, and Vancouver's Island, for the Information of Colored Emigrants*, George W. Pattison, Detroit, 1852; Martin Robison DELANY, *The Condition, Elevation, Emigration, and Destiny of Colored People of the United States. Politically Considered*, Philadelphia, 1852.

67 この争点の複雑性については、以下を読むこと。Robert S. LEVINE, *Martin Delany, Frederick Douglass, and the Politics of Representative Identity*, University of North Carolina Press, Chapel Hill, 1997.

68 Henry Blanton PARKS, *Africa. The Problem of the New Century. The Part the African Methodist Episcopal Church Is to Have in Its Solution*, A. M. E. Church, New York, 1899.

69 以下の分析を参照。Michele MITCHELL, *Righteous Propagation. African Americans and the Politics of Racial Destiny after Reconstruction*, University of North Carolina Press, Chapel Hill, 2004, 特に第1、2章。

70 Engelbert MVENG, *Les sources grecques de l'histoire négro-africaine. Depuis Homère jusqu'à Strabon*, Présence africaine, Paris, 1972; Cheikh Anta DIOP, *Nations nègres et culture*, Éditions africaines, Paris, 1954. そして、*Antériorité des civilisations nègres. Mythe ou vérité historique?*, Présence africaine, Paris, 1967; Théophile OBENGA, *L'Afrique dans l'Antiquité. Égypte pharaonique - Afrique noire*, Présence africaine, Paris, 1973.

71 Evelyn BARING CROMER, « The Government of Subject Races », *Edinburgh Review*, janvier 1908, p. 1-27; *Modern Egypt*, vol. 1 et 2, Macmillan, New York, 1908.

72 アフリカ系アメリカ人の歴史編纂におけるこれらの問いのさまざまな定式化については、以下を参照。Stephen G. HALL, *A Faithful Account of the Race. African American Historical Writing in Nineteenth-Century America*, University of North Carolina Press, Chapel Hill, 2009. アフリカの側について

55　Étienne BALIBAR, « Le retour de la race », *loc. cit.*; Federico RAHOLA, « La forme-camp », *loc. cit.*

56　Ira DE A. REID, *The Negro Immigrant. His Background, Characteristics and Social Adjustment, 1899-1937*, Columbia University Press, New York, 1939.

57　以下を読むこと。Winston JAMES, *Holding Aloft the Banner of Ethiopia. Caribbean Radicalism in Early Twentieth-Century America*, Verso, New York, 1998.

58　以下を参照。James BALDWIN, *Nobody..., op. cit.*, p. 13-55〔ボールドウィン『誰も私の名を知らない』前掲、1-50 頁〕. あるいは、Kwame Anthony APPIAH, *In My Father's House. Africa in the Philosophy of Culture*, Oxford University Press, Oxford, 1992. ファノンが *Peau noire..., op. cit.*〔『黒い皮膚・白い仮面』前掲〕で述べたことも参照。

59　Martin R. DELANY et Robert CAMPBELL, *Search for a Place. Black Separatism and Africa, 1860*, University of Michigan Press, Ann Arbor, 1969.

60　John F. CALLAHAN (dir.), *The Collected Essays of Ralph Ellison*, Random House, New York, 2003; Albert MURRAY et John F. CALLAHAN (dir.), *Trading Twelves. The Selected Letters of Ralph Ellison and Albert Murray*, Modern Library, New York, 2000; Ralph ELLISON, *Homme invisible, pour qui chantes-tu?*, Grasset, Paris, 1969.

61　Kevin K. GAINES, *American Africans in Ghana. Black Expatriates and the Civil Rights Era*, University of North Carolina Press, Chapel Hill, 2006; Ibrahim SUNDIATA, *Brothers and Strangers. Black Zion, Black Slavery, 1914-1940*, Duke University Press, Durham, 2003. もっと最近では、以下を参照。Maryse CONDÉ, *La vie sans fards*, JC Lattès, Paris, 2012. そして、Saidiya HARTMAN, *Lose Your Mother. A Journey along the Atlantic Slave Route*, Farrar, Straus and Giroux, New York, 2008.

62　Richard WRIGHT, *Black Power. A Record of Reactions in a Land of Pathos*, Harper, New York, 1954; Margaret WALKER, *Richard Wright, Daemonic Genius. A Portrait of the Man, a Critical Look at His Work*, Warner Books, New York, 1988, p. 240sq.; Kwame Anthony APPIAH, « A Long Way from Home. Wright in the Gold Coast », in Harold BLOOM (dir.), *Richard Wright*, Chelsea House, New York, 1987, p. 173-190; Jack B. MOORE, « Black Power Revisited. In Search of Richard Wright », *Mississippi Quarterly*, vol. 41, nº 2, 1988, p. 161-186.

63　このプロセスの両義性については、以下を参照。James SIDBURY, *Becoming African in America. Race and Nation in the Early Black Atlantic*,

43　これらの変動については、以下を参照。Tamara VUKOV et Mimi SHELLER, « Border Work. Surveillant Assemblages, Virtual Fences, and Tactical Counter-Media », *Social Semiotics,* vol. 23, n° 2, 2013, p. 225-241.
44　Michael CRUTCHER et Matthew ZOOK, « Placemarks and Waterlines. Racialized Cyberscapes in Post-Katrina Google Earth », *Geoforum,* vol. 40, n° 4, 2009, p. 523-534.
45　以下を読むこと。Louise AMOORE, « Biometric Borders. Governing Mobilities in the War on Terror », *Political Geography,* vol. 25, n° 3, 2006, p. 336-351; Chad HARRIS, « The Omniscient Eye. Satellite Imagery, "Battlespace Awareness", and the Structures of the Imperial Gaze », *Surveillance & Society,* vol. 4, n° 1-2, 2006, p. 101-122.
46　Grégoire CHAMAYOU, *Théorie du drone, op. cit.*〔シャマユー『ドローンの哲学』前掲〕
47　Caren KAPLAN et Raegan KELLY, « Dead Reckoning. Aerial Perception and the Social Construction of Targets », *Vectors,* vol. 2, n° 2, 2007.
48　殺人者の主体化という面で、この死の仕事がもたらす結果については、以下を参照。Peter M. ASARO, « The Labor of Surveillance and Bureaucratized Killing. New Subjectivities of Military Drone Operators », *Social Semiotics,* vol. 23, n° 2, 2013, p. 196-224.
49　Ayse CEYHAN, « Technologie et sécurité. Une gouvernance libérale dans un contexte d'incertitudes », *Cultures & Conflits,* n° 64, hiver 2006, p. 11-32.
50　Lara PALOMBO, « Mutations of the Australian Camp », *Continuum,* vol. 23, n° 5, 2009, p. 613-627.
51　Paul A. SILVERSTEIN, « Immigrant Racialization and the New Savage Slot. Race, Migration, and Immigration in the New Europe », *Annual Review of Anthropology,* vol. 34, 2005, p. 363-384; Étienne BALIBAR, « Le retour de la race », *loc. cit.*; Federico RAHOLA, « La forme-camp. Pour une généalogie des lieux de transit et d'internement du présent », *Cultures & Conflits,* n° 68, hiver 2007, p. 31-50.
52　Carolyn SARGENT et Stephanie LARCHANCHE, « The Muslim Body and the Politics of Immigration in France. Popular and Biomedical Representations of Malian Migrant Women », *Body & Society,* vol. 13, n° 3, 2007, p. 79-102.
53　Ernst JÜNGER, *L'État universel: organisme et organisation,* Gallimard, Paris, 1962, p. 107-110.
54　Wendy BROWN, *Walled States, Waning Sovereignty,* Zone Books, New York, 2010.

in Colombia, Johns Hopkins University Press, Baltimore, 1993; France W. TWINE, *Racism in a Racial Democracy. The Maintenance of White Supremacy in Brazil*, Rutgers University Press, New Brunswick, N. J., 1998; Livio SANSONE, *Blackness without Ethnicity. Constructing Race in Brazil*, Palgrave Macmillan, Basingstoke, 2003.

36 David Theo GOLDBERG, *The Racial State*, Blackwell, Oxford, 2002.

37 Troy DUSTER, « Lessons from History. Why Race and Ethnicity Have Played a Major Role in Biomedical Research », *The Journal of Law, Medicine & Ethics*, vol. 34, nº 3, 2006, p. 487-496.

38 Richard S. COOPER, Jay S. KAUFMAN et Ryk WARD, « Race and Genomics », *The New England Journal of Medicine*, vol. 348, nº 12, 2003, p. 1166-1170.

39 Alondra NELSON, « Bio Science. Genetic Genealogy Testing and the Pursuit of African Ancestry », *Social Studies of Science*, vol. 38, nº 5, 2008, p. 759-783; Ricardo VENTURA SANTOS et Marcos CHOR MAIO, « Race, Genomics, Identities and Politics in Contemporary Brazil », *Critique of Anthropology*, vol. 24, nº 4, 2004, p. 347-378.

40 Barbara A. KOENIG, Sandra Soo-Jin LEE et Sarah S. RICHARDSON (dir.), *Revisiting Race in a Genomic Age*, Rutgers University Press, New Brunswick, N. J., 2008; Nikolas ROSE, *The Politics of Life Itself. Biomedicine, Power, and Subjectivity in the Twenty-First Century*, Princeton University Press, Princeton, 2007, p. 132-139 および p. 162-249〔ニコラス・ローズ『生そのものの政治学――二十一世紀の生物医学、権力、主体性』(新装版)、小倉拓也・佐古仁志・山崎吾郎訳、法政大学出版局(叢書・ウニベルシタス)、2019 年、248-257 頁および 303-458 頁〕; Michal NAHMAN, « Materializing Israeliness. Difference and Mixture in Transnational Ova Donation », *Science as Culture*, vol. 15, nº 3, 2006, p. 199-213.

41 David Theo GOLDBERG, *The Threat of Race. Reflections on Racial Neoliberalism*, Wiley-Blackwell, Londres, 2008; Paul GILROY, *Against Race. Imagining Political Culture beyond the Color Line*, Harvard University Press, Cambridge, Mass., 2004.

42 これらの議論については、以下を参照。Amade M'CHAREK, *The Human Genome Diversity Project. An Ethnography of Scientific Practice*, Cambridge University Press, Cambridge, 2005; Jenny REARDON, *Race to the Finish. Identity and Governance in an Age of Genomics*, Princeton University Press, Princeton, 2005; Sarah FRANKLIN, *Embodied Progress. A Cultural Account of Assisted Conception*, Routledge, Londres, 1997.

63, nº 4, octobre 2006, p. 643-674.

24 Sidney KAPLAN et Emma NOGRADY KAPLAN, *The Black Presence in the Era of the American Revolution*, University of Massachusetts Press, Amherst, 1989.

25 Edmund S. MORGAN, *American Slavery, American Freedom. The Ordeal of Colonial Virginia*, W. W. Norton & Co., New York, 1975.

26 ミシェル・フーコーがこれについて書いたことを参照。Michel FOUCAULT, *Les mots et les choses. Une archéologie des sciences humaines*, Gallimard, Paris, 1966〔ミシェル・フーコー『言葉と物――人文科学の考古学』渡辺一民・佐々木明訳、新潮社、1974年〕（特に第5章）.

27 Éric VOEGELIN, *Race et État*, Vrin, Paris, 2007, p. 265.

28 精神のこの閉鎖性は、それでも好奇心の発達を妨げはしない。以下を参照。Lorraine DASTON et Katharine PARK, *Wonders and the Order of Nature, 1150-1750*, Zone Books, New York, 2001.

29 Georges-Louis BUFFON, « Variétés dans l'espèce humaine », in *Histoire naturelle, générale et particulière, avec la description du Cabinet du Roy*, vol. 3, Imprimerie royale, Paris, 1749, p. 371-530.

30 Friedrich W. SCHELLING, *Introduction à la philosophie de la mythologie*, Aubier, Paris, 1945, p. 109.

31 Michel FOUCAULT, *Les mots et les choses*, *op. cit.*, p. 170〔フーコー『言葉と物』前掲、180頁〕.

32 この混成から生じるジレンマについては、以下を参照。Doris GARRAWAY, *The Libertine Colony. Creolization in the Early French Caribbean*, Duke University Press, Durham, 2005（特に第4、5章）. 合衆国の場合については、Ira BERLIN, *Slaves without Masters. The Free Negro in the Antebellum South*, The New Press, New York, 2007 [1974], p. xiii-xxiv; Caryn COSSÉ BELL, *Revolution, Romanticism, and the Afro-Creole Protest Tradition in Louisiana, 1718-1868*, Louisiana State University Press, Baton Rouge, 1997.

33 Edwin BLACK, *War against the Weak. Eugenics and America's Campaign to Create a Master Race*, Thunder's Mouth Press, New York, 2003〔エドウィン・ブラック『弱者に仕掛けた戦争――アメリカ優生学運動の歴史』西川美樹訳、人文書院、2022年〕.

34 エティエンヌ・バリバールは、このことをめぐって「人種の回帰」について語っている（Étienne BALIBAR, « Le retour de la race », www.mouvements.info, 29 mars 2007〔現在は https://www.cairn.info/revue-mouvements-2007-2-page-162.htm で閲覧可能〕）。

35 Peter WADE, *Blackness and Race Mixture. The Dynamics of Racial Identity*

におけるフアン・ガリード〔Juan Garrido〕の例を参照。

16 以下の研究を参照。Michelle Ann STEPHENS, *Black Empire. The Masculine Global Imaginary of Caribbean Intellectuals in the United States, 1914-1962*, Duke University Press, Durham, 2005.

17 David ELTIS (dir.), *Coerced and Free Migration. Global Perspectives*, Stanford University Press, Stanford, 2002.

18 Alexander X. BYRD, *Captives and Voyagers. Black Migrants across the Eighteenth-Century British Atlantic World*, Louisiana State University Press, Baton Rouge, 2008; Philip D. MORGAN, « British Encounters with Africans and African-Americans, circa 1600-1780 », in Bernard BAILYN et Philip D. MORGAN (dir.), *Strangers within the Realm. Cultural Margins of the First British Empire*, University of North Carolina Press, Chapel Hill, 1991; Stephen J. BRAIDWOOD, *Black Poor and White Philanthropists. London's Blacks and the Foundation of the Sierra Leone Settlement 1786-1791*, Liverpool University Press, Liverpool, 1994; Ellen Gibson WILSON, *The Loyal Blacks*, G. P. Putnam's Sons, New York, 1976.

19 Matthew RESTALL, « Black Conquistadors », *loc. cit.*

20 Lester D. LANGLEY, *The Americas in the Age of Revolution, 1750-1850*, Yale University Press, New Haven, 1996; John LYNCH, *The Spanish American Revolutions, 1808-1826*, W. W. Norton, New York, 1986 [1973]; John H. ELLIOTT, *Empires of the Atlantic World. Britain and Spain in America 1492-1830*, Yale University Press, New Haven, 2006.

21 Kim D. BUTLER, *Freedoms Given, Freedoms Won. Afro-Brazilians in Post-Abolition São Paulo and Salvador*, Rutgers University Press, New Brunswick, 1998; João José REIS, *Slave Rebellion in Brazil. The Muslim Uprising of 1835 in Bahia*, Johns Hopkins University Press, Londres, 1993; Colin A. PALMER, *Slaves of the White God. Blacks in Mexico, 1570-1650*, Harvard University Press, Cambridge, Mass., 1976.

22 John K. THORNTON, « African Soldiers in the Haitian Revolution », *The Journal of Caribbean History*, vol. 25, n° 1-2, 1991, p. 1101-1114.

23 David P. GEGGUS (dir.), *The Impact of the Haitian Revolution in the Atlantic World*, University of South Carolina Press, Columbia, 2001; Laurent DUBOIS, *A Colony of Citizens. Revolution and Slave Emancipation in the French Caribbean, 1787-1804*, University of North Carolina Press, Chapel Hill, 2004; Robin BLACKBURN, *The Overthrow of Colonial Slavery, 1776-1848*, Verso, Londres, 1988; Robin BLACKBURN, « Haiti, Slavery, and the Age of the Democratic Revolution », *The William and Mary Quarterly*, vol.

『平民政治』（復刻版）、全4巻、人見一太郎訳述、信山社、2018年〕. 同じ著者の *The Relations of the Advanced and the Backward Races of Mankind*, Clarendon Press, Londres, 1902. また、*Impressions of South Africa*, Macmillan, Londres, 1897; Charles H. PEARSON, *National Life and Character. A Forecast*, Macmillan, Londres, 1893; Lowe Kong MENG, Cheok Hong CHEONG et Louis AH MOUY (dir.), *The Chinese Question in Australia, 1878-79*, F. F. Bailliere, Melbourne, 1879.

6 以下を参照。Pierre LAROUSSE, *Nègre, Négrier, Traite des Nègres. Trois articles du* Grand Dictionnaire universel du XIXe siècle, préface de Françoise Vergès, Bleu autour, Paris, 2009, p. 47.

7 Georg Wilhelm Friedrich HEGEL, *Phénoménologie de l'esprit*, Aubier, Paris, 1991, p. 456-463〔G・W・F・ヘーゲル『精神現象学』長谷川宏訳、作品社、1998年、470頁〕.

8 Pierre LAROUSSE, *Nègre, Négrier, Traite des Nègres, op. cit.*, p. 68.

9 Christopher Leslie BROWN, *Moral Capital. Foundations of British Abolitionism*, University of North Carolina Press, Chapel Hill, 2006.

10 以下を参照。Suzanne MIERS et Igor KOPYTOFF (dir.), *Slavery in Africa. Historical and Anthropological Perspectives*, University of Wisconsin Press, Madison, 1979.

11 これらの展開については、以下を参照。Thomas BENJAMIN, Timothy HALL et David RUTHERFORD (dir.), *The Atlantic World in the Age of Empire*, Houghton Mifflin Company, Boston, 2001; Wim KLOOSTER et Alfred PADULA (dir.), *The Atlantic World. Essays on Slavery, Migration, and Imagination*, Pearson / Prentice Hall, Upper Saddle River, N. J., 2005, p. 1-42.

12 Jorge FONSECA, « Black Africans in Portugal during Cleynaerts's Visit (1533-1538) », in Thomas EARLE et Kate LOWE (dir.), *Black Africans in Renaissance Europe*, Cambridge University Press, Cambridge, 2005, p. 113-121. 同じく以下を参照。A. C. DE C. M. SAUNDERS, *A Social History of Black Slaves and Freedmen in Portugal, 1441-1555*, Cambridge University Press, Cambridge, 1982.

13 Frédéric MAURO, *Le Portugal et l'Atlantique au XVIIe siècle (1570-1670). Étude économique*, S. E. V. P. E. N., Paris, 1960.

14 Ben VINSON, *Bearing Arms for His Majesty. The Free-Colored Militia in Colonial Mexico*, Stanford University Press, Stanford, 2001.

15 Matthew RESTALL, « Black Conquistadors. Armed Africans in Early Spanish America », *The Americas*, vol. 57, n° 2, octobre 2000, p. 177. この本

ト『〈借金人間〉製造工場――“負債”の政治経済学』杉村昌昭訳、作品社、2012年〕.

23 Didier ANZIEU, *Le moi-peau,* Dunod, Paris, 1995, p. 31〔ディディエ・アンジュー『皮膚‐自我』福田素子訳、言叢社、1993年、18頁〕.

24 特にエメ・セゼールの詩を参照。泥土の主題については、以下を参照。Édouard GLISSANT et Patrick CHAMOISEAU, *L'intraitable beauté du monde. Adresse à Barack Obama,* Galaade, Paris, 2008.

25 Éric FASSIN, *Démocratie précaire. Chroniques de la déraison d'État,* La Découverte, Paris, 2012. そして、Didier FASSIN (dir.), *Les nouvelles frontières de la société française,* La Découverte, Paris, 2010.

1 人種主体

1 James BALDWIN, *Nobody Knows My Name. More Notes of a Native Son,* Vintage Books, New York, 1993 [1961]〔ジェームズ・ボールドウィン『誰も私の名を知らない――人種戦争の嵐の中から』黒川欣映訳、弘文堂（フロンティア・ブックス）、1964年〕.

2 Frantz FANON, *Peau noire…, op. cit.,* p. 159〔ファノン『黒い皮膚・白い仮面』前掲、137-138頁〕. 同じく以下も参照。Richard WRIGHT, *Native Son,* Harper & Brothers, New York, 1940〔リチャード・ライト『ネイティヴ・サン――アメリカの息子』上岡伸雄訳、新潮社（新潮文庫）、2023年〕.

3 Joseph C. MILLER, *Way of Death. Merchant Capitalism and the Angolan Slave Trade, 1730-1830,* University of Wisconsin Press, Madison, 1996.

4 カレン・E・フィールズとバーバラ・J・フィールズは「人種〔race〕」（この観念によれば、固有の特徴や特殊な性格によって、自然は認知可能で判明な人間性を生み出したのであり、このような特徴、性格がこれらの差異を不平等性の位階において秩序化し、定着させている）、「人種主義〔racisme〕」（社会的、法的、政治的、制度的、その他の実践の総体であり、人格の間の平等という仮定の拒否に基づくもの）、またそれらの実践が「人種技術〔racecraft〕」と呼んでいるもの（このように差別された人間存在を操作の解読格子にあてはめようとする策略の指標）の有用な区別を提案している。Karen E. FIELDS and Barbara J. FIELDS, *Racecraft. The Soul of Inequality in American Life,* Verso, New York, 2012（とりわけ序論と結論を参照）. さらに読むべきなのは、W. J. T. MITCHELL, *Seeing through Race,* Harvard University Press, Cambridge, Mass., 2012.

5 この点については、以下を参照。Josiah C. NOTT, *Types of Mankind,* Trübner & Co., Londres, 1854. そして、3冊から成るJames BRYCE, *The American Commonwealth,* Macmillan, New York, 1888〔ゼームス・ブライス

Berlin, Éditions Allia, Paris, 2013.

17 以下を参照。Pierre DARDOT et Christian LAVAL, *La Nouvelle Raison du monde. Essai sur la société néolibérale,* La Découverte, Paris, 2009; Roland GORI, « Les dispositifs de réification de l'humain (entretien avec Philippe Schepens) », *Semen. Revue de sémio-linguistique des textes et discours,* n° 30, 2011, p. 57-70.

18 以下を読むこと。Françoise VERGÈS, *L'Homme prédateur. Ce que nous enseigne l'esclavage sur notre temps,* Albin Michel, Paris, 2011.

19 以下を参照。Stephen GRAHAM, *Cities under Siege. The New Military Urbanism,* Verso, Londres, 2010; Derek GREGORY, « From a View to a Kill. Drones and Late Modern War », *Theory, Culture & Society,* vol. 28, n° 7-8, 2011, p. 188-215; Ben ANDERSON, « Facing the Future Enemy. US Counterinsurgency Doctrine and the Pre-Insurgent », in *ibid.,* p. 216-240. また、Eyal WEIZMAN, *Hollow Land. Israel's Architecture of Occupation,* Verso, Londres, 2011.

20 Alain BADIOU, « La Grèce, les nouvelles pratiques impériales et la ré-invention de la politique », *Lignes,* mars 2012, p. 39-47. 以下も参照、Achille MBEMBE, « Necropolitics », *Public Culture,* vol. 15, n° 1, 2003, p. 11-40; Naomi KLEIN, *La Stratégie du choc. La montée d'un capitalisme du désastre,* Actes Sud, Arles, 2008 [2007]〔ナオミ・クライン『ショック・ドクトリン——惨事便乗型資本主義の正体を暴く』全２冊、幾島幸子・村上由見子訳、岩波書店（岩波現代文庫）、2024 年〕; Adi OPHIR, Michal GIVONI et Sari HANAFI (dir.), *The Power of Inclusive Exclusion. Anatomy of Israeli Rule in the Occupied Palestinian Territories,* Zone Books, New York, 2009. および、Eyal WEIZMAN, *Hollow Land, op. cit.*

21 David H. UCKO, *The New Counterinsurgency Era. Transforming the U. S. Military for Modern Wars,* Georgetown University Press, Washington, D. C., 2009; Jeremy SCAHILL, *Blackwater. The Rise of the World's Most Powerful Mercenary Army,* Nation Books, New York, 2007〔ジェレミー・スケイヒル『ブラックウォーター——世界最強の傭兵企業』益岡賢・塩山花子訳、作品社、2014 年〕; John A. NAGL, *Learning to Eat Soup with a Knife. Counterinsurgency Lessons from Malaya and Vietnam,* University of Chicago Press, Chicago, 2009; Grégoire CHAMAYOU, *Théorie du drone,* La Fabrique, Paris, 2013〔グレゴワール・シャマユー『ドローンの哲学——遠隔テクノロジーと〈無人化〉する戦争』渡名喜庸哲訳、明石書店、2018 年〕.

22 Maurizio LAZZARATO, *La fabrique de l'homme endetté. Essai sur la condition néolibérale,* Amsterdam, Paris, 2011〔マウリツィオ・ラッツァラー

Origins of Racism in the West, Cambridge University Press, Cambridge, 2009.

7 Frantz FANON, *Peau noire, masques blancs*, in *Œuvres*, La Découverte, Paris, 2011 [1952]〔フランツ・ファノン『黒い皮膚・白い仮面』(新装版)、海老坂武・加藤晴久訳、みすず書房、2020年〕; William Bloke MODISANE, *Blame Me on History*, Dutton, New York, 1963.

8 Walter JOHNSON, *Soul by Soul. Life Inside the Antebellum Slave Market*, Harvard University Press, Cambridge, Mass., 1999. そして、Ian BAUCOM, *Specters of the Atlantic. Finance Capital, Slavery, and the Philosophy of History*, Duke University Press, Durham, 2005.

9 これらの議論については、以下を参照。John W. BLASSINGAME, *The Slave Community. Plantation Life in the Antebellum South*, Oxford University Press, New York, 1972; Eugene D. GENOVESE, *Roll, Jordan, Roll. The World the Slaves Made*, Pantheon Books, New York, 1974.

10 Dorothy PORTER (dir.), *Early Negro Writing, 1760-1837*, Black Classic Press, Baltimore, 1995. そして、特に John ERNEST, *Liberation Historiography. African American Writers and the Challenge of History, 1794-1861*, University of North Carolina Press, Chapel Hill, 2004. また、Stephen G. HALL, *A Faithful Account of the Race. African American Historical Writing in Nineteenth-Century America*, University of North Carolina Press, Chapel Hill, 2009. 西インド諸島については、特に以下を参照。Patrick CHAMOISEAU et Raphaël CONFIANT, *Lettres créoles, tracées antillaises et continentales de la littérature 1635-1975*, Hatier, Paris, 1991〔パトリック・シャモワゾー+ラファエル・コンフィアン『クレオールとは何か』西谷修訳、平凡社（平凡社ライブラリー）、2004年〕. 他の点については、S. E. K. MQHAYI, *Abantu Besizwe. Historical and Biographical Writings, 1902-1944*, Wits University Press, Johannesburg, 2009. そして、Alain RICARD, *Naissance du roman africain. Félix Couchoro (1900-1968)*, Présence africaine, Paris, 1987.

11 Joseph VOGL, *Le spectre du capital*, Diaphanes, Paris, 2013, p. 152.

12 以下を参照。Béatrice HIBOU, *La Bureaucratisation du monde à l'ère néolibérale*, La Découverte, Paris, 2012.

13 Joseph VOGL, *op. cit.*, p. 166 以下を参照。

14 *Ibid.*, p. 183 および p. 170.

15 以下を参照。Roland GORI et Marie-José DEL VOLGO, *Exilés de l'intime. La médecine et la psychiatrie au service du nouvel ordre économique*, Denoël, Paris, 2008.

16 この観点については、以下を参照。Francesco MASCI, *L'ordre règne à*

原注

序　世界が黒人になること

1　Dipesh CHAKRABARTY, *Provincializing Europe. Postcolonial Thought and Historical Difference*, Princeton University Press, Princeton, 2000; Jean COMAROFF and John L. COMAROFF, *Theory from the South. Or, How Euro-America Is Evolving Toward Africa*, Paradigm Publishers, Londres, 2012, 特にその序文。Arjun APPADURAI, *The Future as Cultural Fact. Essays on the Global Condition*, Verso, Londres, 2013; Kuan-Hsing CHEN, *Asia as Method. Toward Deimperialization*, Duke University Press, Durham, 2010〔陳光興『脱帝国――方法としてのアジア』丸川哲史訳、以文社、2011年〕; Walter D. MIGNOLO, *The Darker Side of Western Modernity. Global Futures, Decolonial Options*, Duke University Press, Durham, 2011.

2　このふるまいにかかわる複雑性と固有の緊張については、以下を参照。Srinivas ARAVAMUDAN, *Enlightenment Orientalism. Resisting the Rise of the Novel*, University of Chicago Press, Chicago, 2012.

3　以下を参照。François BERNIER, « Nouvelle division de la terre, par les différentes espèces ou races d'hommes qui l'habitent », *Journal des Sçavans*, 24 avril 1684, p. 133-144 および、Sue PEABODY and Tyler STOVALL (dir.), *The Color of Liberty. Histories of Race in France*, Duke University Press, Durham, 2003, p. 11-27. 同じく、Charles W. MILLS, *The Racial Contract*, Cornell University Press, Ithaca, NY, 1997〔チャールズ・W・ミルズ『人種契約』杉村昌昭・松田正貴訳、法政大学出版局（叢書・ウニベルシタス）、2022年〕.

4　William Max NELSON, « Making Men. Enlightenment Ideas of Racial Engineering », *The American Historical Review*, vol. 115, n° 5, 2010, p. 1364-1394; James DELBOURGO, « The Newtonian Slave Body. Racial Enlightenment in the Atlantic World », *Atlantic Studies*, vol. 9, n° 2, 2012, p. 185-207. さらに、Nicholas HUDSON, « From "Nation" to "Race". The Origins of Racial Classification in Eighteenth-Century Thought », *Eighteenth-Century Studies*, vol. 29, n° 3, 1996, p. 247-264.

5　Gilles DELEUZE, *Deux régimes de fous. Textes et entretiens, 1975-1995*, Minuit, Paris, 2003, p. 25〔ジル・ドゥルーズ『狂人の二つの体制 1975-1982』宇野邦一監修、河出書房新社、2004年、31頁〕.

6　Miriam ELIAV-FELDON, Benjamin ISAAC et Joseph ZIEGLER (dir.), *The*

アシル・ムベンベ (Achille Mbembe)

一九五七年生まれ。カメルーンの哲学者・歴史学者・政治学者。パンテオン＝ソルボンヌ大学で歴史学の博士号を取得し、パリ政治学院で政治学の専門研究課程を修了。コロンビア大学、ペンシルヴェニア大学、イェール大学などで教鞭を執ったのち、アフリカに戻る。現在、ウィットウォーターズランド社会経済研究所（ヨハネスブルグ）研究主任。主な著書として、本書（二〇一三年）のほか、*Les jeunes et l'ordre politique en Afrique noire* (L'Harmattan, 1985); *De la postcolonie* (Karthala, 2000); *Sortir de la grande nuit* (La Découverte, 2010); *Politiques de l'inimitié* (La Découverte, 2016); *Brutalisme* (La Découverte, 2020) などがある。

宇野邦一 （うの・くにいち）

一九四八年生まれ。パリ第八大学哲学博士。立教大学名誉教授。専門は、フランス文学・思想、映像身体論。主な著書として、『ドゥルーズ　流動の哲学』（講談社選書メチエ、のち講談社学術文庫（増補改訂））、『反歴史論』（せりか書房、のち講談社学術文庫）、『非有機的生』（講談社選書メチエ）、『パガニスム』（青土社）ほか。主な訳書として、アントナン・アルトー『神の裁きと訣別するため』、『タラウマラ』（以上、河出文庫）、ジル・ドゥルーズ『フランシス・ベーコン　感覚の論理学』（河出書房新社）、『プルーストとシーニュ』（法政大学出版局）、ジル・ドゥルーズ＋フェリックス・ガタリ『アンチ・オイディプス』（河出文庫）、『カフカ』（法政大学出版局）ほか。

黒《こく》人《じん》理《り》性《せい》批《ひ》判《はん》

二〇二四年一一月一二日　第一刷発行

著者　アシル・ムベンベ

訳者　宇《う》野《の》邦《くに》一《いち》

発行者　篠木和久

発行所　株式会社講談社
東京都文京区音羽二丁目一二―二一　〒一一二―八〇〇一
電話（編集）〇三―五三九五―三五一二
（販売）〇三―五三九五―五八一七
（業務）〇三―五三九五―三六一五

装幀者　奥定泰之

本文印刷　株式会社新藤慶昌堂

カバー・表紙印刷　半七写真印刷工業株式会社

製本所　大口製本印刷株式会社

KODANSHA

ISBN978-4-06-537793-2　Printed in Japan　N.D.C.240　333p　19cm

講談社選書メチエの再出発に際して

講談社選書メチエの創刊は冷戦終結後まもない一九九四年のことである。長く続いた東西対立の終わりはついに世界に平和をもたらすかに思われたが、その期待はすぐに裏切られた。超大国による新たな戦争、吹き荒れる民族主義の嵐……世界は向かうべき道を見失った。そのような時代の中で、書物のもたらす知識が一人一人の指針となることを願って、本選書は刊行された。

それから二五年、世界はさらに大きく変わった。特に知識をめぐる環境は世界史的な変化をこうむったとすら言える。インターネットによる情報化革命は、知識の徹底的な民主化を推し進めた。誰もがどこでも自由に知識を入手でき、自由に知識を発信できる。それは、冷戦終結後に抱いた期待を裏切られた私たちのもとに差した一条の光明でもあった。

その光明は今も消え去ってはいない。しかし、私たちは同時に、知識の民主化が知識の失墜をも生み出すという逆説を生きている。堅く揺るぎない知識も消費されるだけの不確かな情報に埋もれることを余儀なくされ、不確かな情報が人々の憎悪をかき立てる時代が今、訪れている。

この不確かな時代、不確かさが憎悪を生み出す時代にあって必要なのは、一人一人が堅く揺るぎない知識を得、生きていくための道標を得ることである。

フランス語の「メチエ」という言葉は、人が生きていくために必要とする職、経験によって身につけられる技術を意味する。選書メチエは、読者が磨き上げられた経験のもとに紡ぎ出される思索に触れ、生きるための技術と知識を手に入れる機会を提供することを目指している。万人にそのような機会が提供されたとき初めて、知識は真に民主化され、憎悪を乗り越える平和への道が拓けると私たちは固く信ずる。

この宣言をもって、講談社選書メチエ再出発の辞とするものである。

二〇一九年二月　　野間省伸